本书系国家社科基金项目“新时代中国知识产权制度的运行成本优化研究”
（项目编号：18BFX161）的结项成果

新时代的知识产权法变革研究

以运行成本之制度优化为视角

何怀文 著

知识产权出版社
全国百佳图书出版单位
—北京—

图书在版编目（CIP）数据

新时代的知识产权法变革研究：以运行成本之制度优化为视角 / 何怀文著．—北京：知识产权出版社，2024. 12. —ISBN 978-7-5130-9538-9

Ⅰ. D923.04

中国国家版本馆 CIP 数据核字第 2024BL0292 号

责任编辑： 彭小华　　**责任校对：** 潘凤越

封面设计： 智兴设计室 · 任珊　　**责任印制：** 孙婷婷

新时代的知识产权法变革研究

——以运行成本之制度优化为视角

何怀文　著

出版发行：知识产权出版社有限责任公司	网　　址：http://www.ipph.cn
社　　址：北京市海淀区气象路 50 号院	邮　　编：100081
责编电话：010-82000860 转 8115	责编邮箱：huapxh@sina.com
发行电话：010-82000860 转 8101/8102	发行传真：010-82000893/82005070/82000270
印　　刷：北京建宏印刷有限公司	经　　销：新华书店、各大网上书店及相关专业书店
开　　本：720mm × 1000mm　1/16	印　　张：17
版　　次：2024 年 12 月第 1 版	印　　次：2024 年 12 月第 1 次印刷
字　　数：312 千字	定　　价：98.00 元

ISBN 978-7-5130-9538-9

序言

本书是国家社科基金项目“新时代中国知识产权制度的运行成本优化研究”的结题成果。

选择这个课题申报国家社科基金项目缘起于一位经济学教授的一句话：所有制度都可以从成本的角度进行分析。我曾简单地以为，知识产权制度可以从授权/确权成本、交易成本、侵权避让成本、维权救济成本等方面进行分析，并进行制度优化。然而，在课题批准之后，我却发现这条进路不可行。各部知识产权法（专利法、商标法和著作权法）各成一体，每一项规范都不能独立于其他规范而发挥作用，都直接或间接地影响其运行成本。如果逐一分析每条规范对运行成本的影响，不仅工作量浩大难以完成，还会丧失对知识产权法之运行成本的总体把握，迷失于各种细节之中。

更重要的是，知识产权法的运行成本不能抽象地讨论，而必须放到特定时空的国情之下予以考察。知识产权制度的发展受到历史条件制约，不以降低运行成本为首要目的。20世纪八九十年代，在国务院主导改革开放的大背景之下，行政部门在吸收借鉴外国经验拟订各部知识产权相关立法之时，必须考虑我国当时经济的实际情况。21世纪初，我国为加入世界贸易组织，必须遵循《与贸易有关的知识产权协定》（以下简称 TRIPs协定）的法律要求，修订各部知识产权法。2012年，党的十八大吹响新时代的号角，我国知识产权法的变革就必须放到新时代背景之下。质言之，知识产权法的运行成本是指当下中国知识产权法的运行成本，制度优化是指变革当下中国知识产权法，要为超大规模统一大市场服务，要服务于知识产权强国建设，要服务于中国式现代化。

只有从总体上把握我国知识产权制度，才可能对其进行制度优化。新时代的知识产权法变革不同于20世纪八九十年代建立知识产权制度，也不同于21世纪初全面修改知识产权制度以符合国际协议要求。新时代的知识产权法变革应当基于我国三四十年的知识产权保护经验，结合新时代的我国国情，以最小的制度改变实现尽可能大的制度收益。在加强知识产权保护的总趋势之下，制度优化要在不牺牲知识产权人利益的前提之下，降低各部知识产权法的运行成本。

为总体把握我国知识产权制度，全面掌握我国知识产权保护现状，特别是司法保护情况，我在过去五年花费巨大力气，系统研究我国知识产权案例。我独立撰写完成《商标法注释书》和《专利法注释书》，逐条整理过《中华人民共和国商标法》（以下简称《商标法》）1982年实施和《中华人民共和国专利法》（以下简称《专利法》）1984年实施以来各个条文相关的规范文件和代表性案例。此前，我曾于2016年对《中华人民共和国著作权法》（以下简称《著作权法》）颁行以来的案例进行系统研究和综述，并出版专著。这些异常艰辛的学术努力为本书的观点和论证奠定了坚实的中国案例研究基础。

本书不仅紧密结合案例研究，还紧密结合我国现行各部知识产权法和相关国家政策文件。在过去五年里，《专利法》、《著作权法》、《商标法》和《中华人民共和国反不正当竞争法》（以下简称《反不正当竞争法》）都已经被修改，最高人民法院也修订相关司法解释或出台新的司法解释。不仅如此，《商标法》已经启动第五次修改，国家知识产权局已经发布征求意见稿。此外，中共中央、国务院已经印发《知识产权强国建设纲要（2021—2035年）》《关于加快建设全国统一大市场的意见》等重要政策文件。这些知识产权法的新动态和国家新政策不断引发新问题，激发新思考，让本课题研究更加全面和深入。

但让人头疼的是，知识产权法规范复杂，案例和文献庞杂，难以确定研究进路。鉴于超大规模统一大市场是我国的宝贵战略资源，本书最终以此作为研究的基本出发点。超大规模统一大市场要求公平保护知识产权人的利益，同时保护公众的合理信赖利益。各部知识产权法之运行成本必须放到超大规模统一大市场的情境之下予以考虑。基于如上原则，本书从知识产权法运行成本的角度重点探讨新时代的知识产权法定原则、专利权和商标权保护范围的确定成本问题、著作权的权利管理成本问题、孤儿作品的利用成本问题等。此外，鉴于知识产权强国建设要求知识产权高质量发展，本书从运行成本之制度优化的角度，特别是效力与效率兼顾的维度，重点讨论了专利和商标的审查程序变革。

不得不承认，本书提出的观点和进行的论证并不完美。读者既可以基于欧美国家的知识产权法的案例或法条规定来进行批评，也可以基于我国法院的案例和国家知识产权局的做法来进行批评。质疑外国看似成熟的知识产权法，以及本国看似合理的实践经验，都应充分结合我国国情，以运行成本的视角进行统一分析，而这也是西方知识产权制度中国化、时代化的重要进路。我以为，学术著作最重要的作用不在于结论无可争议，而在于引发更为深入的思考和研究。为此，我热烈欢迎、非常感谢读者和学者对本书的批评指正！

最后，我必须感谢家人对本书成稿的大力支持。我已经习惯白天陪伴小儿，晚上守候电脑写作、研究和思考。我时常担心，在永无休止的忙碌之中，我会不知不觉地错过儿子洋溢快乐的成长。每当抽空和他一同观赏浙大湖边随风摇曳的“再力花”时，我就止不住地想，再努力努力，再坚持坚持。儿子晚上睡觉前，不时乞求我陪他睡到天亮，而后又非常懂事地说：“爸爸，你去工作吧！”就这样，无数个夜晚悄然过去。尽管辛苦，但做学术恰似打太极，流汗之后就是身心轻松。我无愧，我心光明！

何怀文

2024年5月18日

目录 / CONTENTS

第一章 绪论

第二章 新时代知识产权法运行成本与知识产权法定原则

第五章 著作权法之运行成本的制度优化

第一章

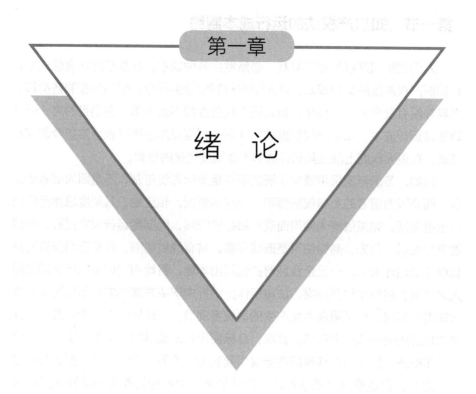

绪论

第一节　知识产权法的运行成本制约

人们在知识产权制度下交互，必然发生各种成本，其加总的社会总成本就是知识产权制度的运行成本。从知识产权制度诞生至今，知识产权的各类核心内容并没有发生根本性变化，但知识产权制度却不断改革，主要目的之一就是降低其运行成本。知识产权制度的诸多基本制度安排之所以表现为如今的存在形式，在很大程度上就是其运行成本不断制度优化的结果。

比如，各国普遍采用商标注册制而不是商标先使用制，不是因为前者更正当，而是因为前者的商标权取得和证明成本更低，相应地，其制度总体运行成本也就更低。如果依据先使用而确定商标权归属，则制度运行成本过高，法律确定性太低。首先，商标使用是既成事实，常有地域局限，经使用而获得的商标权应受地域限制。一旦企业经营扩张超出本地，各地相同或类似标志的使用人之间很容易发生权益冲突。法律所作出的折中解决方案必定限制通过这种方式取得商标权，尽量避免由此产生的消费者混淆。[1] 这样一来，企业难以充分有效地开拓全国统一大市场。其次，商标使用是既成事实，总限定于所使用的商品和服务，经使用而获得的商标权也就应限定于所使用的商品或服务类别之上。为此，企业难以有效地拟订经营计划来利用商标为新商品或服务开拓市场。最后，商标使用是既成事实，总限定于特定的标志。然而，商标的构成要素和商品外观的构成要素相同，同时并存于商品之上，常常难以向竞争对手昭示权益的对象。即便商家标注“商标”或“TM”字样，也容易引起误解。实践中，企业往往在不同时间、不同地域使用不同商标于不同商品或服务之上，

---

1 《最高人民法院关于审理不正当竞争民事案件应用法律若干问题的解释》（法释〔2007〕2号，已由法释〔2022〕9号废止）第1条第2款规定：“在不同地域范围内使用相同或者近似的知名商品特有的名称、包装、装潢，在后使用者能够证明其善意使用的，不构成反不正当竞争法第5条第（2）项规定的不正当竞争行为。因后来的经营活动进入相同地域范围而使其商品来源足以产生混淆，在先使用者请求责令在后使用者附加足以区别商品来源的其他标识的，人民法院应当予以支持。”

不同企业也可能交错使用相同或近似标志。总之，如果要根据商标使用情况而事后确定商标权，当事人需要花费巨资收集众多证据才能证明自己享有商标权，而市场竞争者又不能事前清楚地知道商标权的主体和权利边界，这种制度的运行成本非常高昂。相比之下，商标注册制可以轻松地减少商标运行成本。首先，商标注册申请作为固定的书面证据，可以清楚地表明商标权的主体，明晰地界定权利边界。其次，通过国家常设机构的事前审查，可以有效地降低注册商标权之间的冲突。最后，一经核准注册，商标即在全国范围之内享受保护。

再如，就专利权取得，各国普遍采用先申请制而非先发明制，并不是因为前者更正当，而是因为前者运行成本更低。一方面，专利权属纠纷发生之时，距离其发明完成时可能经年累月，当事人其时如未有效固定并保存完整的研发过程证据，嗣后往往难以证明自己首先完成发明。另一方面，先发明制不恰当地鼓励发明人隐藏自己的发明，延迟披露新技术，等待他人实施专利技术并取得市场成功之后再发动突袭，窃取市场收益和市场竞争优势，这不利于科技进步。为此，美国虽然是典型的先发明制国家，也于2011年通过《美国发明法案》（America Invents Act），转为先申请制。

知识产权制度演进到如今，其运行成本并没有降到最佳状态。这至少可以从三个方面得到解释。其一，知识产权制度运行的技术条件在不断变化，各国的领土面积、通信基础设施和通信成本不同，知识产权制度（特别是专利申请和商标申请的审查制度）的面貌就会不同。其二，各国的人口规模和市场规模不同，知识产权的市场价值不同，知识产权制度的基本规范也就不同。比如，中国香港特别行政区实行的专利制度就是简单的注册制，并不要求对专利申请进行实质审查，而中国内地地区实行的发明专利制度就要求对发明专利申请进行审查。其三，各国发展水平不一致。一个知识产权弱国与一个知识产权大国、一个知识产权强国的制度选择自然不同。

第二节 知识产权法移植的弊病沉疴

知识产权法无疑是舶来品，但不等于说我国知识产权法的立法、司法和执法始终都要在西方国家的长影之下，混沌不堪，运行成本居高不下。

长期以来，我国知识产权法研究陷入怪圈：美国和欧洲有新立法了，新判例了，国内论文随即就蜂拥地进行“学术报道”和“学术推销”。至于美国和欧盟的总体政治经济文化对其知识产权制度的制约，则完全不顾，仿佛知识产权的规范与万有引力定律或者生物进化规律一般。甚至有些中国知识产权法学者对美国和欧洲知识产权法的了解程度更胜于对中国知识产权法的熟悉程度，尽管只是基于心理投射效应而已。中国知识产权法之中充斥着美国法的概念和欧洲法的概念，研究美国知识产权法的学者和研究欧洲知识产权法的学者还时常就此展开论战。

这导致我国知识产权法有待完善。以著作权法为例，美国版权法的众多概念频繁地出现在我国著作权法论文和判决书中，其受重视的程度远远超过我国自己的案例研究。我国承袭大陆法系作者权传统，承认著作人身权和著作财产权，区分著作权和相关权（邻接权），而美国版权法并无这些法律区分。然而，我国许多学者热衷研究《美国版权法》，其中的法律概念顺势在我国流行起来。比如，对于著作权的客体"作品"应当具备的独创性，国内流行的意见就是搬用在1991年美国联邦最高法院Feist案的表述：独创性等于"独立完成"+"最低程度的创造性"。但是，"最低程度的创造性"之"最低程度"究竟可以低到何种程度，又是在何种范围之内比较而得出之"最低"？某些学者反而不关心这些基本问题，只把美国版权判例的关键短语当作"咒语"，奢望借此解决现实的法律问题。诸如此类的"拿来主义"容易导致重大问题：被引入我国法律语境的外国法律概念摆脱了源出国制定法和司法判例的制约，内涵和外延极不确定，依赖学者个人当下的主观理解，不少时候只是一知半解——毕竟存在语言、文化和历史的厚重隔阂。移植进入我国法律体系的外国法律概念有可能对我国制度的成长造成恶劣影响。

更让人忧心的是，研究美国知识产权法的学者有意无意地使用中国知识产权法的概念去讨论美国知识产权法问题，之后再输入中国法律体系。他眼中和心中的美国知识产权法不过是扭曲之后的中国知识产权法的投射而已！比如，我国对录音制品给予邻接权保护，不少学者认为《美国版权法》第102条第7项规定之"sound recordings"就是我国著作权法所称的"录音制品"。但是，美国版权法之下，"sound recordings"分明是作为"作品"予以保护，是由作者创作完成。这里的"recording"并不是机械录制而已，而是作为一种创作手段。在1991年Feist案中，美国联邦最高法院宣布废除"额头淌汗法则"，强调作品应当"独立创作且有最低限度的创造性"，[1] 机械录制声音也就不可能取得美国版权保护。既然如此，"sound recordings"怎么可能是我国著作权法所称的"录音制品"呢？这种情况在研究欧洲知识产权法的学者那里也不少见。

---

1 See Feist Publ'ns，Inc. v. Rural Tel. Serv. Co.，499 U. S. 340，347（1991）.

同样让人忧心的是，有些学者坚持国际知识产权条约至上主义，即把对国际条约的理解作为必须遵守的规范，用于解决本国知识产权法问题。国际条约本来就没有权威解释，各个国家对国际条约的履行方式和程度往往千差万别。很多时候，国际条约之所以采用特别的措辞，就是为了和稀泥，只为纳入更多成员方而已，并不代表国际共识。实际上，各个主权国家的政治经济和文化传统不一样，能够形成的共识本来就非常有限。即便是欧盟知识产权条例或指令，实施由欧盟法院予以保障，也只是对各成员国的知识产权法实体规范进行了相当有限的协调。比如，尽管2009年欧盟法院在*C-5/08 Infopaq*案中指出，根据《欧洲议会和理事会关于信息社会协调著作权和邻接权若干方面的指令》，版权保护对象是“作者的智力创作成果”（author's own intellectual creations），[1] 但是英国仍然坚持“额头淌汗法则”，认为“文学、戏剧、音乐或艺术作品”只要求“源自作者”（originated with the author），[2] 即源自作者本人的技能（skill）、劳动（labor）和判断（judgement），[3] 就应当对其给予保护。故而，英国学者认为，欧盟法院C-5/08 Infopaq案并不会从根本上改变英国版权法的独创性标准。[4] 而其他国际知识产权协议之履行根本没有如同欧盟法院那般对欧盟知识产权指令或条例的司法保障，其文字表述在多大程度上能够约束各国，就更是悬而未决了。所以，国际知识产权协议是比美国和欧洲知识产权法更不可以信赖的依据。国际知识产权协议的“权威解释”往往是各个主导国家的学者根据自身国家的立法和司法状况的个人理解而已，难以成为解决我国知识产权法问题的金钥匙。

第三节 现有相关研究的不足和问题

新时代中国特色社会主义加快建设创新型国家要求系统全面地研究我国知

1 See C-5/08 Infopaq International A/S v. Danske Dagblades Forening［2009］ECDR 16，papa. 37.

2 See Newspaper Licensing Agency Ltd & Ors v. Meltwater Holding BV & Ors［2011］EWCA Civ 890，para. 19-20（27 July 2011）. See also Ladbroke（Football）Ltd v. William Hill（Football）Ltd［1964］1 WLR 273.

3 See University of London Press v. University Tutorial Press［1916］2 Ch 601，at 609-610，per Peterson J；Ladbroke（Football）v. William Hill（Football）［1964］1 WLR 273；Independent Television Publications Ltd. v. Time Out Ltd.［1984］FSR 64.

4 See Andreas Rahmatian，Originality in UK Copyright Law：The Old “Skill and Labour” Doctrine Under Pressure. IIC 44，4-34（2013）. https：//doi. org/10. 1007/s40319-012-0003-4.

识产权制度的运行成本，实现知识产权制度的中国化和时代化。知识产权制度是舶来品，改革开放以来我国长期处于学习和移植西方既有法律的状态之中，缺乏对知识产权制度运行成本的系统研究，致使我国知识产权制度运行成本偏高，阻碍创新国家建设。知识产权制度有别于传统财产权制度，其对象并非稀缺资源；知识产权制度设置不当，反而可能增加市场进入壁垒，给贸易造成不必要的障碍，阻碍社会主义特色市场经济的发展。虽然国际上早有经济分析法学，其利用经济学方法分析法律制度，但是绝大多数经济学家对具体法律规范缺乏系统全面的研究，致使大多数经济分析法学停留于概括性的法律问题分析，缺乏实证研究和案例研究，时常是把法律规范问题强硬地塞入理想化的经济学模型之中。

根据与知识产权法律规范的结合程度，现有相关研究可以分为三类：第一类，应用经济学方法分析交易成本、社会组织成本、产权制度等一般性问题的研究成果；第二类，通过经济学方法（特别是经济学模型）分析知识产权制度；第三类，利用经济学方法，结合案例研究和实证方法，具体分析中国知识产权制度中的具体法律问题。

第一类现有研究历史悠久，成果丰富，但鲜有结合我国知识产权制度的研究成果。第一类现有研究常被称为“经济分析法学”（economic analysis of law），其在美国等发达国家已经发展得较为成熟。20世纪60年代，经济分析法学兴起。科斯1960年发表了《社会成本问题》一文，提出著名的科斯定理和交易成本理论。他在1937年发表了《企业的性质》一文，由此开创了经济分析法学。诺思根据交易费用理论对制度变迁进行研究，并提出产权界定、市场规模、执行是决定交易成本的环境因素。美国联邦第七巡回法院法官波斯纳是法学界运用经济学分析法律问题的代表人物。他著有《法律的经济分析》一书，对法学和经济学的诸多问题进行过探讨，具有较大的国际影响力。我国也有不少学者奉行此种研究路径，并取得一些成果。比如，1996年《对法律制度功能与效率的经济学阐释》一文阐述了不同法律制度下的制度成本不同，用以论证法律制度对资源配置效率起着关键性决定作用的观点。[1] 1998年《法的成本与法的幼稚——对市场经济法律制度的一种经济学分析》一文运用经济学成本分析方法，对我国市场经济法律制度设计以及实施进行探讨，并指出我国现行

1　聂德宗：《对法律制度功能与效率的经济学阐释》，载《学习与探索》1996年第4期，第16–22页。

市场经济法律制度交易成本过大且难以支付，导致一定程度的制度虚设或制度失灵现象，主张以交易成本的最优化作为制度创新和改进的目标。[1] 进入21世纪，我国有更多的学者运用经济学方法进行法律制度探讨，并开始与我国具体的法律制度相结合进行讨论。例如，2003年《从成本角度探讨我国证券民事赔偿制度的完善》一文通过法律制度成本分析证券民事赔偿制度存在的问题，提出降低证券民事赔偿制度成本，获得证券市场最大利益的建议。但在知识产权法领域，只有少数中国学者采用法经济学研究方法讨论具体的知识产权保护问题，比如清华大学崔国斌发表的论文《大数据有限排他权的基础理论》对此有所涉及。[2]

第二类研究成果较为丰富，常采用经济学模型、以美国知识产权法为原型进行讨论。传统财产权的对象是稀缺资源，而知识产权的对象是非稀缺资源，其比传统财产制度对市场竞争的影响更为深远。波斯纳在其2014年出版的《法律的经济分析》（第9版）第11章专门讨论知识产权制度的一些基本问题。波斯纳承认，知识产权制度庞大、重要和充满迷惑。事实上，该书的讨论也相当概括，与知识产权具体规范结合松弛，引发的争议比解决的问题更多。2003年，兰德斯和波斯纳所著《知识产权法的经济结构》对美国知识产权法诸多具体问题有较为深入的经济学分析，但主要是利用经济学模型，缺乏实证研究和案例研究支持。我国学者在这方面总体上处于尝试阶段，只是笼统讨论知识产权制度，并不深究我国知识产权制度的具体安排。如1996年《知识产权贸易的资源配置机制》一文通过技术竞争的经济分析探讨知识产权对国际经济资源配置的影响；[3] 1999年《均衡与效率——知识产权制度的社会成本审视》一文从知识产权的权利配置切入，分析权利分配的最佳边界，认为专利制度、著作权制度和商标制度能使社会成本最小化。[4]

第三类研究成果凤毛麟角。这类研究不满足于用经济学方法笼统地讨论知识产权的产权问题，转而利用经济学方法和实证方法，具体研究我国知识产权制度的具体法律问题，虽有建设性，但覆盖面不够。如2015年《我国著作人身

----

1 卢宏定：《法的成本与法的幼稚——对市场经济法律制度的一种经济学分析》，载《法律科学（西北政法学院学报）》1998年第1期，第21-25页。

2 崔国斌：《大数据有限排他权的基础理论》，载《法学研究》2019年第5期，第3-24页。

3 何琼隽：《知识产权贸易的资源配置机制》，载《南方经济》1996年第4期，第46页、第53-54页。

4 曾平、蒋言斌：《均衡与效率——知识产权制度的社会成本审视》，载《中南工业大学学报（社会科学版）》1999年第2期，第68-71页。

权与著作财产权协调的法律原则》一文结合案例研究和经济学分析方法，讨论我国著作权制度下的著作人身权与著作财产权相互协调的法律问题，认为我国著作权法混合了作者权体系和版权体系的法律规范，使得著作人身权的行使易与著作财产权的行使发生各种抵触，进而妨碍文化产业发展，为此应根据便利交易、维护保护交易安全的原则，改革现有规范，使得著作人身权行使服从于著作财产权限制的创设目的，服务于各种形式著作财产权交易的特定目的。[1]又如《专利共有制度的博弈分析》一文利用博弈论方法，对比分析我国专利共有制度与德、法、英、美等国专利共有制度，得出结论认为"中国特色专利共有制度比他国的更具优越性，能更为有效地促进共有专利发明的商业化"。[2]再如，2014年《实证经济分析视角下的艺术品追续权保护制度》一文对我国著作权法第三次修正征求意见稿中的"追续权"进行分析，认为艺术品交易价格呈现显著的偏态分布，而追续权保护是对艺术品原件流转进行"征税"，可能负面影响艺术品市场。[3]

总体上，以运行成本为视角，对我国知识产权法中重要制度安排进行讨论的研究成果很少。虽然不时有文章采用经济学方法分析我国知识产权法，但多停留于笼统的产权分析，与新时代我国国情和已有司法经验脱节，不能适应新时代中国式现代化的总体需求。

第四节　新时代知识产权法运行成本的制度优化路径

2021年9月，中共中央、国务院印发《知识产权强国建设纲要（2021—2035年）》，提出"建设面向社会主义现代化的知识产权制度"。这意味着，我国需要摆脱法律移植的历史羁绊，根据中国式现代化的总体要求，立足中国国情和市场优势，从运行成本的角度重新思考知识产权制度的深层次问题，构建符合中国发展要求的知识产权制度。

那么，应该采用什么方法分析新时代我国知识产权法的运行成本呢？理论上，每一个知识产权法条都会影响知识产权制度的运行成本，但是逐一分析知

1 何怀文：《我国著作人身权与著作财产权协调的法律原则》，载《知识产权》2015年第9期，第10–18页。

2 何怀文、陈如文：《专利共有制度的博弈分析》，载《清华知识产权评论》2015年第1期，第103–127页。

3 何怀文：《实证经济分析视角下的艺术品追续权保护制度》，载《中国版权》2014年第3期，第77–81页。

识产权法条与知识产权法运行成本的关系非常容易迷失方向，无法从总体上把握知识产权法运行成本，就更不可能对现行知识产权法的变革提出有意义的建议。

知识产权法的运行成本首先需要从宏观上予以把握。最基本的道理在于，知识产权法之运行受制于一个国家的总体政治经济条件。就新时代我国知识产权法的运行成本问题，至少要考虑三个主要方面才能抓住其“牛鼻子”：（1）中国超大规模统一大市场的现实要求；（2）中国强大信息网络基础设施的现实赋能；（3）知识产权高质量发展的实际需求。

一、基于超大规模统一大市场的制度优化路径

一国的市场规模和统一程度，直接影响其知识产权制度。譬如，欧盟只是邦联体，并没有超大规模的统一大市场。欧盟27国的语言文化不同，彼此的人口规模和市场规模迥异，更不必说政治法律上的差别。欧盟颁行的知识产权条例或指令不得不照顾到各成员国的具体情况，所以采用的法律概念不得不宽泛到包容各种差别的必要程度。如果将欧盟的知识产权法规范照搬到中国，就容易导致法律理解和适用的严重分歧，进而妨碍统一大市场的运行。

我国具有超大规模市场。我国有14亿多人口，4亿多人的中等收入群体，且正处于迈向高收入国家的行列，居民收入水平和消费水平不断提高，新型工业化和城镇化持续推进，是世界上最有潜力的超大规模市场。[1] 而超大规模的国内市场给我国经济发展带来显著的规模经济优势、创新发展优势和抗冲击能力优势，是我国宝贵的战略资源。[2]

新时代我国知识产权法应当服务于建设超大规模统一大市场。2022年3月25日，中共中央、国务院发布《关于加快建设全国统一大市场的意见》。该意见指出，“持续推动国内市场高效畅通和规模拓展”，“加快营造稳定公平透明可预期的营商环境”，“进一步降低市场交易成本”，“发挥市场的规模效应和集聚效应”。为此，意见强调，“强化市场基础制度规则统一”，“完善统一的产权保护制度”，“维护统一的公平竞争制度”。知识产权制度作为现代社会重要的产权制度之一，深刻影响着市场竞争，新时代当然要进行制度优化。

新时代要降低我国知识产权法的运行成本，其制度优化的主要目标应是：

---

1 刘鹤：《把实施扩大内需战略同深化供给侧结构性改革有机结合起来》，载中国政府网2022年11月4日，https://www.gov.cn/guowuyuan/2022-11/04/content_5724222.htm。

2 刘鹤：《把实施扩大内需战略同深化供给侧结构性改革有机结合起来》，载中国政府网2022年11月4日，https://www.gov.cn/guowuyuan/2022-11/04/content_5724222.htm。

让知识产权保护更加可以预期，且具有更高的法律确定性。在超大规模统一大市场的情势之下，知识产权保护的法律确定性不仅关系到知识产权人为利用知识产权的投资意愿，同时关系到广大社会公众进行商事活动的法律风险。特别是，知识产权保护不断加强，对商标侵权、专利侵权和著作权侵权都可能适用惩罚性赔偿。如果知识产权保护范围确定的成本过高，法律不确定性过高，经过市场规模的放大作用，知识产权法的运行成本必然高昂，甚至会严重妨碍市场运行。

我国应该创新地采取各种法律手段，包括那些看起来投入很大的制度安排，来降低知识产权法的总体运行成本。对一个小国而言，如果一个制度需要大规模的投入，因为其人口规模和市场规模过小，就可能并不值当。但对于我国而言，情况迥然不同。因为我国人口规模和市场规模庞大，知识产权的市场价值显著。比如，对于一个小国而言，公路交通就足矣，并不需要高铁技术，更不需要昂贵的高速磁悬浮列车。但中国幅员辽阔，高速通行需求旺盛，此类技术的市场价值就得以体现。类似地，一种知识产权的制度安排，即便运行需要大规模地固定投入，但在我国也容易摊销，总体运行成本反而不高，可能因为知识产权保护的法律确定性显著提高而使得整个社会效益提升，恰是不错的制度选择。

总之，新时代我国的超大规模统一大市场客观上要求我们重新考虑知识产权保护的法律确定性和实质公平问题，而不是继续从西方国家移植知识产权法。为此，本研究以超大规模统一大市场作为新时代我国知识产权法变革的基本国情，既以此作为出发点，也以此作为落脚点。特别是，超大规模统一大市场要求公平划定知识产权保护范围，保护公众的合理信赖利益。为此，本书第二章专门探讨了新时代知识产权法运行成本与知识产权法定原则的关系；第三章“专利法之运行成本的制度优化”重点研究各种专利保护范围之确定成本；第四章“商标法之运行成本的制度优化”重点讨论注册商标专用权和驰名商标权保护范围之确定成本；第五章“著作权法之运行成本的制度优化”重点考察数字时代著作权之权利管理成本。

二、基于强大信息网络基础设施的制度优化路径

我国具有强大的信息网络基础设施和数量庞大的网民，知识产权法之运行可以依托网络和数字技术。中国互联网络信息中心（CNNIC）发布的第51次《中国互联网络发展状况统计报告》表明，截至2022年12月，我国网民规模达10.67亿，互联网普及率达75.6%，网民使用手机上网的比例达99.8%；

在网络基础资源方面，我国域名总数达3440万个，IPv6（Internet Protocol Version 6，互联网协议第6版）地址数量达67 369块/32；我国IPv6活跃用户数达7.28亿；在信息通信业方面，我国5G基站总数达231万个。[1] 这意味着，我国公众普遍熟悉并使用网络，新时代知识产权法由此可以依托数字技术和网络技术展开。

须知，传统知识产权制度依托的信息通信技术相当落后，直接造就知识产权制度的基本格局。比如，在印刷时代，商标申请并不能在申请日就公告，而是需要将相当数量的商标申请积聚到一起，进行印刷之后通过《商标公告》进行公布。而且，因为是纸媒公告，商标局就难以处理声音商标申请，故而声音商标长期被排除在商标注册之外。但是，如今在网络环境之下，商标申请可以在提出之后即时公开，方便公众查询并采取规避措施；声音商标申请也可以通过网络进行公示。

再如，1789年法国大革命时期，交通和通信落后，作品复制件制作成本高昂。此时，著作权保护如果以登记为条件，作者要到国家统一的部门进行登记，就不得不付出昂贵的代价。著作权登记肯定需要出示作品的原件或复制件。其时没有照相机，作者要将两米多高的油画运送到登记机关出示一下都很困难。且作者往往只有一份手稿，又不可能单独排版印刷一份，也就不可能拿着唯一的手稿去登记机关留存。所以，在当时的技术条件之下，著作权法承认著作人格权，以作品完成作为著作权取得的法律条件，摒弃登记的形式条件，就可以显著降低著作权制度的运行成本。然而，网络通信发达的今天，著作权登记的成本已经显著降低，著作权不登记而导致的著作权交易困难等问题日益凸显，亟须根据现在的技术条件重新考虑著作权登记的法律意义和现实意义。

总之，我国强大的信息网络基础设施是新时代知识产权制度运行的外部技术环境，截然不同于工业革命以来形成的传统知识产权制度，其运行成本与收益结构已经发生重大变化。为此，本书将我国强大的信息网络基础设施作为新时代知识产权变革的技术环境，就此重新考虑相关制度安排。本书第三章“专利法之运行成本的制度优化”专门讨论专利审查程序变革；第四章“商标法之运行成本的制度优化”重点讨论商标申请审查程序变革；第五章“著作权法之运行成本的制度优化”着重讨论构建全国统一的著作权登记系统和孤儿作品利用系统等问题。

1《第51次中国互联网络发展状况统计报告》，载中国互联网络信息中心网，https：//cnnic. cn/NMediaFile/2023/0322/MAIN16794576367190GBA2HA1KQ. pdf。

三、基于知识产权高质量发展要求的制度优化路径

今天中国的知识产权法与20世纪80年代相比，已经不可同日而语。自《商标法》1982年颁行，到今天已有40余年，历经1993年、2001年、2013年和2019年四次修正，2023年又启动第五次修正。《专利法》1984年颁行，到今年已经40载，经过1992年、2000年、2008年和2020年四次修正。《著作权法》相对年轻，1991年颁行，也已经30余年，且已在2001年、2010年和2020年进行过修正。同时，最高人民法院根据审判实践经验出台了很多知识产权方面的司法解释和司法意见，颁布了众多知识产权典型案例。总体上，我国知识产权制度正日趋完善。

我国已经从一个知识产权弱国走向一个知识产权大国。截至2022年年底，我国发明专利有效量为421.2万件，注册商标4267.2万件，世界知识产权组织发布的《全球创新指数报告（2022 年）》显示，我国的排名已上升至全球的11位。[1] 就PCT申请而言，世界知识产权组织的调查表明，中国2022年提出的PCT专利申请量位居世界第一，共7万余件，比申请量位居世界第二的美国多约2万件。[2]

我国现在要建设知识产权强国，要推进知识产权高质量发展，就需要重新审视我国现行的知识产权制度。譬如，我国实用新型专利制度亟须重大改革。实用新型本来是“小发明”，本应居于次要地位，但我国实用新型专利的申请数、授权数和有效数都远远超过发明专利。我国2022年实用新型专利申请数高达295万多件，发明专利申请则为161万件左右，[3] 前者是后者的1.8倍之多。[4] 然而，数目如此庞大的实用新型专利并没有能够提升我国的创新能力，反而可能成为市场进入壁垒，妨碍统一大市场的正常运行。为此，本书第三章将专门

1 《国家知识产权局2022年度报告》，载国家知识产权局网，https：//www. cnipa. gov. cn/module/download/down. jsp？ i_ID=185538&colID=3249。

2 See WIPO，International patent applications by origin（PCT System）（2022），available at：https：//www. wipo. int/export/sites/www/pressroom/en/documents/pr-2023-899-annexes.pdf#page=1.

3 国家知识产权局：《2022年知识产权统计年报》“1-1 分国内外三种专利申请/授权/有效量（2022年）”，载国家知识产权局网，https：//www. cnipa. gov. cn/tjxx/jianbao/year2022/a/a1. html。

4 WIPO，World Intellectual Property Indicators 2022，available at：https：//www. wipo. int/publications/en/details. jsp？ id=4632&plang=EN.

从专利法运行成本的角度探讨我国实用新型专利制度的改革。

特别是，知识产权高质量发展要求正视我国知识产权法司法实践的裁判规则分歧，在系统案例研究的基础上，根据超大规模统一大市场建设的要求，统一知识产权保护的裁判规则。比如，我国专利制度建立早期，专利代理水平整体不高，为公平保护专利权人的利益，我国法院基于不同法律标准适用等同原则，有可能造成专利保护范围模糊而难以确定。《知识产权强国建设纲要（2021—2035年）》强调，"统一知识产权司法裁判标准和法律适用，完善裁判规则"。虽然最高人民法院也已经下设知识产权庭，专门审理技术类知识产权纠纷的上诉案件，[1] 但是不应脱离历史经验而简单粗暴地统一设定裁判标准。为此，应当首先总结已决案件的各种裁判标准，进行大规模的案例研究。如果多种裁判意见并立，则应以超大规模统一大市场建设作为出发点和落脚点。道理很简单，知识产权强国也罢，知识产权高质量发展也好，都源于也受制于统一大市场。

为此，本书后续各章讨论专利法、商标法和著作权法之运行成本的制度优化时，极力避免采用经济学模型对知识产权保护范围进行抽象的理论讨论，在各个章节的"现状与问题"部分竭尽全力进行系统的案例研究或实证研究，而后基于国情讨论新时代我国知识产权法的具体变革。

1《全国人民代表大会常务委员会关于专利等知识产权案件诉讼程序若干问题的决定》（2018年10月26日第十三届全国人民代表大会常务委员会第六次会议通过）。

第二章

新时代知识产权法运行成本与**知识产权法定原则**

新时代的现实客观上要求我国实行知识产权法定原则，否则难以实现知识产权法之运行成本的制度优化。知识产权法定原则并不只是限制法官创设知识产权，而是要实现全国范围内的法律确定性，对抗过度知识产权保护对社会经济生活的严重影响。知识产权法定原则尽管不完美，不能尽然实现自然权利、他人利益与社会正义之间的利益平衡，[1] 但能够解决超大规模统一市场和知识产权强保护趋势之下的两个重大难题：法律确定性和过度知识产权保护。无论是知识产权促进与保护的地方性法规，还是国家知识产权局推进数据、人工智能、基因技术等新领域新业态的知识产权立法工作，抑或是法院进行知识产权保护的裁判规则创新，都应该从超大规模统一大市场建设的大局出发，把握主要矛盾，遵循知识产权法定原则。

第一节　知识产权法定原则的基本含义

知识产权法定原则是指：“知识产权的种类、权利以及诸如获得权利的要件及保护期限等关键内容必须有成文法确定，除立法者在法律中特别授权外，任何机构不得在法律之外创设知识产权。”[2]其中“关键内容”即特定知识产权制度正常运行的核心规范体系。

知识产权法定原则假设知识产权制度不是尽善尽美，而是为社会经济发展的“必要的恶”。知识产权的具体制度是历史经验之总结，是平衡知识产权人和社会公共利益的结果，并不是基于抽象理论而建构完成的。无论是洛克的财产权劳动理论，还是黑格尔的自由意志理论，都存在无限扩大知识产权保护范围的内在危险。因为只要付出了劳动就可以享有成果，或者个人有权通过将自由意志体现在任何知识产品中而使其成为自己的私有财产，必然会无限制地扩

1　易继明：《知识产权的观念：类型化及法律适用》，载《法学研究》2005年第3期。

2　郑胜利：《论知识产权法定主义》，载郑胜利主编：《北大知识产权评论（第2卷）》，法律出版社 2004年版，第51页。

大知识产品的私人空间。[1] 而且，它们都不能解决知识产权客体边界模糊性的问题——它们对知识产权的合理性只能起到一个哲理的解释作用。[2]

抽象理论不足以作为知识产权创设的基础，那为何不允许法院基于“利益平衡原则”而在个案之中创设知识产权权益呢？“利益平衡原则”只是一个过于完美的愿景。它根本够不上“法律原则”的称谓。虽然法律调整利益，但不是直接调整利益，而是通过调整行为来间接调整利益。利益平衡原则本身不是规范（prescriptive），而只是一种描述（descriptive）评判的过程而已。“平衡”本身不过是一个比喻，从没有一个学者给出过利益平衡的所谓“平衡点”。在适用利益平衡的案件之中，缺乏充分的说理，各个案件之间根本没有一致性，在美国等判例法国家早就受到尖锐的批判。[3] 社会公众更不可能基于“利益平衡原则”获得明确的行为指引，其信赖利益也得不到应有的法律保护。“利益平衡原则”是给个案披上公平的外衣，让法官可以轻而易举地逃避上诉审查，但对公众而言只是法律疑云和陷阱。简言之，“利益平衡原则”是粗陋而原始的法律工具，不足以作为财产权利创设的基础。

《中华人民共和国民法典》（以下简称《民法典》）实行之后，知识产权法定原则已经基本确立。[4]《民法典》第123条第2款规定：“知识产权是权利人依法就下列客体享有的专有的权利：（一）作品；（二）发明、实用新型、外观设计；（三）商标；（四）地理标志；（五）商业秘密；（六）集成电路布图设计；（七）植物新品种；（八）法律规定的其他客体。”本条第2款第（8）项“法律规定的其他客体”表明，除非法律明确规定，否则不得享有知识产权。本条表明，任何一种知识产权在我国必须通过“法律”予以确定，不仅确定其保护客体，而且确定其法律保护与其他种类的知识产权保护的法律关系。

尽管如此，知识产权法定原则在我国法律实践过程之中仍旧面临一些挑战，包括知识产权促进类地方立法、知识产权部门立法和知识产权裁判规则创

----

1 李扬：《略论知识产权法定原则》，载《电子知识产权》2004年第8期，第17-19页。

2 李扬：《略论知识产权法定原则》，载《电子知识产权》2004年第8期，第17-19页。

3 See Patrick M. McFadden, The Balancing Test, 29 B. C. L. Rev. 585（1988），http://lawdigitalcommons. bc. edu/bclr/vol29/iss3/2.

4 参见易继明：《知识产权法定主义及其缓和——兼对〈民法总则〉第123条条文的分析》，载《知识产权》2017年第5期，第3-11页；杜颖、郭珺：《论严格知识产权法定主义的缺陷及其缓和——以〈民法总则〉第123条为切入点》，载《山西大学学报（哲学社会科学版）》2019年第4期，第113-123页。

新。只是理论上探讨知识产权法定原则是远远不够的，还必须结合中国建设超大规模统一市场和知识产权强保护趋势，来反思我国加入世界贸易组织以来各地的知识产权相关立法活动、国家知识产权局的行政措施以及法院的知识产权裁判规则创新。

第二节 新时代实行知识产权法定原则的现实要求

新时代，我国应该强调知识产权法定原则，不是出于法学理论的要求，而是因为我国国情的现实要求，特别是建设超大规模的统一大市场和不断加强知识产权保护的需要。

一、超大规模统一大市场

我国知识产权制度应当服务于我国市场经济——超大规模统一大市场。2022年3月25日《中共中央、国务院关于加快建设全国统一大市场的意见》提出，“建设超大规模的国内市场”，“立破并举，完善制度”，即“从制度建设着眼，明确阶段性目标要求，压茬推进统一市场建设，同时坚持问题导向，着力解决突出矛盾和问题，加快清理废除妨碍统一市场和公平竞争的各种规定和做法，破除各种封闭小市场、自我小循环”。

在建设超大规模统一大市场的背景之下，国家不断加强知识产权保护，知识产权制度必须具有法律确定性，经营主体才可以据此安排各种商事活动，充分利用超大规模统一市场给予的规模经济效应。须知，知识产权保护力越强，知识产权保护就会在更大时空范围之内影响商贸活动。特别是近年来，我国电子商务发展迅猛，交易额规模已成为全球第一。《中国电子商务报告（2022）》表明，2022年全国电子商务交易额达43.83万亿元。但是，如果涉嫌知识产权侵权，知识产权人就可以依据《中华人民共和国电子商务法》（以下简称《电子商务法》）第42条的规定向电子商务平台发送“通知”，要求其采取删除、屏蔽链接等必要措施，涉嫌侵权的畅销商品可能因此而瞬间在整个平台上中止销售。如果知识产权保护的法律确定性不高，经营主体既不能合理地确定自己的产品和服务能得到知识产权相关保护，也不能合理地确定自己的产品或服务不会侵犯他人的知识产权，他们对市场、对投资就缺乏足够的信心，我国就难以发挥超大规模统一市场的发展优势。可见，如果法律缺乏确定性，各地法院可以根据个案而创设知识产权，就难以“持续推动国内市场高效畅通和规模拓展”。

美国虽然是判例法国家，但其严格实行知识产权法定原则，禁止法官创设知识产权，并且实行让人瞠目的知识产权强保护。当今世界，能与中国超大规模统一大市场相比肩的就是美国市场。在美国建国之初，它就深知知识产权本身就是市场进入壁垒，知识产权保护对市场经济运行具有举足轻重的影响。为避免各州实行的知识产权制度具有差异，形成区域壁垒而妨碍国内统一市场运行，《美国宪法》第1章第8条第8款规定，为促进科学和实用技艺的进步，国会有权赋予作者和发明人对其作品和发明以有期限的排他权。此外，《美国宪法》第6条第2款“最高效力条款”（supremacy clause）同时规定，《美国宪法》是美国最高法律，各州法官都受其拘束，不得实行与之抵触的法律。[1]这意味着本条赋予国会就发明和作品制定规范的专属立法权，排斥各州就发明和作品另外制定不同规范。[2]《美国版权法》第301条特别规定，各州不得就《美国版权法》第102条、第103条和第106条规定之客体另外给予法律保护。虽然《美国专利法》没有类似条文，但美国联邦最高法院适用相同的判例法。比如，1964年*Sears, Roebuck & Co. v. Stiffel Co.*案中，美国联邦最高法院认为，灯的外观设计不享受美国专利权保护，因此美国各州法院都不得通过反不正当竞争法给予保护，即不得对模仿者施加法律责任。[3] 1989年*Bonito Boats, Inc. v. Thunder Draft Boats*案中，美国联邦最高法院重申，各州不得妨碍公众利用未取得专利的产品外观设计。[4]对专利权能，美国更是实行严格的专利权法定，连对“销售”都解释得非常狭窄，要求“销售”须是实际交付。[5]在签订TRIPs协定之前，《美国专利法》不承认“许诺销售”。即便

----

1 See U. S. CONST. art. Ⅵ，cl. 2（“The Laws of the United States . . . shall be the Supreme Law of the Land; and the Judges in every State shall be bound thereby, any Thing in the . . . Laws of any State to the Contrary notwithstanding.”）; Richard A. Epstein & Michael S. Greve, Introduction: Preemption in Context, in FEDERAL PREEMPTION: STATES' POWERS, NATIONAL INTERESTS 1，3（Richard A. Epstein & Michael S. Greve eds.，2007）.

2 See, e. g.，Ralph F. Hall & Michelle Mercer, Rethinking Lohr: Does “SE” Mean Safe and Effective, Substantially Equivalent, or Both? 13 MINN. J. L. SCI. & TECH. 737，755（2012）; Caleb Nelson, Preemption, 86 VA. L. REV. 225，226（2000）.

3 Sears, Roebuck & Co. v. Stiffel Co.，376 U. S. 225（1964）.

4 Bonito Boats, Inc. v. Thunder Draft Boats, 489 U. S. 141（1989）.

5 See, e. g.，Rotec Industries, Inc. v. Mitsubishi Corp.，215 F. 3d 1246（Fed. Cir. 2000）; North American Philips Corp. v. American Vending Sales, Inc.，35 F. 3d 1576（Fed. Cir. 1994）; Beverly Hills Fan Co. v. Royal Sovereign Corp.，21 F. 3d 1558（Fed. Cir. 1994）.

这类行为严重损害专利权人利益，也不作为侵犯专利权进行处理。[1]“许诺销售”的权能设立之后，美国联邦巡回上诉法院延续专利权能限制传统，借助合同法理论而将其限制为“要约”，这使得广告宣传专利侵权产品的行为不受专利权拘束，甚至可能严重损害专利权人的基本利益。[2]

或有意见认为，美国并不是全方位实行知识产权法定原则，《美国宪法》就没有规定国会可以授予注册商标专用权，各州法院依旧保护普通法意义上的商标权。但这是美国知识产权制度的优势，还是美国在不断试图克服的弊端呢？为适应国际贸易，美国国会1870年和1876年都曾制定联邦商标法案，[3]但不幸都被美国联邦最高法院宣布超越宪法授权而无效。[4]到1945年时，将商标权视为普通法保护的权利已经彻底落后于时代。美国众议院报告指出，商贸活动已经不再局限本地而是在全国范围内展开，州际贸易（inter-state commerce）中使用的商标应该进行联邦注册，就此需要立即立法，才可以适应实际的商业活动。[5]正是因为国内国际贸易的现实要求在全国范围内实行统一商标制度，美国到1946年才制定了联邦商标法《美国兰汉姆法案》，创设全

1 See Van Kannell Revolving Door Co. v. Revolving Door & Fixture Co. , 293 F. 261, 262（S. D. N. Y. 1920）（“A patent confers an exclusive right upon the patentee, limited in those terms. He may prevent anyone from making, selling, or using a structure embodying the invention, but the monopoly goes no further than that. It restrains everyone from the conduct so described, and it does not restrain him from anything else. If, therefore, anyone says to a possible customer of a patentee, ‘I will make the article myself; don't buy of the patentee,’ while he may be doing the patentee a wrong, and while equity will forbid his carrying out his promise, the promise itself is not part of the conduct which the patent forbids; it is not a ‘subtraction’ from the monopoly. If it injures the plaintiff, though never performed, perhaps it is a wrong, like a slander upon his title, but certainly it is not an infringement of the patent.”）.

2 See generally Timothy R. Holbrook, Liability for the “Threat of a Sale”: Assessing Patent Infringement For Offering to Sell an Invention and Implications for The On-Sale Patentability Bar and Other Forms of Infringement, 43 Santa Clara L. Rev. 751（2003）; David Sulkis, Note, Patent Infringement by Offer to Sell: Rotec Industries, Inc. v. Mitsubishi Corp. , 38 Hous. L. Rev. 1099（2001）; Edwin D. Garlepp, An Analysis of the Patentee's New Exclusive Right to ‘Offer to Sell’, 81 JPTOS 315（1999）; Robert Ryan Morishita, Patent Infringement after GATT: What Is an Offer to Sell? 1997 Utah L. Rev. 905.

3 See Keith M. Stolte, A Response to Jerome Gilson's Call for an Overhaul of the Lanham Act, 94 Trademark Rep. 1335, 1341–42（2004）.

4 Trade-Mark Cases, 100 U. S. 82, 88–89（1879）.

5 H. R. Rep. No. 79–219, at 2–3（1945）.

国统一的商标注册体系和保护体系，并且设立美国专利商标局。

因应国内贸易发展，借助“州际贸易”的宪法条款，美国联邦商标制度的建设步伐还在不断加快。1995年，美国国会通过《联邦商标反淡化法案》（Federal Trademark Dilution Act）。2020年，美国国会修订《美国兰汉姆法案》（The Trademark Modernization Act of 2020），规定取得联邦商标注册的商标权人遭受侵权之后，则推定其遭受难以弥补的损害，除非存在相反证明，否则应当适用永久禁令。[1] 该法案就是为限制美国联邦最高院*eBay Inc. v. MercExchange*案对商标侵权的法律效力——该案认为，不得基于专利侵权直接推定专利权人遭受难以弥补之损害而应当适用永久禁令。[2]

这些事实都表明，实行统一的商标制度对美国非常重要。只是因为《美国宪法》难以修订，且已错过历史机遇，美国不得不依照《美国宪法》第1章第8条第3款的“商务条款”（commerce clause）而创设与州法平行适用的联邦商标法。但是，美国各州之间的贸易发展使得联邦商标注册的地位不断提升，美国不得不在联邦层面设立美国专利商标局而将商标与专利并举。

我国作为单一制国家，全国人民代表大会常务委员会通过了专利法、著作权法和商标法等知识产权部门法，并在全国范围内实行。这相比于美国是制度优势，而非劣势。美国对商标权没有实行法定主义，联邦商标权与州商标权并行，不是其优势，不值得借鉴。我国应该比美国更为彻底地实行知识产权法定主义，比美国更有力地限制法院以各种名义——包括保护劳动投入——随意创设知识产权，给市场主体以足够的法律确定性，才可以比美国知识产权制度更有力地推进超大规模统一大市场的建设。

二、知识产权强保护趋势

知识产权制度具有两面性，我国要在超大规模统一市场的条件之下实行知识产权强国战略，不仅应该看到知识产权制度的有利方面，也要看到其不利方面。超大规模统一大市场对知识产权保护的负面作用具有强大的放大效应。只有坚持知识产权法定原则，才能有效地防控行政机关采取过强的知识产权保护措施或法院采用过强的知识产权保护裁判规则。

知识产权不是生产要素，而是生产经营的制约因素，可能扭曲市场经济。特别的，专利权将人类统一的技术知识人为地法律分割，由此造成私权保护

---

1 15 U. S. C. § 1116（a）.

2 eBay Inc. v. MercExchange，547 U. S. 388（2006）.

与社会化大生产之间深刻的矛盾。创新企业担心研发成果得不到知识产权保护而难以盈利，但生产经营企业都会担心自己制造销售的产品侵犯他人专利，特别是当国家强化知识产权保护之时。一个企业即便取得一项产品专利，它制造该产品还是有可能侵犯他人专利权——该产品制造很可能还涉及他人专利技术。法律上，不是一个专利对应一个产品或一个生产过程。一种产品时常涉及多项产品专利，其制造过程要使用多项方法专利。更糟糕的是，生产一个产品所需的专利技术时常分散在多个企业或个人手中，要逐一谈判取得专利许可，交易成本往往高昂，容易发生“反公地悲剧”（anti-commons）。所以经济学将“知识产权”（intellectual property）作为“智力成果垄断权”（intellectual monopoly），关注知识产权保护对市场竞争的扭曲作用。[1]

知识产权保护的“反公地悲剧”并非理论假说，经济学实验表明，知识产权保护在一定程度上妨碍创新，特别是在渐进性技术创新的产业领域。[2] 比如，在基因技术领域，美国麻省理工学院经济系进行的实证研究表明，知识产权保护对后续创新产生持续的负面影响。[3] 蒸汽机技术发展的历史表明，从1772年到1813年的42年，瓦特和博尔特对分离冷凝器享有专利权，蒸汽机的输出功率提升缓慢，平均每年约3.8%。[4] 特别是在1786到1800年的14年里，他们几乎绝对控制蒸汽机技术，压制后续技术创新，蒸汽机的输出功率几乎没有增加。他们的专利保护过期后，蒸汽机技术领域进行合作研发，采取类似于现代计算机程序的开源方式，在1814到1852年的38年内，蒸汽机输出功率提升显著，达到每年提升8.5%，[5] 是专利保护期间的两倍还多。

----

1 Boldrin, Michele, and David Levine, The Case Against Intellectual Property, 92 Am. Econ. Rev. 209–212（2002）.

2 Julia Br ü ggemanna, Paolo Crosettob, Lukas Meuba, Kilian Bizera, Intellectual Property Rights Hinder Sequential Innovation. Experimental Evidence, 45 Res. Pol'y 2054–2068（2016）.

3 Heidi L. Williams, Intellectual Property Rights and Innovation: Evidence from The Human Genome, 121 J Polit Econ. 1–121（2010）.

4 Michele Boldrin, David Levine, Alessandro Nuvolari, Do Patents Encourage or Hinder Innovation? The Case of the Steam Engine, Freeman, Dec. 2008, at 14–17, available at: https: //fee. org/articles/do-patents-encourage-or-hinder-innovation-the-case-of-the-steam-engine/, 2023年8月24日访问。

5 Michele Boldrin, David Levine, Alessandro Nuvolari, Do Patents Encourage or Hinder Innovation? The Case of the Steam Engine, FREEMAN, Dec. 2008, at 15, available at: https: // fee. org/articles/do-patents-encourage-or-hinder-innovation-the-case-of-the-steam-engine/, 2023年8月24日访问。

增强知识产权保护能激励研发投资，但这不是创新的充分条件。美国国家经济研究局（US. National Bureau of Economic Research，NBER）的研究表明，创新取决于研发投资和公共知识库之间的协同作用。[1] 知识产权保护虽然激励创新投资，但会削弱知识的外部效应。即便知识产权保护增强了研发投资，但它对公共知识库的负面影响却足以妨碍创新。[2] 专利保护鼓励新技术及早公开，但同样影响到科技知识及时传播，这已有实证研究支持。[3]

商业秘密权的排他性远比专利权弱，但过强的商业秘密权保护也会实质性妨碍创新。这特别体现在美国法院创设的裁判规则“不可避免之披露法则”（inevitable disclosure doctrine，以下简称“IDD”）。对商业秘密保护没有联邦制定法，各州法院就此也没有知识产权法定原则的拘束，可以对商业秘密给予不同水平的判例法保护。1995年，在*PepsiCo，Inc. v. Redmond*案（以下简称“百事可乐案”）中，美国联邦第七巡回上诉法院判决认为，百事可乐的一名跳槽员工到竞争对手处履行职务时，不可避免地会利用到他在百事可乐公司知悉的商业秘密，由此签发禁令，禁止该员工在未来五个月内从事有关工作。[4] 美国伊利诺伊州、纽约州、华盛顿州、犹他州和艾奥瓦州等先后采用IDD保护商业秘密。IDD对雇主十分有利：不需要证明跳槽员工向新雇主披露了原雇主的商业秘密，只要他履行新工作岗位不可避免地会利用到，存在非法使用的危险即可；不需要证明跳槽员工与原雇主签订有竞业禁止协议，却可以禁止其在未来一定期间到竞争对手旗下进行相同或近似的工作。对比不采用IDD的美国各州，新近实证研究表明，采用IDD保护商业秘密不仅妨碍创新（以专利技术被引加权为评测标准），而且降低创新的质量。[5] 受IDD影响，科研人员的研发活动不聚焦，经常变换创新方向，倾向从事一般目的的研发活

1 Joseph E. Stiglitz，Intellectual Property Rights，the Pool of Knowledge，and Innovation，NBER Working Paper 20014，available at：http：//www. nber. org/papers/w20014，2023年8月24日访问。

2 Joseph E. Stiglitz，Intellectual Property Rights，the Pool of Knowledge，and Innovation，NBER Working Paper 20014，at 3，available at：http：//www. nber. org/papers/w20014，2023年8月24日访问。

3 Fiona Murray，Scott Stern，Hinder the Free Flow of Scientific Knowledge? An Empirical Test of The Anti-Commons Hypothesis，NBER Working Paper 11465，http：//www. nber. org/papers/w11465，2023年8月24日访问。

4 54 F. 3d 1262（7th Cir. 1995）.

5 Andrea Contigiani，David H. Hsu，Iwan Barankay，Trade Secrets and Innovation：Evidence from the “Inevitable Disclosure” Doctrine，39 STRATEGIC MGMT. J. 2921，2938-39（2018），available at：https：//doi. org/10. 1002/smj. 2941，2023年8月24日访问。

动，他们借此在劳动市场上表明自己拥有一般性的科研创新能力。[1]

在新时代我国不断加强知识产权保护的历史进程之中，更应该利用知识产权法定原则限制知识产权保护的负面作用。美国国家经济研究所的研究表明，市场规模扩大应当减弱知识产权保护，以便降低前沿思想被财产权控制后妨害后续创新。[2] 我国经济增长迅速，市场规模持续扩张，正在形成超大规模统一大市场，知识产权保护的负面作用不但不会因此而减弱，反而会更加显著。更糟糕的是，在知识产权强保护的大背景之下，行政机关和司法机关更容易忽视知识产权保护的负面作用，还可能被舆论绑架而单方面强调知识产权保护的正面作用。要抵抗这种强大的趋势，唯一的选择就是坚持知识产权法定原则。由此就不奇怪，《知识产权强国建设纲要（2021—2035年）》的首要原则是"法治保障，严格保护"，即"落实全面依法治国基本方略，严格依法保护知识产权，切实维护社会公平正义和权利人合法权益"。简言之，超大规模统一大市场之下建设知识产权强国就要求"严格依法保护知识产权"。

第三节　知识产权法定原则与知识产权促进类地方立法——以专利资助措施为例

在知识产权强国建设的背景之下，各省市相互竞争，不断推出知识产权促进与保护地方性法规，希望做大做强地方知识产权，由此冲击到国家层面的知识产权制度。如果不坚持知识产权法定原则，不对地方知识产权相关立法和政策进行约束，对其采取法律审查措施，则可能妨碍超大规模统一大市场的持续推进和总体建设。就此，各地普遍实施的专利资助措施就是典型的例证。

一、各地专利资助措施

全国各地普遍实行的各种专利资助政策——利用公共财政预算资助专利申请或专利相关活动——与我国自1984年就开始颁行的专利法之间的关系为何，与创新驱动发展、建设知识产权强国的关系为何，是必须正面回应的法律问题和政策问题。

---

1 Andrea Contigiani, David H. Hsu, Iwan Barankay, Trade Secrets and Innovation: Evidence from the "Inevitable Disclosure" Doctrine, 39 STRATEGIC MGMT. J. 2921, 2938（2018）, available at: https: //doi. org/10. 1002/smj. 2941，2023年8月24日访问。

2 Michele Boldrin, David K. Levine, Growth and Intellectual Property, NBER Working Paper 12769, available at: http: //www. nber. org/papers/w12769，2023年8月24日访问。

各地之所以竞相出台专利资助政策，卷入专利竞争之中，这与我国加入世界贸易组织之后面临的形势密切相关。2001年，国内当年三种专利申请总量约16.5万件，其中国内发明专利申请约有3万件，所占比例约18%。[1] 为适应我国加入世界贸易组织的要求，《全国专利工作“十五”计划》（国知发规字〔2001〕第84号）提出“十五”期间专利工作宏观管理的预期目标是：“全社会知识产权意识明显增强，掌握和运用知识产权的能力显著提高。专利申请的年均增长率为14%左右，2005年三种专利的申请量超过30万件；发明专利申请的年均增长率为18%左右，2005年发明专利申请量超过10万件。在国内专利申请中，发明专利申请在三种专利申请中的比例持续增长，到2005年超过25%。”

专利资助政策雏形可以追溯到我国加入世界贸易组织前后。比如2001年《四川省专利保护条例》第8条规定：“县级以上人民政府应当设立专利资助资金，用于扶助本行政区域内公民、法人或者其他组织申请专利。”到2008年国家知识产权战略纲要颁行，全国大部分省、自治区、直辖市、计划单列市、副省级城市和部分地级市、县级市相继出台了专利申请资助政策。[2] 国家知识产权战略实施之后，“专利资助政策是我国知识产权政策体系的重要组成部分”。[3]

专利资助措施大多数是省级人民代表大会通过立法予以确立，是省级地方性法规。在中国内地，只有上海、河北、广东、海南、内蒙古、广西、西藏七个省（自治区、直辖市）以地方规章形式确立了专利申请资助。[4] 浙江和安徽以省级地方性法规确立了专利授权后补助，[5]《吉林省专利条例》明确实行专

---

1 《2001年专利统计年报》，载国家知识产权局网，https：//www. cnipa. gov. cn/tjxx/jianbao/2001/a/a2. html，2023年8月24日访问。

2 《关于专利申请资助工作的指导意见》（国知发管字〔2008〕11号）。

3 《国家知识产权局办公室关于报送专利资助工作情况的通知》（国知办函管字〔2012〕122号）

4 《上海市专利资助办法》（沪知局〔2017〕61号）、《河北省专利资助暂行办法》（冀市监发〔2019〕279号）、《广东省知识产权局发明专利申请资助管理办法》（粤知协〔2007〕104号）、《海南省专利申请资助办法》（琼科〔2008〕38号）、《广西壮族自治区专利资助和奖励办法（试行）》（桂财教〔2017〕55号）、《内蒙古自治区发明专利费用资助办法》（内知发〔2017〕13号）、《西藏自治区专利申请资助和奖励办法（暂行）》（藏政发〔2003〕96号）。

5 《浙江省专利条例》（2017年修订）第10条第2款规定：“对获得授权的发明专利，县级以上专利行政部门应当予以奖励或者对其申请费等相关费用给予必要的补助。”《安徽省专利条例》（2016年施行）第7条规定：“县级以上人民政府应当建立健全激励机制，鼓励发明创造，对获得发明专利授权的应当按照有关规定予以资助……”

利资助（实际是专利授权后补助），[1] 其余21个省（自治区、直辖市）都以省级地方性法规确立实行专利申请资助。[2] 此外，不少设区市也颁行地方性法规

1 参见《吉林省专利条例》第5条、第8条、第45条。同时参见《吉林省科技厅关于发放2018年度专利补助资金的通知》（吉科发专办〔2018〕85号）；《吉林省知识产权局关于征集2020年度专利资助项目的通知》。

2 参见《北京市专利保护和促进条例》第30条规定："本市对在进行发明创造、专利申请、专利实施、专利保护、专利预警等方面确需获得帮助的单位和个人，可以予以资金支持。"《天津市专利促进与保护条例》（2016年修正）第41条规定："市和区县人民政府设立的专利专项资金，应当用于资助或者奖励专利申请、促进专利实施、援助专利维权、建设公共信息平台等事项。"《重庆市专利促进与保护条例》（2011年修正）第7条规定："市人民政府设立专利专项资金，支持发明专利的申请，促进专利成果的转化，奖励优秀专利项目。"《黑龙江省专利保护条例》第8条第2款规定："县级以上人民政府可以设立专利资助资金，用于开发拥有自主知识产权的先进技术，扶持单位和个人申请专利，支持技术含量高的专利项目的实施。"《辽宁省专利条例》第7条规定："省、市、县人民政府应当设立专利专项资金，用于资助专利申请和专利维护以及促进专利实施和产业化等事项。"《山东省专利条例》第9条规定："县级以上人民政府应当设立专项资金，按照规定的使用范围，用于促进专利运用、专利资助奖励、专利人才培养、专利行政保护等相关工作。"《河南省专利保护条例》（2005年修正）第8条规定："单位和个人在进行发明创造、专利申请、专利实施等方面因特殊困难需要获得帮助的，可以申请政府财政资金资助。"《山西省专利实施和保护条例》（2014年修正）第2条第2款规定："县级以上人民政府应当将专利事业发展资金纳入财政预算，用于专利战略实施、专利申请、专利转化运用、专利奖励、专利维权援助、专利服务等事项。"《陕西省专利条例》第10条规定："县级以上人民政府设立专利促进与保护专项资金，主要用于下列事项：（一）专利申请资助……"《甘肃省专利条例》（2012年修正）第8条规定："县级以上人民政府应当设立专利专项资金，用于下列事项：（一）资助专利申请……"《宁夏回族自治区专利保护条例》第4条第2款规定："县级以上人民政府应当建立专利资助资金，用于资助公民、法人或者其他组织开展发明创造活动，组织申请、实施专利。"《青海省专利促进与保护条例》第5条规定："县级以上人民政府应当设立专利专项资金，用于支持专利项目申请、维持、维权以及专利成果转化、奖励优秀专利项目、培训专利人才等专利促进事业。"《新疆维吾尔自治区专利促进与保护条例》（2012年修正）第5条规定："县级以上人民政府对中小企业和个人在专利申请、运用、转让以及专利产品研究、开发等方面给予资金资助。"《江苏省专利促进条例》（2019年修正）第10条规定："县级以上地方人民政府设立专利专项资金，用于下列事项：（一）资助专利申请……"《福建省专利促进与保护条例》（2013年修正）第4条第2款规定："县级以上地方人民政府应当加大专利促进与保护的资金投入，多渠道筹集资金，用于资助专利申请和专利技术开发推广。"《江西省专利促进条例》第8条规定："县级以上人民政府应当设立专利专项资金，用于下列事项：（一）资助专利申请……"《湖北省专利条例》第9条规定："县级以上人民政府应当设立专项资金，用于发明创造和专利申请的资助、专利奖励、专利运用和产业化引导、专利保护和服务、专利人才培养和引进等方面；……"《湖南省专利条例》第38条规定："知识产权事务经费中的专利经费部分主要用于专利战略实施、优势企业培育、专利申请资助、

以实行专利申请资助措施，比如武汉、成都、杭州、苏州、长春、沈阳、洛阳等[1]。

（接上页）专利保护、专利信息和服务等事项。县级以上人民政府应当安排经费资助发明专利的维持，具体办法由省人民政府制定。”《四川省专利保护条例》（2012年修正）第6条规定：“县级以上人民政府应当设立专利资助资金，用于扶助本行政区域内单位和个人申请专利、实施专利技术、开展专利维权。”《贵州省专利条例》第7条规定：“县级以上人民政府应当建立健全专利创造和运用激励机制，支持专利申请，重点扶持符合国家和本省产业政策、具有较高技术水平的专利产业化项目，促进专利运用。”《云南省专利促进与保护条例》第8条规定：“省、州（市）人民政府应当设立专利事业发展专项资金，县（市、区）人民政府可以设立专利事业发展专项资金或者安排专利事业发展专项经费，专项资金、专项经费列入同级财政预算，并随着经济社会发展逐步提高。专项资金、专项经费用于下列事项：（一）专利申请和维持资助……”

1 《武汉市专利管理条例》（2019年修正）第5条规定：“市人民政府设立的专利资助资金，用于对本市行政区域内的公 民、法人或者其他组织专利申请费、专利申请维持费和专利年费的资助……”《成都市专利保护和促进条例》（2013年修正）第27条规定：“市人民政府应设立专利专项资金，用于下列事项：（一）为申请发明等专利提供资助……”《苏州市专利促进条例》（2020年修正）第7条规定：“市、县级市（区）人民政府应当加大专利促进工作的财政投入，设立专利专项资金，其规模与本地经济、科技发展相适应。专利专项资金应当用于下列事项：（一）资助专利申请和奖励专利授权……”《杭州市专利管理条例》第6条规定：“市和区、县（市）人民政府应当设立专利专项资金……专利专项资金应当用于资助专利申请，促进专利实施，奖励重大发明专利和利用专利技术取得重大经济、社会效益的公民、法人和其他组织，组织专利宣传培训等事项……”《长春市专利管理条例》第5条规定：“市人民政府设立的专利专项资金，用于资助专利申请，支持专利实施，奖励在本行政区域内实施的重大发明专利等事项。”《洛阳市专利促进与保护条例》第9条规定：“市、县（市）区人民政府应当设立专利专项资金，加大对专利工作的财政支持力度……专利专项资金应当用于下列事项：（一）专利申请资助……”《沈阳市专利促进条例》第6条规定：“市和区、县（市）人民政府应当在财政科技资金中设立专利专项资金，支持专利申请、专利技术转化、专利引进、专利奖励、专利维权援助、专利宣传培训、专利信息开发、专利中介服务以及其他专利促进工作。专利专项资金应当逐年增加。”《郑州市专利促进和保护条例》第7条规定：“市、县（市）、区人民政府应当设立专利专项资金，加大对专利促进和保护工作的财政支持力度。专利专项资金用于：（一）专利申请、专利技术实施和转化的资助……”《包头市专利促进与保护条例》第7条规定：“市人民政府应当设立专利扶持资金，专项用于资助专利申请与保护、专利技术转化实施，奖励优秀专利项目。专利扶持资金列入同级财政预算，并根据专利事业发展的需要，逐年增加。”《汕头市专利保护和促进条例》第24条规定：“市、区（县）人民政府应当设立专利扶持资金，专项用于专利申请与保护、专利技术转化实施、企业运用知识产权制度提升竞争力等。专利扶持资金应当根据当地经济发展情况逐年递增……”

二、各地专利资助措施与专利申请数提升

专利申请资助政策提升专利申请数的效果十分明显。“十五”期间，发明、实用新型和外观设计专利的申请数量大幅增长，三种专利的申请总量已达159万件，是我国施行专利制度以来前十六年申请总量的1.38倍。其中，发明专利申请量达到55万件，2005年的年申请量已达17.3万件，位居世界第四。[1]“十一五”期间，专利申请数量大幅增长，本国人发明专利年申请量位居世界第二。[2]“十二五”期间，我国已成为“知识产权大国”，发明专利申请量稳居世界首位。[3]

三、各地专利资助措施与专利质量提升

尽管专利申请数量迅速增长，但“专利质量不高”，[4]“知识产权数量与质量不协调……核心专利数量较少”。[5]这并不奇怪，专利质量之提升，有赖于企业研发水平的提升，绝非一朝一夕之事。

2013年，国家知识产权局出台《关于进一步提升专利申请质量的若干意见》（以下简称《提升专利申请质量的意见》）。该意见首先要求严肃查处“弄虚作假套取专利资助和奖励资金”的行为，同时区分两类专利资助，分别予以规范。一是以扶小扶弱为导向的“一般资助”，以中小微企业、事业单位、科研机构及非职务发明申请人为主要资助对象，“仅限于获得授权的专利申请”，并且“资助总额不得高于缴纳的官方规定费用和专利代理服务费

1《专利工作“十一五”规划》，载国家知识产权局网，https：//www. cnipa. gov. cn/art/2006/7/19/art_65_11345. html，2023年8月24日访问。

2《专利工作“十二五”规划》，载国家知识产权局网，https：//www. cnipa. gov. cn/art/2012/3/9/art_65_11368. html，2023年8月24日访问。

3《“十三五”国家知识产权保护和运用规划》，载国家知识产权局网，https：//www. cnipa. gov. cn/art/2017/1/8/art_65_11391. html，2023年8月24日访问。

4《专利工作“十二五”规划》，载国家知识产权局网，https：//www. cnipa. gov. cn/art/2012/3/9/art_65_11368. html，2023年8月24日访问。

5《“十三五”国家知识产权保护和运用规划》，载国家知识产权局网，https：//www. cnipa. gov. cn/art/2017/1/8/art_65_11391. html，2023年8月24日访问。

总额”，即实行“授权在先，部分资助”的原则。[1] 二是以扶优扶强为导向的“专项资助”，资助对象主要是专利试点示范企事业单位，资助其开展专利信息利用、分析评议、转移转化、质押融资、专利保险、海外维权、管理标准化建设等专利相关活动。[2] 该意见还指出，“指导各地根据实际逐步将资助重点由一般资助转向专项资助”。

但是，专利资助政策提升专利质量的效果不太明显。对专利资助政策与专利质量的实证研究很多，大多数学者认为二者没有相关性，甚至认为专利资助反而降低了专利质量。早期曾有研究以专利权利要求数、被引数和发明人数作为专利质量的指标，以专利申请撤回数和维持数作为量化专利经济质量的指针，认为专利资助政策可提升专利在技术方面的质量和在经济方面的质量。[3] 此后，却有更多研究得出相反的结论。比如，有学者以专利申请批准率和撤回率作为“专利质量”的指针，基于我国1985—2010年的专利统计数据，认为专利平均质量因专利资助政策而下降。[4] 有研究发现我国专利独立权利要求的文字表述总体变长，指示技术特征数增多，要求专利保护之技术方案创造性水平低，故而认为专利资助政策会导致专利质量降低。[5] 还有观点以专利维持年限作为评估专利质量的指针，认为专利资助政策与专利质量没有相关性。[6]

尽管国家层面的文件对“专利质量”缺乏统一定义，但主要是指专利符合

---

1 《北京市专利资助金管理办法》第8条规定：“专利资助是对授权专利在申请和维持过程中发生的相关费用所给予的部分资助。”《上海市专利资助办法》第7条规定：“一般资助是指对本市单位和个人向中国国家知识产权局、中国香港、澳门、台湾地区以及国外有关专利审查机构申请专利相关费用的资助。”

2 《上海市专利资助办法》第14条规定：“专项资助是指对市专利主管部门认定的专利工作试点企事业单位和专利工作示范企事业单位，在其开展专利创造、运用、保护和管理工作方面所给予的资助。”

3 Howei Wu，Jia Lin，Ho-mou Wu，China's Patent Subsidy Policy and its Impacts on Invention and Patent Quality（2019），available at：https：//www. ceibs. edu/node/15877.

4 Cheryl Xiaoning Long，Jun Wang，“Evaluating Patent Promotion Policies in China：Consequences for Patent Quantity and Quality”，in Economic Impacts Of Intellectual Property-Conditioned Government，Incentives，Dan Prud' hommeHefa Song（ed. ）235-257（Springer，Singapore，2016）；Cheryl Xiaoning Long，Jun Wang，China's patent promotion policies and its quality implications，46 Science and Public Policy 91-104（2019）.

5 Jianwei Dang，Kazuyuki Motohashi，Patent statistics：A good indicator for innovation in China? Patent subsidy program impacts on patent quality，35 China Economic Review 137-155（2015）.

6 刘昂：《专利资助政策机制评估及政策改进维度——基于1989—2014年时间序列实证分析》，载《社会科学家》2020年第5期，第121-127页。

授权条件。国家知识产权局的“专利审查质量”强调严格依法授予专利，减少错误授权。[1] 专利评奖中的“专利质量”依照《中国专利奖评奖办法》第5条规定：“专利质量（25%）。评价：1. 新颖性、创造性、实用性；2. 文本质量。”提升专利质量往往是指依照《中国专利奖评奖办法》确定的各项专利评价指标对专利技术进行的评价。[2] 有时，“专利质量”也指专利技术具有广泛的产业影响。[3] 就此，多用“核心专利”的表述。

从满足专利授权条件的角度来看，专利资助政策与专利质量提升之间似乎没有相关性。道理非常简单，专利审查标准决定授权专利的质量。只要国家知识产权局严控专利授权条件，专利总体质量就不会因专利资助而降低。实证研究的结果也的确如此。[4]

四、各地专利资助措施与专利价值提升

专利资助措施也无助于专利价值提升。表面上看，“授权在先，部分资助”的专利授权后补助措施有利于建设知识产权强国：专利授权后补助措施可以促进专利数量，而专利审查可以有效控制专利质量，由此实现专利数量和质量双丰收。但是，专利价格取决于其对潜在买家的价值，而这又取决于专利所保护的产品、专利保护范围、专利保护期间，[5] 还包括市场规模。无论专利申请资助还是专利授权后补助，都只影响专利取得的成本，并不会直接影响专利价值。但是，专利资助本身可能扭曲专利申请行为，间接降低专利技术的市场价值。在专利申请资助措施之下，申请专利几乎不承担任何成本，更不用承担申请被驳回的风险，还能取得资助而获利，因此，专利申请行为有时就不再是

---

1 国务院办公厅关于转发知识产权局等单位《深入实施国家知识产权战略行动计划（2014—2020年）》（国办发〔2014〕64号）。

2 国务院国资委、国家知识产权局关于印发的《关于推进中央企业知识产权工作高质量发展的指导意见》（国资发科创规〔2020〕15号）提出：“持续开展中央企业专利质量评价工作，进一步强化专利质量导向，组织中央企业高质量专利申报中国专利奖。”

3《国务院关于新形势下加快知识产权强国建设的若干意见》（国发〔2015〕71号）第18项。

4 Xibao Li，Behind the recent surge of Chinese patenting：An institutional view，41 Research Policy 236-249（2012）.

5 WANETICK D，10 Factors that Impact a Patent's Value，Business Insider，available at：https：//www. businessinsider. com/10-factors-that-impact-apatent39s-value-2011-4.

为保护具有市场价值的创新技术，而是为了“领取资助”。[1] 典型的手段之一就是把一项创新技术或发明拆分成两项或多项，而后提出多件专利申请，以获取多倍的资助金。[2] 专利授权后补助措施之下，专利申请人同样可以拆分技术方案以谋求多笔补助。此外，专利申请人还可能为取得专利授权后补助而牺牲专利保护——刻意缩窄权利要求的范围，以便降低被驳回的风险。[3] 这些手段都会导致专利保护范围小而市场价值低。

研究表明，伴随专利资助措施的广泛实施，我国发明专利和实用新型专利的独立权利要求所含技术名词数增多。[4] 发明专利和实用新型专利的保护范围以权利要求的内容为准，[5] 独立权利要求所载技术名词越多，专利保护的技术限定条件越多，专利保护范围也就越窄。之所以出现独立权利要求的技术名称增多的趋势，可能有两方面的原因。其一，我国市场主体重视专利申请，将技术进步不突出的技术方案也申请专利，因此授权专利的保护范围偏窄；其二，我国市场主体重视专利授权，为顺利取得授权而得到专利资助，有意牺牲所要求的专利保护。无论何种原因，通常技术限定多的权利要求总意味着专利保护范围窄，意味着专利的商业价值低。

统计数据也表明，我国专利的市场价值总体不高。据2022年世界知识产权组织“世界知识产权指数”（World Intellectual Property Indicator 2022）公布，2021年我国国家知识产权局受理的发明专利申请连续第11年位居世界第一，共计1 585 663件，美国位居第二，共计591 473件，不足我国的一半。[6] 但在全球创新指数方面，我国2022年排名与专利申请排名很不匹

----

1 肖春燕、范新晖：《广东知识产权专利资助政策现状与建议》，载《佛山陶瓷》2020年第5期，第41页。

2 肖春燕、范新晖：《广东知识产权专利资助政策现状与建议》，载《佛山陶瓷》2020年第5期，第41页。

3 Jianwei Dang，Kazuyuki Motohashi，Patent statistics：A good indicator for innovation in China? Patent subsidy program impacts on patent quality，35 China Economic Review 137–155（2015）.

4 Jianwei Dang，Kazuyuki Motohashi，Patent statistics：A good indicator for innovation in China? Patent subsidy program impacts on patent quality，35 China Economic Review 137–155（2015）.

5《专利法》（2020年修正）第64条。

6 WIPO，World Intellectual Property Indicators 2022，at 40，available at：https：//www. wipo. int/publications/en/details. jsp? id=4632&plang=EN，2023年8月15日访问。

配，只位列全球第11位，[1] 而美国位居全球第二。[2] 在知识产权收益占贸易总额（percentage of Intellectual property receipts in total trade）的排名中，我国更为靠后，位列全球第35名，[3] 而美国在此却高居全球第四。[4] 此外，2019年美国知识产权许可收入占全球总额的32.5%，而我国只占1.7%。[5]

专利资助措施实行近20年后，我国政府似乎也承认我国专利总体价值不高的现实情况。《教育部、国家知识产权局、科技部关于提升高等学校专利质量促进转化运用的若干意见》（教科技〔2020〕1号）指出，高校专利申请量、授权量大幅提升，但我国高校专利还存在“重数量轻质量”“重申请轻实施”等问题。“轻实施”最可能的原因之一就是专利缺乏商业价值。

五、各地专利资助措施与专利权法定原则的冲突

缴纳专利申请费是专利申请人的法定义务，而缴纳专利维持年费是专利权人的法律义务，二者都是专利权法定的组成部分，都是专利法正常运行的制度保障。对专利申请资助或专利授权予以补助，“报销”全部或部分申请费和年费，等同于全部或部分取消专利申请费和专利维持年费。各地专利资助措施错误地假定专利申请费和专利维持年费有害于专利质量和价值，这直接冲击专利权法定原则，妨碍国家层面专利制度的正常运行。

专利制度设置申请费和专利维持年费正是为了有效控制专利质量。专利是私权，专利技术的价值必须通过市场才能实现。发明创造完成之后，如果取得

1 WIPO，Global Innovation Index 2022，p. 116，available at：https：//www. wipo. int/edocs/pubdocs/en/wipo-pub-2000-2022-en-main-report-global-innovation-index-2022-15th-edition. pdf.

2 WIPO，Global Innovation Index 2022，p. 217，available at：https：//www. wipo. int/edocs/pubdocs/en/wipo-pub-2000-2022-en-main-report-global-innovation-index-2022-15th-edition. pdf.

3 WIPO，Global Innovation Index 2022，p. 116，available at：https：//www. wipo. int/edocs/pubdocs/en/wipo-pub-2000-2022-en-main-report-global-innovation-index-2022-15th-edition. pdf.

4 WIPO，Global Innovation Index 2022，p. 217，available at：https：//www. wipo. int/edocs/pubdocs/en/wipo-pub-2000-2022-en-main-report-global-innovation-index-2022-15th-edition. pdf.

5 USPTO：Trademarks and Patents in China：The Impact of Non-Market Factors on Filing Trends and IP System，p. 11，available at：https：//www. uspto. gov/sites/default/files/documents/USPTO-TrademarkPatentsInChina. pdf.

专利却不能赚取足够的利润来补偿专利申请费和维持年费，则理性的选择必然是不申请专利或者取得专利权之后适时放弃。专利申请费和维持年费制度因此成为一个过滤机制，迫使专利申请人或专利权人根据成本收益的综合考虑，作出理性决策，从而筛除质量低、价值低的专利申请或专利权，让没有市场应用前景的发明创造快速进入公知公用领域。

质言之，专利制度通过专利申请费和维持年费制度来防范“重数量轻质量”“重申请轻实施”等制度问题。专利资助措施之下，申请专利时常是为取得资助而获利，而不是为保护具有市场价值的创新技术。专利申请资助是我国专利数量快速增长的重要因素，并导致实用新型和外观设计专利数量呈指数式增长。[1] 而一旦资助停止，专利权人就会理性地选择放弃没有维持价值的专利权。根据2022年世界知识产权组织“世界知识产权指数”（World Intellectual Property Indicator 2022），我国发明专利的有效期平均仅7.5年，略长于6年的资助期限，明显短于美国的9.5年，德国的10.9年。[2]

更为重要的是，专利申请费和维持年费制度通过有效控制专利数量来抑制“反公地悲剧”（anti-commons）。一国专利并非越多越好。专利过多反而徒增市场进入壁垒，有碍于市场经济的健康发展。专利权将统一的技术知识进行法律分割赋予私权，由此造成私权保护与社会化大生产之间深刻的矛盾。不错，创新企业担心研发成果得不到知识产权保护而难以盈利，但每个企业都会担心自己生产销售的产品侵犯他人专利。专利数量越大，越是如此。

我国数目庞大的“小发明”专利正深刻影响我国市场经济。我国2022年实用新型专利申请数高达295万多件，发明专利申请161万件左右，[3] 前者是后者的1.8倍多。数目如此庞大的实用新型专利没有经过实质审查，有可能是将沉重的制度成本转嫁给广大的中小企业。德国实行此种制度125年之后，有学者总结历史后严肃地指出，实用新型专利不经审查，实际上是转嫁制度成本给中小企业，要求它们承担评估和规避实用新型专利侵权的成本；中小企业根本不是实用新型专利制度的受益人，它们实际上难以负担实用新型专利权效力评估的

---

1 张杰：《中国专利增长之“谜”——来自地方政府政策激励视角的微观经验证据》，载《武汉大学学报（哲学社会科学版）》2019年第1期，第101-102页。

2 WIPO，World Intellectual Property Indicators 2022，at 40，available at：https：//www. wipo. int/publications/en/details. jsp？ id=4632&plang=EN，2023年8月15日访问。

3 国家知识产权局：《2022年知识产权统计年报》“1-1 分国内外三种专利申请/授权/有效量（2022年）”，载国家知识产权局网，https：//www. cnipa. gov. cn/tjxx/jianbao/year2022/a/a1. html。

法律费用。[1] 广大中小微企业在我国经济中扮演非常重要的角色，应慎重考虑数量庞大的实用新型专利对它们的不利影响。截至2018年年底，我国共有中小微企业单位法人1807万家，吸纳就业人口2.33亿多，占全部企业就业人员的比重为79.4%；它们全年营业收入达到188.2万亿元，占全部企业全年营业收入的68.2%。[2] 我国已有实证研究表明，过度增长的实用新型专利数量已对我国经济增长和全要素生产率产生一定的负面影响，我国要避免落入“实用新型专利制度使用陷阱”。[3]

的确，专利申请费和维持年费制度存在一定的缺陷——其起效的前提条件是发明创造的权益人具有经济负担能力，可以基于发明创造的潜在市场价值和专利权的取得成本而作出理性决策。但是，小微企业或非职务发明人时常没有足够的经济负担能力。为此，各国对小微企业等弱势专利申请人减免申请费和维持年费，以便维护专利制度的正常激励。比如，美国专利局对小微企业各项专利申请费和授权后各种费用几乎都减半收取；[4] 欧洲专利局对欧盟境内特定国家的居民和联合国认定的最不发达国家的居民实行专利费用减免。[5]

但是，各地对小微企业予以专利资助措施仍会在一定程度上扭曲专利申请行为。国家知识产权局对低于规定收入的自然人和应纳税所得低于规定额的企业和非营利机构减免85%的专利费用，并减免前6年的专利维持年费。[6] 如果各地方政府对小微企业在此基础上再提供申请资助或授权补助，基本上就等于免除专利申请费和前几年的专利维持年费。如此，小微企业申请专利将不考虑成本和收益，进而有可能过度申请专利，让专利技术偏离市场实际需要，

---

1 Karsten Koniger，The 125th anniversary of the German utility model-A reason to celebrate? Journal of Intellectual Property Law & Practice，2017，Vol. 12，No. 2，p. 75.

2 《中小微企业成为推动经济发展的重要力量——第四次全国经济普查系列报告之十二》，载国家统计局网，http：//www. stats. gov. cn/tjsj/zxfb/201912/t20191218_1718313. html，2023年8月18日访问。

3 毛昊、尹志锋、张锦：《中国创新能够摆脱“实用新型专利制度使用陷阱”吗？》，载《中国工业经济》2018年第3期，第110页。

4 USPTO fee schedule，available at：https：//www. uspto. gov/learning-and-resources/fees-and-payment/uspto-fee-schedule#Trademark%20Fees.

5 Schedule of fees and expenses applicable as from 1 April 2020，Supplementary publication 3-Official Journal EPO 2020，available at：https：//www. epo. org/law-practice/legal-texts/official-journal/2020/etc/se3/2020-se3. pdf.

6 参见《财政部、国家发展改革委关于印发〈专利收费减缴办法〉的通知》（财税〔2016〕78号）、《国家知识产权局专利局关于专利年费减缴期限延长至授予专利权当年起前六年的通知》。

这不利于市场经济的健康发展。

六、各地专利资助政策应根据专利权法定原则予以废止

我国各地以地方性法规形式实行的专利资助措施受到广泛的国际关注。特别是，2021年初美国专利商标局发布报告《中国的专利和商标：非市场因素对其申请趋势和知识产权制度的影响》（Trademarks and Patents in China: The Impact of Non-Market Factors on Filing Trends and IP System），批评中国对国内企业的专利和商标申请提供财政补贴和资助，诱导市场主体为取得资助——而非保护创新——而申请专利。特别地，该报告提到，为获得专利资助，中国有企业时常一项发明创造拆分成多个专利申请分散提交，[1] 谋求多份政府补贴。

就此，国家层面已经积极响应。2021年1月下旬，国家知识产权局颁布《关于进一步严格规范专利申请行为的通知》（国知发保字〔2021〕1号）（以下简称"《1号通知》"），要求2021年6月底前要全面取消各级专利申请阶段的资助；2025年前全部取消专利授权的各类财政资助。

《1号通知》采用"通知"的公文形式，是国家知识产权局为推动地方取消专利资助的积极举措。曾经一度，国家知识产局肯定和支持地方实行专利资助措施，采用"意见"形式的公文，[2] 对地方的这项工作提供指导意见。到2008年国家知识产权战略实施之际，全国大部分省、自治区、直辖市、计划单列市、副省级城市和部分地级市、县级市已经相继出台了专利申请资助措施。[3] 对此，国家知识产权局曾印发《关于专利申请资助工作的指导意见》（国知发管字〔2008〕11号），指导各地知识产权局采取专利申请资助措施应遵循"因地制宜、部分资助、突出重点、避免重复、衔接配套"的原则。2012年，国家知识产权局郑重承认"专利资助政策是我国知识产权政策体系的重要组成部分"。[4] 但是，形势发生变化，2013年国家知识产权局认为应该适时调整各地专利申请资助措施，印发《关于进一步提升专利申请质量的若干意

----

1 USPTO：Trademarks and Patents in China：The Impact of Non-Market Factors on Filing Trends and IP System，p. 8，available at：<https：//www. uspto. gov/sites/default/files/documents/USPTO-TrademarkPatentsInChina. pdf>

2 《党政机关公文处理工作条例》（中办发〔2012〕14号）第八条"公文种类主要有…第（七）项 意见。适用于对重要问题提出见解和处理办法。"

3 《关于专利申请资助工作的指导意见》（国知发管字〔2008〕11号）。

4 《国家知识产权局办公室关于报送专利资助工作情况的通知》（国知办函管字〔2012〕122号）。

见》（国知发管字〔2013〕87 号），主要包括“不断调整和完善专利一般资助政策”“指导各地根据实际逐步将资助重点由一般资助转向专项资助”。形势进一步发展，2020年国务院知识产权战略实施工作部际联席会议办公室印发《2020年深入实施国家知识产权战略加快建设知识产权强国推进计划》（国知战联办〔2020〕5号）则要求国家知识产权局负责“推动地方全面取消实用新型、外观设计和商标申请注册环节的资助与奖励”。

但尴尬的是，地方政府不太愿意主动放弃专利资助措施。专利申请资助措施或授权后补助措施，以及以扶优扶强为导向的“专项资助”，[1] 最大的受益者都是科研能力强、科技成果多的企业。各种财政资助可能帮助它们较快成长，并能借助专利权获取和巩固市场地位，维持市场竞争优势。这将有助于地方经济和财政，正是地方政府寄望专利资助措施要达成的目的。此外，专利授权的数量优势可以表明地方政府在营造知识产权环境方面取得成效，“取得一定数量的知识产权”可以助力地方取得国家知识产权试点和示范城市（城区）等荣誉，[2] 从中央政府赢得资源。为此，专利资助措施实施近20年，尽管对地方财政压力日趋明显，[3] 但它并没有因此而废止。

要解决各地专利资助措施对国家层面专利制度良性运行的妨害，应该诉诸于知识产权法定原则，请求全国人民代表大会予以明确，专利法所调整的专利事项专属全国人民代表大会。地方在此领域内另行制定地方性法规、政府规章或政策措施，都应认定为违法行为。制定专利资助措施的地方性法规应通过地方人大予以废止，并由全国人大监督实施。但凡地方性法规涉及专利事项，特别是专利资助，都应该事前交全国人大常委会法工委进行法规备案审查，确保不与专利法实施相冲突。若有冲突，则由全国人民代表大会予以处理。2019年12月29日，全国人大常委会办公厅、司法部联合印发《关于规范有序开展地方性法规统一报备工作的通知》。2024年11月1日新实施的《法规规章备案审查条例》要求“加强对法规、规章的监督，维护社会主义法制的统一”，并实行“有件必备、有备必审、有错必纠”。在地方性法规、地方政府规章等备案审查时，是否违法实行专利资助措施应该成为审查的重点之一。

---

1 《上海市专利资助办法》第十四条：“专项资助是指对市专利主管部门认定的专利工作试点企事业单位和专利工作示范企事业单位,在其开展专利创造、运用、保护和管理工作方面所给予的资助”。

2 参见《国家知识产权试点和示范城市（城区）评定办法》（国知发管字〔2011〕160号）第五条。

3 郭俊华，杨晓颖：《专利资助政策的评估及改进策略研究——以上海市为例》，载《科学学研究》2010年第1期，第17–25页。

七、知识产权促进类地方立法应遵循知识产权法定原则

地方人民代表大会的确有权就“知识产权促进与保护”进行立法，但此种立法行为应受到限制，即不得妨碍全国人民代表大会颁行之知识产权制度的正常运行。经过几百年的发展，知识产权制度已经相当完善，每部知识产权法都自成稳定系统，既能实现知识产权保护的激励作用，同时又节制知识产权保护对社会经济生活的不利影响。简言之，地方立法随意踏入知识产权法定原则所辖领地，就容易扰乱知识产权制度的正常运行。

如专利申请费和维持年费的费用事宜，都属于知识产权法定原则所辖范围，那地方对知识产权促进与保护立法的权限何在呢？地方立法不应干扰知识产权制度的运行，但可以在知识产权制度之外做文章。地方可以鼓励多种多样的科技创新活动，以便产生更多更好推动社会经济发展的发明创造，而不是刻意追求更多专利申请和授权数；鼓励多种多样的文学艺术创作活动，以便产生更多更好的文化成果，丰富精神文化生活，而不是一味追求版权登记数；鼓励品牌管理水平，而不是更多商标申请和注册数。简而言之，知识产权促进与保护措施都不应针对知识产权，而应针对知识产权的客体本身。

第四节　知识产权法定原则与知识产权部门立法——以“数据知识产权”为例

尽管没有任何法律界定“数据知识产权”，但国家知识产权局还是于2022年11月即开始推进“数据知识产权”工作试点，确定北京市、上海市、江苏省、浙江省、福建省、山东省、广东省等7个地方作为开展数据知识产权工作的试点地方。[1] 原因在于，数据作为新型生产要素，被作为国家基础性战略资源，受到党中央高度重视，在《关于构建更加完善的要素市场化配置体制机制的意见》《知识产权强国建设纲要（2021—2035年）》《关于构建数据基础制度更好发挥数据要素作用的意见》中都予以强调。

知识产权本来是舶来品，又相当专业，故而改革开放以来我国知识产权立法、修法都由行政机关主导。在相当长的历史时期内，这不仅有利于保证立法的专业，而且有利于保证法律实行，特别是专利申请和商标申请的审查工作。

---

1 《国家知识产权局办公室关于确定数据知识产权工作试点地方的通知》（国知办函规字〔2022〕990号）。

但是，“数据知识产权”并没有成熟的国外经验可以借鉴，国家知识产权局也无从获得相关的专业经验。国家知识产权局只得通过“数据知识产权工作试点”，“总结推广典型经验做法”。

但是，“数据知识产权”并不能脱离中国的法律现实，孤立于现有的财产权体系和相应的规范体系。知识产权法定原则并不只是纸面上的法律原则，更是知识产权法律的历史经验，深深地植根于现实。没有知识产权法定原则的庇护，“数据知识产权”必定无家可归。

一、试点省市规范性文件中的“数据知识产权”

各试点省市知识产权局根据促进与保护知识产权的地方立法，相继出台“数据知识产权”登记管理办法，但对可以登记的“数据知识产权”却持迥然不同的立场，莫衷一是。

有观点认为，“数据知识产权”限于“处于未公开状态的数据集合”。比如，《北京市数据知识产权登记管理办法（试行）（征求意见稿）》第2条规定：“数据知识产权的登记对象，是指数据持有者或者数据处理者依据法律、法规或者合同约定收集，经过一定规则处理的、具有商业价值的、处于未公开状态的数据集合。”

另有观点则认为，“数据知识产权”属于“智力成果”。《江苏省数据知识产权登记管理规则（试行）》（征求意见稿）第2条规定：“本规则所称数据知识产权，是指数据资源持有人或处理者对其依法取得的数据进行实质性处理或创造性劳动获得的具有实用价值和智力成果属性的数据集享有的权益。”再如，《浙江省数据知识产权登记办法（试行）》（征求意见稿）第1条规定：“本办法适用于对依法收集、经过一定算法加工、具有实用价值和智力成果属性的数据提供数据知识产权登记服务。”

二、知识产权法定原则视角下的“数据知识产权”

知识产权法定原则要求在知识产权体系之中安排客体的财产权保护，避免权利冲突。脱离知识产权法定原则来讨论“数据”的知识产权保护，纯粹基于实用主义而进行探索，难免陷入种种法律矛盾。

比如，《北京市数据知识产权登记管理办法（试行）》（征求意见稿）第2条规定之“数据知识产权”限于“处于未公开状态的数据集合”，则会陷入与商业秘密制度的冲突之中。根据《反不正当竞争法》第9条规定：“本法所称的商业秘密，是指不为公众所知悉、具有商业价值并经权利人采取相应保密措施的技术信息、经营信息等商业信息。”“相应保密措施”与相应的商业秘密相匹配，“法院应当根据商业秘密及其载体的性质、商业秘密的商业价值、保密措施的可识别程度、保密措施与商业秘密的对应程度以及权利人的保密意愿等因素，认定权利人是否采取了相应保密措施”。[1] 未公开之数据集合，不采取相应的保密措施就可以享有“数据知识产权”，而采取相应的保密措施才可以享有商业秘密权利，这等于要架空商业秘密制度。更糟糕的是，公众本来可以通过“相应保密措施”来识别享有商业秘密权利的数据集合，并由此明确自身法律义务，安排自己的社会生活，但“数据知识产权”不要求采取“相应保密措施”，公众也就难以明确自身法律义务，其信赖利益也因此缺乏法律保障。

江苏省和浙江省的数据知识产权登记管理办法所界定的“数据知识产权”面临更加严重的法律问题，甚至自相矛盾。假如“数据知识产权”是智力成果，必然牵扯人的智力劳动。但《浙江省数据知识产权登记办法（试行）》（征求意见稿）第1条却强调“经过一定算法加工”。“算法加工”并不是人的智力活动，又如何由此得出“数据知识产权”属于“智力成果”？《江苏省数据知识产权登记管理规则（试行）》（征求意见稿）第2条强调“进行实质性处理或创造性劳动”，试图将单纯描述事实的数据排除在外。但是，数据之所以为数据，就在于电脑处理而非人脑处理。这就必然引入如下法律问题：电脑处理之外，需要何种程度的人脑劳动卷入才可以使得数据成为“智力成果”？

这些规范文件连认定“数据知识产权”都没有也不可能给出任何法律标准，“数据知识产权”也就只是空中楼阁而已，法院不可能根据如此空泛的概念给予法律保护。质言之，法院没有办法据此确定何谓权利人的数据知识产权（即区分“我的”与“别人的”），也无从判别第三方是否不正当地利用其数据知识产权（即区分“可拿”与“不可拿”）。

其实，江苏省和浙江省的数据知识产权登记管理办法暴露了其对知识产权体系的误解，认为知识产权保护就分为两类：智力成果与商业标识。[2] 其实不然。著作权法所保护的邻接权，诸如版式设计专用权、录音录像制作者权、广播电视节目播放者权，其保护客体既不是智力成果，也不是商业标识。德国著

1 《最高人民法院关于审理侵犯商业秘密民事案件适用法律若干问题的规定》（法释〔2020〕7号）第5条第2款。

2 《知识产权法学》编写组：《知识产权法》，高等教育出版社2019年版，第8页。

作权法之下的邻接权客体还包括“照片”等非智力成果。

更进一步，“数据知识产权”的文字表述表明，我国对“知识产权”的法律概念普遍存在严重误解。大家有意无意地认为“知识产权”是“一种权利”，而其实它是“多种权利”的统称。各种“知识产权”并不是具有共性而成为一种权利，而是彼此只是相似而毫无共性因而只是一族权利。“知识产权”概念不过是巧合而悲剧的过度概括，各种知识产权客体彼此没有共性而只是相似而已：技术秘密是技术成果，近似于产品发明；发明具有创造性，作品具有独创性；外观设计涉及形状、图形、颜色等要素，相似于美术作品；美术作品具有装饰性（比如图案、花纹、颜色等组合）近似于图案商标，如此等等。因为这种相似或那种相似，商业秘密权利、专利权、著作权、商标权等被归为“知识产权”，成为一个“家族”。其他对象，因为同上述对象存在某种程度近似也被纳入“知识产权”的家族之内，比如集成电路布图设计、植物新品种等。总而言之，“知识产权”的家族之内，家族成员有可能只是彼此相似，并没有共性，不在一个逻辑范畴之下，仅属于哲学家维根斯坦所称的“家族相似性”（family resemblance）。[1]

简单回顾“知识产权”术语的来源，就不难证实这一点。就我国采用“知识产权”的术语，可以追溯到我国加入的两个国际协议。1980年，我国加入World Intellectual Property Organization，我们将其翻译为“世界知识产权组织”，相应的公约Convention on Establishing World Intellectual Property Organization则译为《建立世界知识产权组织公约》。为此，“知识产权”可对应“Intellectual Property”。2001年，我国加入世界贸易组织，为此必须遵守Agreement on Trade-Related Aspects of Intellectual Property Rights（TRIPs），我国官方翻译为《与贸易有关的知识产权协定》（TRIPs协定），“知识产权”对应“Intellectual Property Rights”。然而，无论在《建立世界知识产权组织公约》之下，还是在TRIPs协定之中，“Intellectual Property”和“Intellectual Property Rights”两个术语都是指“多种”权利。《建立世界知识产权组织公约》第2条第8项明确，“Intellectual Property”是指规定之多个对象相关的“各种权利”（the rights relating to）；TRIPs协定第1条第2款将“Intellectual Property”界定为该协定第二章第1~7条“各种类型”的知识产权（all categories of Intellectual Property）。综上，在这两大国际知识产权协议之中，

---

1 See Ludwig Wittgenstein, Philosophical Investigation, 32 (Blackwell, 2009).

"Intellectual Property"和"Intellectual Property Rights"都是集合名词，指称多种权利，本应翻译为"诸知识产权"，但因为汉语习惯，名词本身不表示单复数，故而在汉语之中以"知识产权"显现，就自然被看似"一种"权利了。

"Intellectual Property"和"Intellectual Property Rights"都是集合名词，这是偶然，还是必然？无论世界知识产权组织，还是世界贸易组织，其组建绝对不是为了理论建构或符合"知识产权"的抽象概念，而是为了确立各自的"管辖权范围"，进而促进国际经贸合作。世界知识产权组织起源有两个：其一，1883年《保护工业产权巴黎公约》（以下简称《巴黎公约》）设立的保护工业产权国际局；其二，1886年《保护文学和艺术作品伯尔尼公约》（以下简称《伯尔尼公约》）设立的保护文学和艺术作品产权国际局。这二者都由瑞士联邦政府管理。1893年，瑞士联邦政府将两个国际局合并成立"保护工业、文学和艺术产权联合国际局"（United International Bureau for the Protection of Industrial, Literary and Artistic Property），这就是世界知识产权组织的前身。《建立世界知识产权组织公约》在开篇序言之中使用"为保护工业产权和文学艺术作品而建立的各联盟的管理趋于现代化并提高效率"的表述，将"工业产权"与"文学艺术作品"并列，就是体现出前述两个知识产权国际协议合并管理的本来含义。TRIPs协定的基础也是《巴黎公约》和《伯尔尼公约》，只是因为联合国框架之下难以有效实现知识产权保护，才将知识产权纳入世界贸易组织的管辖之下。所以，"知识产权"的法律概念在世界范围内流行不是先于著作权、专利权和商标权等法律概念，而是后来才出现的。就国际知识产权保护而言，各种知识产权开始没有在同一个国际协议框架之下，就说明著作权、专利权、商标权等各种知识产权在历史实践层面原本就有分野。

为确立管辖事务而采用"知识产权"的概念，国际知识产权保护从来没有总结形成"诸知识产权"的共性。《建立世界知识产权组织公约》根本没有提及"工业产权"与"文学艺术作品"之间有任何"共性"。TRIPs协定开篇序言只概括地指出，各国承认知识产权是"多种私权"（private rights），甚至于没有说明其为"财产权"还是其他民事权利。事实上，作为"私权"，知识产权在各国法律传统之中表现并不相同。比如，在*Oil States v. Greene's Energy Services*案中，美国联邦最高法院认为，美国专利是"国家特许权"（public franchise），由美国国会授予，国家有权修改、取消它；专利权不属于美国传统普通法之下的"私人财产权"，故政府机构依法宣告美国专利无效，不是对私人财产予以征收。[1] 但在我国而言，专利权被宣告无效根本不会涉及宪法问题，因为根据《民法典》第123条规定，专利权就是一种“民事权利”；而专利被宣告无效是因为技术方案或设计方案不符合授权条件，无关乎国家“征收”。

我国学界总结的“知识产权”共性的各种努力最终不过是“泡影”。广为流行的“五特点说”认为，知识产权具有“无形、专有性、地域性、时间性、可复制性”等特点；[2]“四特点说”则认为，知识产权与其他民事权利相比主要有“无形性、专有性、地域性、时间性”等特点。[3] 各种知识产权的专有性只是家族相似，而并不是规范意义上相同的“专有”。其中“时间性”如同半边衣服，不能覆盖各种知识产权。虽然著作财产权、专利权存在法定期限，但著作人格权（除发表权之外）和商业秘密权利并没有法定期限，且注册商标专用权到期后可以无限次续展到永久。而“地域性”如同一张无所不包的毯子，哪种民事权利没有地域性？值得注意的是，知识产权保护还有突破“地域性”的趋势。《巴黎公约》第6条之二和TRIPs协定第16条第2款规定的驰名商标保护，在美国判例法下体现为“驰名商标法则”（well-known mark doctrine），就是为突破商标保护的地域限制，[4] 促进公平正当的国际贸易。随着国际经贸合作和全球化发展，商贸秩序要求知识产权保护逐步突破地域性的藩篱。

如果“知识产权”不是一种权利而是一族权利，那么“数据知识产权”的表述本身就存在严重问题。因为“数据知识产权”就不是单数概念，而是复数概念。这就可以解释各个试点省市规范文件中的“数据知识产权”为何呈现迥然不同的形式。

三、知识产权法定原则反向定义的“数据知识产权”

“数据知识产权”的法律制度要建立，就必须在知识产权法定原则之下展开。既然“知识产权”不是一种权利而是一族权利，就必须借助知识产权法定来建构各种知识产权的边界，才能确保知识产权体系的内部协调，同时保障知识产权制度与民法财产制度的相互协调。现有的知识产权体系是一个无法摆脱

1 See Oil States v. Greene's Energy Services，138 S. Ct. 1365（2018）.

2 郑成思：《知识产权法》，法律出版社 1997 年版，第11-24 页。

3 郭寿康主编：《知识产权法》，中共中央党校出版社 2002 年版，第11-17页。

4 Grupo Gigante S. A. de C. V. v. Dallo & Co.，391 F. 3d 1088（9th Cir. 2004）.

的制度背景，从反方面框定了“数据知识产权”的基本层面，即从反方面界定其权利客体、权利内容和权利限制。其基本道理在于，数据不符合某一种财产制度的客体条件，如果赋予的权利比一个符合该客体条件的对象所赋予的权利等同或更强更全面，就等同于部分或全部架空该种财产权制度。如果“数据”不符合现有知识产权制度各类客体的条件，则其所能得到的法律保护必然弱于现有之任何一种知识产权。

这个财产权制度的构建原理适用于知识产权。知识产权的客体都不符合“物”的要求，故而知识产权不比物权：物权是物的支配权和排他权，而知识产权只能是对相关客体的排他权。那么知识产权的权利人对相应客体能否“支配”呢？若能，则必然导致法律冲突。各种知识产权的客体的存在方式不同于所有权之客体“物”的存在方式。诸如作品、发明、商标等并不是有体之物的存在。在现实的经济社会生活之中，它们附身于载体物之上，成为著作、产品、商品等“物”。知识产权客体的载体物作为物权对象，依法由其所有人“支配”。若是知识产权人也有权支配它们，则同一物之上就有多个支配权，分属不同主体，由此必然导致权利冲突，所称“支配”也就不能实现。而且，形成载体物和使用载体物都是“人”的行为使然，比如复制、发行盗版书籍，制造、销售权利侵权产品，销售商标侵权商品等，但无论对于“人”还是对于“人的行为”，基于人身和意志自由的法律价值，都不可以支配。可见，知识产权不应是“支配权”，而只是排他权。

有教材将商标比作“物”，将商标权比作类物权，“商标作为一种财产权，商标权人对注册商标享有占有、使用、收益、处分的权利”。[1] 我国曾有法院认为商标权类似物权，可以禁止他人从商品上去除商标：“商品商标与商品具有不可分离的属性，……在商品流通过程中拆除原有商标的行为，显然割断了商标权人和商品购买使用者的联系，不仅使其无从知道商品的实际生产者，剥夺公众认知商品生产者和商品商标的机会，还终结了该商品所具有的市场扩张属性，直接侵犯了商标权人所享有的商标专用权，并最终损害商标权人的经济利益。”[2]

但是，这种观点根本不能成立。注册商标专用权的核心是保护商标识别商

1 李永明主编：《知识产权法》，浙江大学出版社2012年版，第518页。

2 如皋市印刷机械厂与如皋市铁德物资有限责任公司侵犯商标专用权纠纷案，南通市中级人民法院民事判决书（2003）通中民三初字第15号，载《中华人民共和国最高人民法院公报》2004年第10期，第35-37页。

品来源的功能，根本不应保护商标对商品的固着关系。比如，出售自己维修的第三方商品，不去除商标反而容易引起公众混淆，构成侵犯注册商标专用权。经维修的二手商品区别于一手新产品，其品质不一致，因为原厂商如无法控制旧商品的维修品质，基于其自身商事利益的考虑，通常不会允许他人在翻新机器上继续使用商品原有商标。如果翻新后保留原商标并仍以原装产品出售，则可能构成犯罪。比如，未经注册商标权人许可，对废旧硒鼓翻新、灌装碳粉、粘标和包装，假冒兄弟、联想、富士、佳能、理光及美能达等品牌的打印机耗材后，以原装正品代理商销售正品耗材的方式在其开设的淘宝网店销售，即可被判构成“假冒注册商标罪”。[1] 在最高人民法院审理的“多米诺”案中，被告改装原告喷码机后没有去除原告在喷码机上的注册商标。最高人民法院审理认为，如果商品在转售前发生实质性改变，导致商品与来源之间的联系发生改变，在该商品上继续使用原有商标且未对消费者履行合理告知义务的情况下，容易导致混淆并损害商标权人的利益，构成商标侵权。[2] 可见，商标法并不是在“物”的维度上保护商标权人，而只在保护来源识别意义上给予商标权保护。

前述财产制度的构建原理同样适用于在知识产权体系之下构建“数据知识产权”。我国已有学者就此作出有益尝试。[3]“数据知识产权”的客体“数据”不应该是一般意义上的“数据”，而应该是特别界定的数据。这种特殊的数据不符合作品的法律条件，因此“数据知识产权”的权利内容不得超过《著作权法》第10条规定的著作人格权和著作财产权，其权利应得到比《著作权法》第24条更严格的限制。这种特殊的数据不符合发明创造的法律条件，因此“数据知识产权”的权利内容不得超过《专利法》第11条规定之专利权，其权利应得到比专利权更严格的限制。这种特殊的数据也不符合商业秘密的法律条件，因此“数据知识产权”的权利内容不得超过商业秘密权利，其权利应得到比商业秘密权利更严格的限制。同时，既然商业秘密权利保护都允许反向工程

1 李某甲假冒注册商标刑事纠纷案，广东省中山市第一人民法院刑事判决书（2015）中一法知刑初字第41号。

2 广州市杜高精密机电有限公司与多米诺印刷科学有限公司等侵害商标权纠纷再审申请案，最高人民法院民事裁定书（2019）最高法民申4241号。

3 参见崔国斌：《大数据有限排他权的基础理论》，载《法学研究》2019年第5期，第3-24页；崔国斌：《公开数据集合法律保护的客体要件》，载《知识产权》2022年第4期，第18-53页。

例外，[1]“数据知识产权”也就应该允许反向工程之作为例外。

按照如上逻辑推演，“数据知识产权”是比当下所有知识产权更弱的财产权，受到比现在所有知识产权更强的限制。如果将现存的各种知识产权制度比喻为七大洲的话，“数据知识产权”就只能是大洲之外、大小不一的岛屿。实际上，数据是数字经济的基本元素，卷入迥然不同的各种社会经济生活之中，难以通过单一的财产权制度加以规范。为此，应该区分不同数据种类和应用场景，并根据其经济现实设置匹配相适应的财产权制度。唯有如此，“数据知识产权”才可以避免与其他知识产权的冲突和矛盾，不妨碍相关知识产权制度的正常运行，不阻碍超大规模统一市场和知识产权强国建设。

第五节　知识产权法定原则与知识产权裁判规则创新

我国法院而今的知识产权裁判规则创新，已经不同于早期法官为弥补国内知识产权法缺陷而在既有领域、既有业态所进行的借鉴式“造法”。经过几十年知识产权司法保护，我国法院已经积累相当多的司法经验，已经没有必要直接借鉴西方国家的知识产权法规范或判例规范。在积极回应新领域新业态知识产权司法保护需求时，我国法院应该保持谦抑，注意知识产权裁判规则创新经超大规模统一大市场的放大，很可能产生超过预想规模的负面影响。

一、我国知识产权制度发展早期的借鉴式法官造法

对“知识产权法官造法”的批判，主要聚焦于我国加入WTO之前的知识产权司法保护。[2]但这个时期所谓的“知识产权法官造法”，无论是扩张保护客体还是保护权能，抑或是“直接否定现有法律”，[3]其弊端在相当程度上都被夸大了。从历史维度来看，过早强调知识产权法定并不明智，并不适合我国国情。知识产权制度毕竟是舶来品，我国进行法律移植过程之中存在诸多“漏洞”。我国20世纪知识产权立法活动和加入世界贸易组织的大规模知识产权法修改，都表明我国知识产权制度不完善。我国法院因时而动，借鉴国外经验，

1　参见《最高人民法院关于审理侵犯商业秘密民事案件适用法律若干问题的规定》（法释〔2020〕7号）第十四条。

2　崔国斌：《知识产权法官造法批判》，《中国法学》2006年第1期，第144-164页。该文讨论所涉中国案例基本都在20世纪90年代或者2000年前后。

3　同上。

属于典型的“借鉴式知识产权法官造法”。譬如，对于未注册商标[1]、商品装潢[2]、域名[3]等客体，在法律没有明确规定的情况下而给予法律保护，不过是维护市场应有的竞争秩序。

即便对于不构成作品的“广播电视节目预报表”予以法律保护，[4] 虽然饱受知识产权法学者批评，[5] 但也不能彻底否定。根本原因在于，广播电视节目表具有时效价值，值得法律保护。即便美国实行版权法定，也对此类信息给予法律保护。一百年前，美国联邦最高法院就在版权保护之外给予新闻材料以“准财产权”的反不正当竞争保护。在*International News Services v. Associated Press*案中，原告是处于美国东海岸的新闻出版商，被告购买原告最近发行的报纸后，即刻复制、改编原告的新闻报道并在美国西海岸出版发行，同原告竞争。美国联邦最高法院承认原告的事实新闻内容不受版权保护，但是认为新闻收集需要花费相当大的劳动、技术和金钱，应该属于“准财产”（quasi-property），被告的行为是“在未曾播种之处索求收获”，属于窃夺他人劳动成果的不正当竞争行为。被告使用他人新闻材料之所以被定性不正当竞争的违法行为，不在于复制或改变他人新闻材料，而在于他人发布新闻材料后即使用相同的新闻材料，侵夺原始新闻材料调查收集整理人的商业利益。倘若新闻材料因为时间的流逝而不再属于“新闻”，则被告这时的使用行为只应该在著作权法之下考察合法性。由此，不难理解我们国家版权局的做法。其1987年即明确“广播电视节目预告，应视为新闻消息，不属于版权保护的作品范畴”，[6] 而于1988年进一步明确，“各地报纸和以报纸形式出现的期刊可转载广播电视报所刊当天和第二天的广播电视节目预告。但不得一次转载或摘登一周（或一周以上）的广播电视节目预告。”[7] 可见，我国法院根据国家版权局规定而禁止未经许可转载广播电视节目预告的行为，并不是法官任性创设知识产权。

---

1 参见姜颖：《一波三折“炉灶曹”》，载《中华商标》2001年第5期，第25–27页。

2 参见莒县酒厂诉文登酿酒厂案，载《最高人民法院公报》1990年第3期。

3 参见深圳市中项网卫星网络有限公司诉美欧亚国际商务网络（北京）有限公司案，北京市第二中级人民法院民事判决书（2001）二中知初字第69号；北京润安信息顾问有限公司诉厦门精通公司案，北京市第二中级人民法院民事判决书（2002）二中民初字第 6906 号。

4 广西广播电视报社诉广西煤矿工人报社案，载《最高人民法院公报》1996年第1期。

5 崔国斌：《知识产权法官造法批判》，载《中国法学》2006年第1期，第144–164页。

6《国家版权局关于广播电视节目预告转载问题的意见》（1987年12月12日 87权字第54号）。

7《新闻出版署报纸管理局关于广播电视节目预告转载问题的通知》（1988年3月30日）。

再如，对于气象信息产品而言，法院承认“天气预报统一发布权”和“合法使用天气预报产品取得收益的权利”，[1] 也够不上创设知识产权。为保证气象信息准确，避免虚假气象信息扰乱社会经济生活，《中华人民共和国气象条例》第14条关于“气象预报及灾害性天气预报，由国务院气象主管机构所属的各级气象台、站按照职责公开发布，其他组织和个人不得通过宣传媒介向社会公开发布”。故而，天气预报统一发布权是基于行政许可。至于合法使用天气预报产品收益的权利，只是债权，而非专有权。《气象信息产品供应管理暂行规定》第3条规定：“气象信息产品供应，属于气象公益服务范围的，无偿使用；属于专业气象服务范围的，有偿服务。”其第10条规定：“利用气象部门提供的气象信息产品通过广播、电视、电话、报刊等大众传媒向社会公众传播而获取附加收入或者以营利为目的向社会传播气象信息的，气象部门应当收取一定比例的信息产品服务费。”鉴于气象信息产品也属于时效信息，如前所述，赋予其一定程度的法律保护，并不是中国独有的，而是早有国际惯例。

综上，我国知识产权制度建立早期，客观上制度存在漏洞。在这个阶段，对于既有领域和既有业态，我国知识产权法官在制定法之外“创设”知识产权，不过是借鉴发达国家的知识产权制定法和判例法经验，并非无中生有、开创性地给予知识产权保护。

二、新时代司法积极回应新领域新业态知识产权保护需求

新时代，我国知识产权制度日渐成熟，与申请加入WTO期间显著不同，知识产权法官借鉴式造法的空间明显减少。《商标法》已经经过1993年、2001年、2013年和2019年四次修正，第五次修正也已经启动。《专利法》已经经过1992年、2000年、2008年和2020年四次修正。《著作权法》已经经过2001年、2010年和2020年三次修正。其间，最高人民法院还通过颁行诸多司法解释，颁布指导案例、典型案例等方式统一知识产权法律适用。

最高人民法院也强调知识产权法定原则——“严格保护”和“公正合理保护”。《最高人民法院关于加强新时代知识产权审判工作为知识产权强国建设提供有力司法服务和保障的意见》（法发〔2021〕29号）强调，“坚持严格保护，依法平等保护中外当事人及各类市场主体合法权益，维护公平竞

1 九江气象台诉九江市邮电局天气预报侵权案，江西省九江市中级人民法院〔1996〕九民初字第11号。

争市场秩序，服务以国内大循环为主体、国内国际双循环相互促进的新发展格局”。该意见同时强调，“坚持公正合理保护，防范权利过度扩张，确保公共利益和激励创新兼得”。这至少表明，我国法院系统并不是单方面地强调知识产权，强调创新激励，而是强调知识产权制度兼顾公共利益和激励创新。在知识产权强保护的总基调之下，最高人民法院还强调“防范权利过度扩张”。

但是，在“严格保护”和“公正合理保护”之外，最高人民法院同时强调“积极回应”新领域新业态的知识产权保护司法需求。《最高人民法院关于加强新时代知识产权审判工作为知识产权强国建设提供有力司法服务和保障的意见》（法发〔2021〕29号）第7条强调：“加强新兴领域知识产权保护，服务新领域新业态规范健康发展。准确适用个人信息保护法、数据安全法，加强互联网领域和大数据、人工智能、基因技术等新领域新业态知识产权司法保护，完善算法、商业方法和人工智能产出物的知识产权司法保护规则，合理确定新经济新业态主体法律责任，积极回应新技术、新产业、新业态、新模式的知识产权保护司法需求。”值得注意的是，“个人信息保护法”“数据安全法”都不是知识产权法，准确适用“个人信息保护法”“数据安全法”与“新领域新业态知识产权保护”之间的因果关系并不明确。“积极回应新技术、新产业、新业态、新模式知识产权保护司法需求”更表明法院在“知识产权保护司法需求”上积极作为。此外，该条还强调加强对“数据确权”“数据交易”的不正当竞争等案件的审理和研究。

特别是，在党中央、国务院强调数据要素和数据产权的大形势之下，面对具体法律纠纷，法院难以栖息在知识产权法定原则之下而安静地等待相关立法。国务院《“十四五”国家知识产权保护和运用规划》提出：“健全大数据、人工智能、基因技术等新领域新业态知识产权保护制度。研究构建数据知识产权保护规则。”《中共中央、国务院关于构建数据基础制度更好发挥数据要素作用的意见》强调，“逐步形成具有中国特色的数据产权制度体系”，“建立数据资源持有权、数据加工使用权、数据产品经营权等分置的产权运行机制”。一旦出现“数据产权”纠纷，法院不得不基于《民法典》作出裁判。

司法积极回应“新领域新业态”的知识产权保护需求，无法借鉴发达国家在既有领域、既有业态的成熟做法。近年来，数字经济蓬勃发展，正在重组全球要素资源，重塑全球经济结构，全球竞争格局发生改变。《中国互联网发展报告2021》指出，2020年中国数字经济规模达到39.2万亿元，占GDP比重达

38.6%，并保持9.7%的高位增长速度。《全球数字经济发展指数报告（TIMG 2023）》表明，我国在数字市场方面具有较大优势，位居全球第二。这意味着我国法院正在面临的纠纷形态在发达国家也未必出现过，通常没有可值得借鉴的司法经验。

三、新领域新业态知识产权保护的裁判规则创新——以商业方法的创新保护为例

“新领域新业态”不足以否定知识产权法定原则，不足以撼动知识产权制度根基。相反，“新领域新业态”要求法院基于知识产权法定原则和知识产权制度的底层逻辑，给予公正合理的法律保护，而不是呆板僵硬地套用知识产权规则。例如，对于商业方法创新，美国法院曾经高歌猛进，一味强调激励创新和专利保护，就曾造成灾难性后果，值得深思和借鉴。

（一）新领域新业态下的商业方法创新的性质和特点

本书所称商业方法创新并不是一般意义的商业方法创新，而是指新技术条件下的商业方法创新。“新技术”就是指现代通信技术，特别是互联网技术（包括移动互联网技术），还包括人工智能和大数据技术。所以，下文所称商业方法创新都采用计算机技术实现，主要涉及数据处理。商业方法发明被归为美国专利分类下的第705类，涵盖数据处理和计算操作的机器及相应的方法，其用于以下活动：（1）企业经营、决策管理和运行管理；（2）财务信息处理；（3）商品或服务的定价方法。[1]

新技术条件下的商业方法创新与电子商务密切相关。电子数据交换（Electronic Data Interchange，EDI）是电子商务的前身，可以追溯到20世纪70年代。现代意义上的电子商务诞生于20世纪90年代中期，源于个人计算机和互联网的广泛使用。1996年前后，美国正式提出电子商务

---

1 第705类包括20多个财务和管理数据处理领域，包括通用性领域如电子购物、拍卖和商业加密等，还包括特定行业如保险、证券交易、期货期缴、医疗管理、预订系统、电子邮费计价系统等。第705类下最大四个亚类是：（1）目标客户及其需求的确定：经营研究一市场分析。（2）向客户表明自己，展示产品或服务，刺激购买行为：①广告管理；②产品或服务目录管理；③激励方案；④购物优惠。（3）商事交易前、中、后的金钱支付或信用服务：①信用和借款流程；②销售点系统；③计费方法；④资金转移；⑤银行服务；⑥结算；⑦税务处理；⑧投资筹划。（4）资源、资金和产品追查：①人力资源管理；②日程安排；③会计核算；④存货监控。See USPTO White Paper–Automated Business Methods–Section Ⅲ Class 705，available at：https：//www. uspto. gov/patents-getting-started/patent-basics/types-patent-applications/utility-patent/business-methods-20.

（E-Business，E-Commerce）的概念。其后不久，1998年美国联邦巡回上诉法院在*State Street Bank & Trust Co. v. Signature Financial Group, Inc*案（以下简称“*State Street Bank*案”）取消“商业方法例外”，准予授予商业方法专利。1999年9月，电子商务巨头亚马逊公司获得著名商业方法专利的“一次点击即成购物”（one-click patent）。

新技术条件下的商业方法创新有其经济上的特点，即促进供需匹配，减少交易成本和商务管理成本，常常具有网络效应。新技术显著地降低了供求信息交流成本和供求信息匹配成本，可以从根本上改变“用户体验”。以出租车服务为例，传统产业最大的问题是，出租车司机凭借视觉搜寻潜在乘客，不得不在街上巡游。客运服务与客运需求匹配受到时空的强烈限制。现在，借助于移动互联网和定位技术，“滴滴”专车服务平台让乘客可以便捷地传递乘车需求（包括乘车时间、地点和目的地的地理位置等信息），并通过平台与大量司机和汽车的信息实现迅速匹配。

新技术条件下的商业方法创新依赖于互联网等信息技术，往往呈现强大的网络效应（network effect），取得足够规模的网络用户是其成功的前提条件。网络效应也称网络外部性或需求方规模经济，是指商品或服务价值随用户数量增加而不断增加。最为典型的是电信服务系统。在新技术条件下，商业模式的成功往往取决于用户的规模。如果“滴滴”平台上没有足够多的用户和司机，则平台维系的成本会使得平台的使用价格过高，最终难以维系。“共享单车”系统如果没有足够多的用户，就难以提供便捷、低成本的租车服务。国务院发展研究中心原副主任侯云春指出：“全球76%的商业方法创新发生在中国”。[1] 这很大程度上是因为中国具有广大的互联网用户，特别是数量惊人的移动互联网用户。中国互联网络信息中心（CNNIC）发布的第51次报告表明，截至2022年12月，我国网民规模达10.67亿，互联网普及率达75.6%，网民使用手机上网的比例高达99.8%。[2]

新技术条件下的商业方法创新还具有迭代速度快的特点。[3] 其中最重要的原因之一是，信息技术发展迅速，体现出“摩尔定律”。首先，新的技术条件

1 《全球76%的商业模式创新发生在中国》，载中国日报中文网：https://caijing.chinadaily.com.cn/finance/2016-12/06/content_27585178.htm。

2 《第51次中国互联网络发展状况统计报告》，载中国互联网络信息中心网，https：//cnnic.cn/NMediaFile/2023/0322/MAIN16794576367190GBA2HA1KQ. pdf。

3 《“互联网＋”新商业模式的知识产权保护研究报告》，第13页。

为更有效的匹配供需提供了技术手段。其次，虽然互联网领域内底层技术创新困难，但是根据不同商业场景、不同用户需要进行商业方法创新相对容易。比如，Uber专车服务采用“弹性”定价方式，通过加价方式鼓励距离乘客远的专车司机接受乘客的请求，以促进网约车服务的供求匹配。

新技术条件下的商业方法创新很多时候体现为“微创新”。“微创新”是指“从用户角度来看问题，从行业巨头看不到、看不懂、看不起的小处着眼切入市场，通过快速地、持续地改进产品的用户体验，从而达到颠覆市场格局的目标。”[1] 本质上，“微创新”不是突发地跃进式创新，而是渐进地积累式创新。

（二）新领域新业态下的商业方法的社会经济效应

商业方法创新有利于社会经济繁荣。商业方法创新首先是降低交易成本，促进供需匹配，以及降低商务管理成本。无论是美国专利分类中第705类的商业方法发明创造，还是国际专利分类G06F17/60 和G06Q类的商业方法发明创造，都具有这一本质特征。我国近年来取得巨大成功的商业方法创新很多，如移动支付的“支付宝”“微信”和专车服务“滴滴”“共享单车”“人人车”等，都是因为降低交易成本，促进供需匹配而为社会创造了巨大价值。

同时，商业方法创新促进竞争，甚至于颠覆原有市场格局。“滴滴”之前，出租车行业因为拒载、行业行政垄断等备受诟病，出租车服务供不应求。“滴滴”等网约车服务推出以后，快速改变原有市场格局，为消费者增加了出行选择，显著提升了消费者福利。

商业方法创新还有可能促进就业。技术创新可能引发失业问题，特别是人工智能等新技术引入以后，简单重复性劳动迅速被机器取代，比如自动化的物流系统、自动化的办公系统等。但是，商业方法创新并不必然引发失业，反而可能创造就业岗位。比如，美团外卖、盒马生鲜等商业模式就是如此。以盒马北京十里堡店为例，其经营面积达1万平方米，继承了盒马“生鲜+半成品+熟食餐饮”的超市品类，且引入更多业态（如花店和天猫超市），除餐饮外全店在售商品数达8000个，是一个融合“生鲜食品超市+电商+餐饮+物流配送”的新零售综合体。该店总共有员工约400人，吸引很多年轻人参与。

事实上，依托各类电子商务平台产生大量的灵活就业（平台型就业），成为传统就业的重要补充，成为农民返乡创业就业的第三就业空间。阿里巴巴

1《“互联网+”新商业模式的知识产权保护研究报告》，第22页。

零售生态（即所谓的“大淘宝”）对就业的贡献尤为明显，2017年大淘宝总体为我国创造3681万个就业机会，包括1405万个交易型就业机会；2276万个带动型就业机会（其中包括543万个支撑型就业机会和1733万个衍生型就业机会）。在大淘宝的26个经营类目中，服装鞋帽和针纺织品类（354万个）、日用品类（229万个）、家用电器和音像器材类（113万个）带动的交易型就业机会数位居前三甲。[1]

商业方法创新甚至可以助力扶贫。有数据显示：2018 年上半年，800余个国家级贫困县在阿里巴巴平台网络销售额超过260亿元；2018年1月以来，“兴农扶贫”频道覆盖8个省141个县，其中包含51个贫困县。[2]

（三）对商业方法创新予以知识产权保护的社会呼声

国家早就敏锐地捕捉到社会对“商业方法创新”知识产权保护的呼唤。在国家层面，《国民经济和社会发展第十三个五年规划纲要》明确规定：“加快推进基于互联网的商业模式、服务模式、管理模式及供应链、物流链等各类创新，培育‘互联网＋’生态体系，形成网络化协同分工新格局。”国务院一系列文件都言明鼓励“商业方法创新”。[3]《国务院关于积极推进“互联网+”行动的指导意见》（国发〔2015〕40号）提到：“加大对新业态、新模式等创新成果的保护力度。”《国务院关于大力推进大众创业万众创新若干政策措施的意见》（国发〔2015〕32号）明确规定：“加强创业知识产权保护。研究商业模式等新形态创新成果的知识产权保护办法。”《国务院关于大力发展电子商务，加快培育经济新动力的意见》（国发〔2015〕24号）提到：“加强电子商务领域知识产权保护，研究进一步加大网络商业方法领域发明专利保护力度。”

产业界则更直接地发声。具有代表性的是，2015年7月21日，奇虎360发布了与中国知识产权研究会等单位合作完成《“互联网＋”新商业模式的知

---

1 中国人民大学劳动人事学院课题组：《阿里巴巴零售电商平台就业吸纳与带动能力研究》（2018年3月），载中国人民大学劳动人事学院网，http：//slhr. ruc. edu. cn/article. asp?id=4397&from=singlemessage，2018年9月25日访问。

2 阿里研究院：《阿里巴巴脱贫工作报告（2018年上半年）》，载阿里研究院网，http：//i. aliresearch. com/img/20180710/20180710191556. pdf，2023年8月 8日访问。

3《国务院关于深化“互联网＋先进制造业”发展工业互联网的指导意见》；《国务院办公厅关于积极推进供应链创新与应用的指导意见》（国办发〔2017〕84号）；《国务院办公厅关于加快推进农业供给侧结构性改革大力发展粮食产业经济的意见》（国办发〔2017〕78号）；《国务院关于印发新一代人工智能发展规划的通知》（国发〔2017〕35号）等。

识产权保护研究报告》。该报告认为：（1）商业方法创新促进互联网与传统产业深度融合；（2）商业方法创新保护不力容易造成互联网中小企业“荒漠化”；（3）互联网“微创新”层出不穷。为此，该报告一是从发明专利的角度建议：①将“互联网+新商业模式”明确纳入专利保护客体；②调整发明专利的审查制度，适当调整“创造性”标准，将“用户体验”作为显著进步的考虑因素之一，并在加快审查周期的同时缩短保护期限。二是从实用新型专利的角度建议：①考虑将“互联网+新商业模式”纳入实用新型专利加以保护；②缩短审查周期；③将“用户体验”作为创造性的主要判断因素。三是建议针对“互联网+新商业模式”创设一种全新的知识产权种类，与一般知识产权保护制度并行。

但是，我国对商业方法专利目前仍坚持保守态度，并因此而受到批判。在轰动一时的花旗银行商业方法专利事件后，国家知识产权局电学发明审查部时任部长李永红曾解释：“这种判断方式也许过于保守。但是，在我们尚不能找到更加清晰的判断方法之前，在我们尚不能预测更加激进的做法会对经济社会带来何种影响之前，谨慎的做法不失为退而求其次的选择。因为，潘多拉盒子一旦打开，一切将难以收复。”[1] 但是，有学者认为，我国对商业方法专利持保守态度，主要是“阻滞国外商业方法专利大举进入我国，从而达到保护国内尚不发达的计算机软件、电子商务、金融等相关产业免遭国外竞争对手商业方法专利冲击的目的”。[2] 但是，其认为，“在商业方法专利上的保守政策压抑了国内企业的创新欲望，导致我国企业拥有商业方法专利的数量和质量与国外，特别是美国的竞争对手相比，存在巨大差距。商业方法专利的缺失，使我国企业走出国门，参与国际竞争面临巨大的专利风险”。[3]

这种批评是否得当，坚持保守态度是否合理呢？以美国专利法批评中国专利法是非常容易的，就如同根据中国专利法批评他国专利法一样。除开语言、文化等障碍，我国学者对美国法律的了解基本是管中窥豹，难得全貌。如果细

----

1 李永红：《软件专利申请带来的困惑与思考》，载《中国专利与商标》2008年第3期，第26页。

2 张玉敏、谢渊：《美国商业方法专利审查的去标准化及对我国的启示》，载《知识产权》2014年第6期，第84页。同时参见：李颖怡、林艳：《论商业方法可专利性的利益平衡》，载《中山大学学报（社会科学版）》2004年第5期，第48页。

3 张玉敏、谢渊：《美国商业方法专利审查的去标准化及对我国的启示》，载《知识产权》2014年第6期，第84页。

致考察商业方法专利相关法律所植根的美国法律和社会经济，特别是负面效应（如金融创新与金融安全之间的关系），就不会简单主张法律移植，冒失地打开潘多拉的盒子。我们对金融方法创新不给予专利保护，相较于美国而言，曾经显得保守，但我国整体金融有序稳定地发展，我国本土市场上发育出了阿里巴巴等一系列网络平台公司，它们利用信息网络技术学习发达国家的商业模式取得了巨大的商业成功，对我国社会经济发展起到了明显的积极作用。相反，推崇金融创新和金融方法专利的美国，2008年曾陷入次贷危机，并引发经济危机，这与商业方法专利保护不无关系。为此，在探讨我国法院应该如何应对商业方法创新之前，有必要首先考察美国商业方法专利的历史经验和教训。

（四）美国商业方法专利司法保护的历史教训

美国商业方法专利的司法保护历史表明，由司法判例突破专利资格限制而一般性准予商业方法专利并不是优选方案。毕竟法院受个案可得信息的限制，难以考虑和评估商业方法专利总体上对社会经济的冲击。判例意见不可避免地陷入两难境地：一方面，个案形成的判例意见无法构成一个体系性的解决方案；另一方面，个案形成的判例意见会对专利法总体造成冲击，远远超出商业方法范畴，也超出法官预想。

追溯历史不难发现，美国联邦巡回上诉法院和美国联邦最高法院的判例法调整，曾导致商业方法专利制度剧烈震荡。具体来说，1908年，美国联邦第二巡回法院在*Hotel Security Checking Co. v. Lorraine*案[1]中树立判例规则，认为商业方法不应授予专利权（以下简称“商业方法例外”）。由此之后90年内，美国法院都遵循这一例外。但是，1998年美国遭遇互联网泡沫，美国联邦巡回上诉法院在*State Street Bank*案取消了“商业方法例外”，为商业方法树立了最为宽松的专利资格条件，即只要具备“实用、具体而有形的结果”（useful，concrete and tangible result inquiry）就具备授予专利的资格。此后，美国商业方法专利申请量和授权量大幅度增长。以美国专利第705类作为统计口径，1977—1995年这类专利授权总量不过1245件；1998—2000年，此类专利授权量大幅增加，随后授权量又有所减少；但到2005年后猛增，仅2008年一年的授权量就达到1704件之多（见图1）。

1 See 160 F. 467（2d Cir. 1908）.

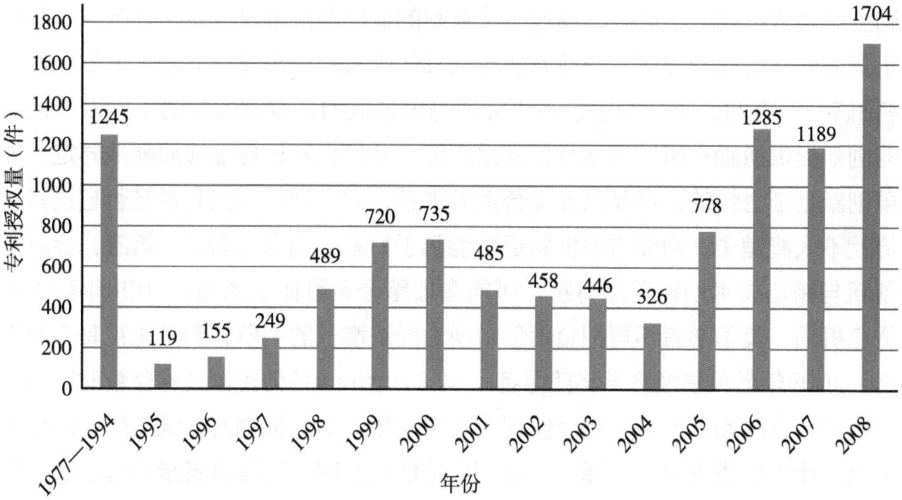

图1　1977—2008年美国705类专利授权量

资料来源：https：//www. uspto. gov/web/offices/ac/ido/oeip/taf/cbcby. pdf。

但是，美国联邦巡回上诉法院显然低估了“State Street Bank案”所设商业方法专利资格规则的社会经济影响。十年之后，美国遭遇金融危机。美国学者对商业方法专利进行实证研究，并提出了深刻而尖锐的批评。第一，据研发投入指标显示，授予商业方法专利并未对美国金融机构的研发活动产生明显激励作用。网络效应和先发优势比专利保护更为重要。[1] 亚马逊公司虽然获得著名的“一次点击即成购物”专利（one-click patent），但公开表明亚马逊的竞争优势不是来自专利保护，而来自价格、服务等，并主张商业方法专利保护期间应该短于普通专利，3—5年保护就足够。[2] 第二，以商业方法专利发动的诉讼量比全部其他专利诉讼量高27—39倍。[3] 而且，涉诉商业方法专利的持有人主要是个人或小型私人公司，很多还是从他人处购买而取得专利的；被告

1 Robert M. Hunt，Business Method Patents and U. S. Financial Services. Contemporary Economic Policy，Forthcoming；FRB of Philadelphia Working Paper No. 08-10/R. Available at SSRN：https：//ssrn. com/abstract=1145610.

2 An Open Letter From Jeff Bezos On The Subject Of Patents，available at：http：//archive. oreilly. com/pub/a/oreilly/news/amazon_patents. html.

3 Josh Lerner，“The Litigation of Financial Innovations，” The Journal of Law and Economics 53，no. 4（November 2010）：807-831.

则主要是大公司。[1] 第三，商业方法专利的保护范围难以确定。据研究，相较于普通专利的权利要求，商业方法专利案件因权利要求解释问题上诉的比例要高6倍。[2] 第四，美国国家经济研究局的报告认为，专利保护适于为以下性质的创新提供激励：研发成本高且容易模仿，并且权利边界能够清晰地界定。如果创新是渐进性的，产品需要集合诸多创新，则专利保护的收益是否超过其代价就不太清楚了。商业方法创新更可能属于后者，而非前者。[3] 第五，金融业创新与制造技术创新迥然有别，可能增加整个金融体系风险。2008年美国次贷危机后，美国学者不再把金融创新视为经济增长的引擎，而是正视其负面作用。2008年诺贝尔经济学奖获得者Paul Krugman评价美国证券监管时曾说，"近些年金融创新产品都是虚假宣传的方式售出的。推销时，说它们可以分散风险，让投资更安全；实际上，它们只是散布迷惑，让投资者承担远远超过他们意识到的风险。"[4] "很难从近些年重要的金融创新之中找到真正有助社会的，它们不过是新的、改进的泡沫制造方法、监管规避方法和事实上的庞氏骗局。"[5] 美国国会听证时，甚至有学者指出，零售金融创新是"负面创新"（negative innovation），"模糊定价，计价花招和陷阱"。[6] 美国国家经济研究局的报告认为，金融创新很可能不知不觉地增加金融系统风险。投资者希望安全的现金流，他们（时常包括金融中间商）容易忽视可能性的风险，金融中间商借用金融创新来取悦投资者，让金融产品显得更加安全，从而超发金

---

1 Josh Lerner, "The Litigation of Financial Innovations," The Journal of Law and Economics 53, no. 4 (November 2010): 807–831.

2 Jame Bessen and Michael J. Meurer, Patent Failure: How Judges, Bureaucrats, and Lawyers Put Innovators at Risk. Princeton, NJ: Princeton University Press, 2008.

3 Bronwyn H. Hall, Business and Financial Method Patents, Innovation, and Policy, NBER Working Paper No. 14868, available at: http://www.nber.org/papers/w14868.

4 Paul Krugman, "Innovating Our Way to Financial Crisis", New York Times, December 3rd, 2007, available at: www.nytimes.com/2007/12/03/opinion/03krugman.html.

5 Paul Krugman, "Money for Nothing", New York Times, April 27, 2009, available at: www.nytimes.com/2009/04/27/opinion/27krugman.html.

6 Adam J. Levitin, Modernizing Consumer Protection in the Financial Regulatory System; Strengthening Credit Card Protections: Hearing Before the S. Comm. on Banking, Housing, and Urban Affairs, 111th Cong., Feb. 12, 2009, available at: https://scholarship.law.georgetown.edu/cgi/viewcontent.cgi?referer=https://cn.bing.com/&httpsredir=1&article=1047&context=cong.

融产品，不断累积而后导致系统的金融风险，让金融系统变得脆弱。[1]

从实证角度来看，商业方法专利保护加速了美国产业空心化。二次世界大战以来，美国金融保险业发展迅速，而制造业整体呈现明显的萎缩态势。1953年，制造业占美国GDP的28.1%；而2017年制造业占美国GDP的比例为11.6%，在60多年的时间里减少一半多。相反，金融保险业1947年占美国GDP的2.3%，2017年占7.5%，增长200%以上。美国金融保险业的强势发展、制造业的显著萎缩，与商业方法专利保护存在相关性。1998年“*State Street Bank*案”时，金融保险业对美国GDP贡献已经占7%；2008年金融危机前，曾一度达到7.6%；2008年金融危机时，则下降至6.2%。与之相对应的，美国制造业在1998年之后萎缩更为明显。1998年制造业尚占美国GDP的15.8%，而到2017年仅占11.6%，降幅超过25%，远远超过金融保险业的增幅。

2008年，金融保险业对美国GDP的贡献下降至6.2%，回到1994年的水平，与美国联邦巡回上诉法院出重拳压制不无关系。美国联邦巡回上诉法院2008年通过全席审判*In re Bilski*案，试图建立明确的审查标准，提出以“机器或转化标准”（machine or transformation test）审查“方法”类客体是否有资格授予专利权，即如果方法通过机器实施或能实现物从一种状态到另一种状态之转化，则不属于“抽象概念”，即可享有授予专利权的资格。此案后为美国联邦最高法院提审并推翻。美国联邦最高法院指出，“机器或转化标准”只是评判特定方法是否享有专利授权资格的一种标准，而不是唯一标准。[2] 但是，*Bilski*案直接导致商业方法专利申请的获准率急剧下降（见图2）。

尽管美国联邦巡回上诉法院——美国专利主导法院——已经作出调整，但金融危机之后，美国民众对司法主导的商业方法专利保护已经失去信心。美国国会随即介入，收拾美国判例法造就的商业方法专利烂摊子。2010年美国专利法修订，对商业方法专利——特别是金融方法专利和税务筹划专利——进行限制。2010年《美国发明法案》（American Invents Act，AIA）第14条明确将全部“税务筹划方法”视为属于“现有技术”（AIA § 14（Related to 35 U. S. C. 102，103）Tax strategies deemed within the prior art），使得税务筹划方法不可能被授予专利。本条规定的“税务筹划”包括全部已知和未

1 Nicola Gennaioli，Andrei Shleifer，Robert W. Vishny，“Neglected Risks，Financial Innovation，and Financial Fragility”，NBER Working Paper No. 16068.

2 See Bilski v. Kappos，561 U. S. 593（2010）.

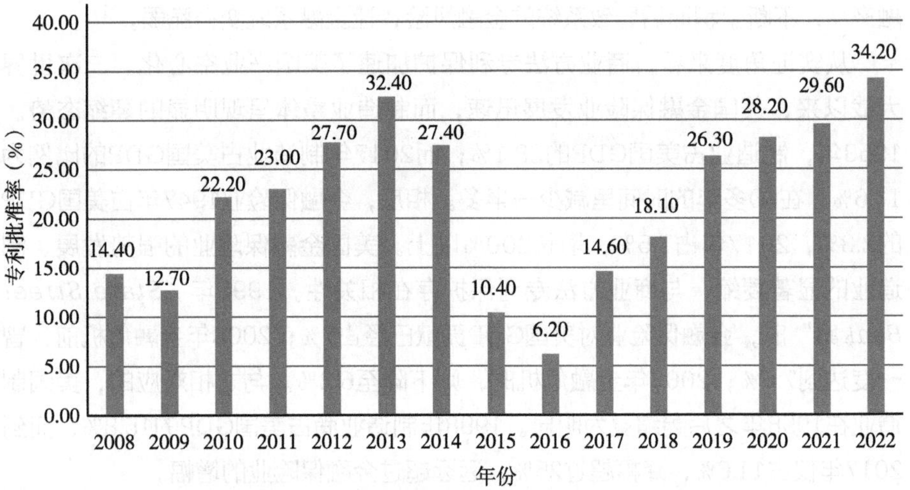

图2　美国商业方法专利批准率（2008—2022年）

注：2014年6月19日，美国联邦最高法院确立“抽象思想”专利资格的ALICE评判标准。2019年1月7日，美国专利商标局修订《专利资格审查指南》（Patent Eligibility Guidance）。

资料来源：美国专利商标局官网，https：//www. uspto. gov/patents/basics/essentials/business-methods，2023年8月18日访问。

知的税负减免和延期等各种手段和方法。2010年《美国发明法案》第18条新设“狭义商业方法专利试行程序”（transitional program for covered business method patent），准许被诉侵犯商业方法专利权的被告请求美国专利商标局（USPTO）对涉案商业方法专利进行效力审查，并同时请求已受理侵权诉讼的美国联邦法院中止诉讼。该“狭义商业方法”（Covered Business Method，CBM）本质上就是指金融方法专利。[1]“狭义商业方法专利试行程序”使得CBM专利权的效力受到二次审查，结果常常被认定为不是技术发明、未解决技术问题而不能通过Alice/Mayo两步检验而被宣告无效。2010年《美国发明法案》第18条第4款认为，狭义商业方法专利不属于“技术发明”。就何谓“非技术发明”，美国专利商标局据AIA第18条试行指南（Office Patent Trial Practice Guide）指出，以下撰写权利要求的手段不能让客体成为“技术发明”：①仅记载已知技术，如计算机硬件、通信或电脑网络、软件、存储、计算机可读存储介质、扫描仪、显示装置、数据库、专用

1　2010年《美国发明法案》第18条第4款规定，本条所称“狭义商业方法专利”是指权利要求针对金融产品及服务实务操作、决策管理或运营管理之中数据处理及其他操作的方式或相应工具的专利，但排除“技术发明”（technological inventions）类专利。

机器（如ATM机、POS机）；②记载以熟知现有技术来实施的一种方法或方式，即便该方法或方式新颖且非显而易见；③组合使用现有技术，所实现的结果是该组合之下普通、预期或可预测的。

美国国会的立法介入改善了商业方法专利制度，反而提高了商业方法专利申请的批准率，远远超过*Bilski*案后的2008年和2009年商业方法专利申请的批准率（见图3）。同时，美国专利商标局的立法后评判发现，2012年9月至2017年9月，大约三分之一的商业方法专利经过“狭义商业方法专利试行程序”而被宣告无效。[1]

美国国会的介入彻底改变了美国联邦最高法院对商业方法专利的态度，其新判例规则引发“风暴”，致使商业专利申请的批准率由2013年的32.4%剧减到2016年的6.2%（见图3）。美国联邦最高法院2012年提审的*Mayo Collaborative Servs. v. Prometheus Labs.，Inc.*案[2]和2014年提审的*Alice Corp. v. CLS Bank Int'l*案[3]确立了Alice/Mayo两步检验法，用于评判是否属于禁止授予专利权的客体，包括权利要求是否因指向“抽象概念”而不具有可专利性。[4] 商业方法专利在美国由此进入寒冬。具体来说，第一步检验（简称“抽象概念检验”）是审查权利要求是否“指向”（directed to）美国判例法排除的专利授权客体，比如抽象概念。抽象概念不授予专利权，是因为其要求专利保护的是特定结果而不关心何种方法或何种设备来实现这种结果。然而，每一个发明都在某种层面上体现、使用、反映、基于或应用自然规律、自然现象或抽象概念，故而专利法上不得假定含有数学公式等的权利要求就是指向抽象概念。如果权利要求指向“抽象概念”，则需要进行第二步检验（以下简称“创造性概念检验”），考察权利要求是否包括“创造性概念”（inventive concept），足以改变该权利要求“抽象概念”的法律性质而成为可以授予专利权的抽象概念的具体应用（application）。为此，既要整体考察权利要求，又要考察权利要求的各组成要素，审查其是否包含一个要素或多个要素的组合足以保证方案实施之时显著地区别于本身不应授予专利权的抽象概念。[5]“抽

----

1 U. S. Patent and Trademark Office：Assessment of the Covered Business Method Patent Review Program，available at：https：//www. gao. gov/products/gao–18–320.

2 Mayo Collaborative Servs. v. Prometheus Labs.，Inc.，132 S. Ct. 1289（2012）.

3 Alice Corp. v. CLS Bank Int'l，134 S. Ct. 2347（2014）.

4 See Mayo Collaborative Servs. v. Prometheus Labs.，Inc.，132 S. Ct. 1289，1294（2012）.

5 See Mayo Collaborative Servs. v. Prometheus Labs.，Inc.，132 S. Ct. 1289，1294（2012）.

象概念检验”之下，无论抽象概念本身如何创新、如何继往开来、如何了不起，都不应因此而满足“创造性概念检验”，也并不因此而具备可以授予专利权的资格。[1]

这一法律标准的实施，被称为“爱丽丝风暴”，使得商业方法专利申请在2018年以前非常难以得到授权（见图3）。众多商业方法专利因不符合“技术发明”的法律要求而被宣告无效。比如，*Plaid Technologies, Inc. v. Yodlee, Inc.* 案中，[2] 权利要求指向一个系统，其为特定用户或企业收集交易信息，并根据不同描述对其进行分类。因为它是采用普通计算机、由通常硬件按照通常方式实施，故而不满足Alice/Mayo检验的第二步“创造性概念”。又如，*Affinity Labs of Texas, LLC v. DirecTV, LLC*案中，[3] 权利要求指向一种为基站服务区之外的用户提供信息服务的方法，权利要求采用技术效果和功能性限定，只有所采蜂窝手机具有限定作用；但是该蜂窝手机却是大众常用的手机，只具备常见功能。美国联邦巡回上诉法院因此认为，涉案权利要求是要求保护向服务区外传送内容服务的概括概念，而没有提供任何实现此概念的技术手段（technological means），故而不属于“创造性概念”，不满足Alice/Mayo检验法。

---

1 See, e. g. , Affinity Labs of Texas, LLC v. DirecTV, LLC, 838 F. 3d 1253, 1263（Fed. Cir. 2016）（novelty “does not avoid the problem of abstractness”）; Genetic Techs. Ltd. v. Merial LLC, 818 F. 3d 1369, 1376（Fed. Cir. 2016）（“a claim directed to a newly discovered law of nature（or natural phenomenon or abstract idea）cannot rely on the novelty of that discovery fr the inventive concept necessary for patent eligibility”）; buySAFE, Inc. v. Google, Inc. , 765 F. 3d 1350, 1352（Fed. Cir. 2014）（abstract ideas are unpatentable “no matter how ‘groundbreaking, innovative, or even brilliant’ ” they may be）; Ultramercial, Inc. v. Hulu, LLC, 772 F. 3d 709, 716（Fed. Cir. 2014）（the fact that a method was “not previously employed in this art is not enough—standing alone—to confer patent eligibility upon the claims”）; Mayo Collaborative Servs. v. Prometheus Labs. , 132 S. Ct. 1289, 1297（2012）（even a truly groundbreaking abstract idea, like Einstein's theory of relativity, cannot make a claim patent-eligible）; Diamond v. Diehr, 450 U. S. 175, 190（1981）（novelty is “wholly apart from whether the invention falls into a category of statutory subject matter” under § 101）; Parker v. Flook, 437 U. S. 584, 587, 592-95（1978）（a claim directed to an abstract idea was invalid even though “we assume that respondent's formula is novel and useful”）.

2 See Case No. CBM2016-00088.

3 838 F. 3d 1253（Fed. Cir. 2016）.

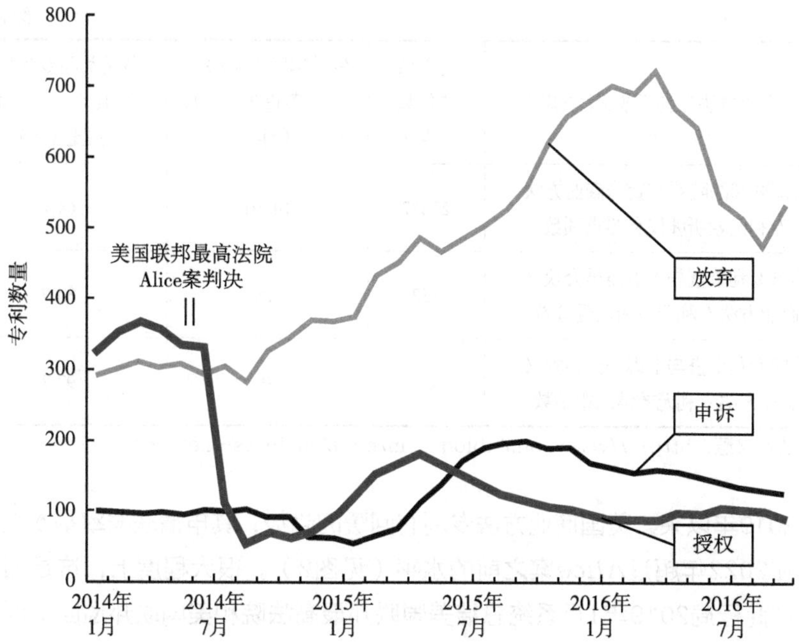

图3　2014年以来美国商业方法专利申请放弃、申诉和授权趋势

资料来源：http：//www.bilskiblog.com/blog/business-methods。

实际上，这一时期美国联邦巡回上诉法院对商业方法专利持否定态度，其审理的商业方法专利超过90%被宣告无效（见表1）；美国地方法院审理的商业方法专利超过60%被宣告为无效（见表1）。

表1　Alice案之后美国司法宣告无效的商业方法专利统计（截至2017年2月28日）

宣告商业方法专利无效案件的项目	总无效宣告数（件）	依《美国专利法》第101条宣告无效数（件）	依《美国专利法》第101条宣告无效的占比（%）
美国联邦法院系统宣告商业方法专利无效案件	436	292	67
美国联邦巡回上诉法院宣告商业方法专利无效案件	77	70	90.9
美国联邦地区法院宣告商业方法专利无效案件	359	222	61.8
美国联邦地区法院宣告商业方法专利无效所涉专利数	873	518	59.3

续表

宣告商业方法专利无效案件的项目	总无效宣告数（件）	依《美国专利法》第101条宣告无效数（件）	依《美国专利法》第101条宣告无效的占比（%）
美国联邦法院系统宣告商业方法专利无效所涉权利要求项数	22227	14391	64.7
美国专利审查与上诉委员会狭义商业方法专利无效请求受理数	152	129	84.9
美国专利审查与上诉委员会狭义商业方法专利无效请求审结数	88	86	97.7

资料来源：http：//www.bilskiblog.com/blog/business-methods。

2019年以来，美国商业方法专利有回暖的趋势，其申请获准率基本恢复，甚至在2022年超过*Alice*案之前的水平（见图2）。很大程度上，这是因为美国专利商标局2019年1月系统总结美国联邦最高法院和美国联邦巡回上诉法院相关案例后，系统性地修订了《专利资格审查指南》。

回顾美国商业方法专利司法保护的历史之后，不难发现，美国联邦巡回上诉法院曾经自信地取消商业方法专利不授予专利的法律限制，片面地以为所有创新都有利于社会经济，远远低估了商业方法——尤其是金融方法——新客体引入专利保护之后对社会经济生活的冲击。美国联邦巡回上诉法院的判例只是让商业方法专利保护的法律规范动荡，其无力建构一个社会各界都可以接受的商业方法专利制度，美国国会因此不得不介入，对其进行立法干预。

（五）我国法院回应商业方法创新的知识产权保护需求的法律路径

我国法院要回应商业方法创新的知识产权保护需求，首先要明确司法本身的局限性，并在司法的有限能力之内选择最优途径。

对于商业方法创新的专利保护而言，摆在我国法院面前的问题在于，是坚持"技术特征"，还是突破专利权法定原则之下对客体资格的限制规范？美国的历史经验表明，法院基于个案而突破专利客体资格限制，并非明智之举。专利制度设立具有其功利目的，其利益平衡以专利权法定原则予以固定。法院并不适合根据个案情境而在宏观层面重新平衡所涉利益。简而言之，受个案认知的限制，法院没有能力平衡专利客体资格限制所涉公共利益和私人利益，难以兼顾公共利益和激励创新。为此，法院只应在专利保护之外回应商业方法创新的法律保护问题。

具体而言，就商业方法创新是否应予以专利保护，需要综合考察利弊，而这已经超越法院根据个案所能把握的限度。对商业方法创新是否应予以专利保护，并不完全取决于商业方法创新本身是否具有创造性，是否可以带来巨大的社会经济价值，是否容易被模仿。众多科学发现非常具备创造性，能给社会带来无法估计的价值，却被排除在专利法保护之外。究其根本原因，对科学发现予以专利保护在总体上弊大于利。这个法理对商业方法创新而言，同样适用。

对商业方法创新授予专利权的利弊权衡，法院通过个案难以看清楚。商业方法创新属于渐进性创新（accumulative innovation）。首先，授予其专利权，有利于鼓励商业方法创新及早公开，避免重复研发。后续商业模式研发可以直接基于已经公开的专利商业模式。此外，因为财产权利的保护，还有利于促进商业方法创新及其应用方面的投资。因为“互联网+”新商业模式通常具有网络效应，新商业模式投入实际实施时，要达到盈利规模，需要大量的资本投入。如果缺乏产权保护，则容易遭遇融资困难，导致新商业模式胎死腹中。

其次，对渐进性创新予以专利权保护有可能妨碍后续创新。美国国家经济研究所2014年的实证研究表明，在渐进性创新领域授予专利权，容易妨碍后续创新。[1] 基础创新成果的专利权人与后续创新成果的专利权人很可能无法达成交叉许可协议，从而使得双方都无法实施专利技术。因为创新是渐进性的，基础创新成果之后会产生大量后续创新成果。如果产品或服务提供需要集合基础创新成果和许多后续创新成果，则会因为权利人众多而容易出现“反公地悲剧”（anti-common tragedy），该产品或服务因为专利权障碍而无法向公众提供，由此妨碍创新投资和创新应用。为此，美国国家经济研究局的报告指出，商业方法创新属于渐进性创新，专利保护的收益是否超过其代价并不清楚。[2]

再次，对商业方法创新授予专利权还容易诱发机会主义的维权行动。由于商业方法创新体现为“微创新”，商业模式方面的专利相当部分会授予中小企业，甚至个人，权利分布会相当分散。新技术条件下的商业方法创新通常

----

1 Alberto Galasso，Mark Schankerman，Patents and Cumulative Innovation：Causal Evidence From The Courts，Working Paper 20269，available at：http：//www. nber. org/papers/w20269.

2 Bronwyn H. Hall，Business and Financial Method Patents，Innovation，and Policy，NBER Working Paper No. 14868，available at：http：//www. nber. org/papers/w14868.

又具有"网络效应"，需要以相当规模的用户为前提，故而往往要大企业才可能实现。而一旦实现，取得商业成功，则很容易招徕职业专利维权人，其借助诉前禁令或永久禁令威胁，索要高额费用。美国率先以专利保护商业方法，就遭遇这种困境。据统计，以商业方法专利发动的诉讼比全部其他专利高27-39倍。[1] 而且，涉诉商业方法专利的持有人主要是个人或小型私人公司，很多还是从他人处购买而取得专利的；被告则主要是大公司。[2]

最后，商业方法创新给予专利保护可能导致过度激励，诱导企业过度投资商业模式而不是实体产业，有损国民经济的健康发展。有研究表明，商业方法创新回报率比技术创新的回报率要高20%多。[3] 如果再给予过强的商业方法专利保护，则可能进一步增加商业方法创新的市场回报率，诱导企业过分投入商业方法创新而轻视传统科技创新，最终损害实体经济。国务院发展研究中心原副主任侯云春特别警示："我们过分注重商业模式的创新，如果是对技术方面的创新关注不够，下功夫不够，也有可能在下一轮发展当中和技术优秀的国家拉开差距。所以我认为我们在重视商业方法创新的同时，要更加重视技术方面的创新。"[4] 统计数据表明，过去十几年内，我国制造业增加值占GDP构成的百分比呈现降低趋势（从2007年41.3%下降至2016年33.3%，降幅几近20%），而金融业（商业方法专利保护影响突出的行业）增加值占GDP的比例持续增加（从2007年5.6%，增至2016年8.2%，增幅超过45%）（见图4）。在考虑商业方法知识产权保护时，应该关注到我国国民经济整体发展这一格局，防止商业方法知识产权保护诱导投资偏离实体经济，过度进入商业方法创新领域。如果百度等高新技术企业都去做外卖等的商业方法创新，就难有中国企业投入智能芯片等未来科技的核心领域了，势必影响中国复兴大业。

---

1 Josh Lerner，The Litigation of Financial Innovations，The Journal of Law and Economics 53，no. 4（November 2010）：807-831.

2 Josh Lerner，The Litigation of Financial Innovations，The Journal of Law and Economics 53，no. 4（November 2010）：807-831.

3 "全球76%的商业模式创新发生在中国"，载中国日报中文网：https://caijing.chinadaily.com.cn/finance/2016-12/06/content_27585178.htm。

4 "全球76%的商业模式创新发生在中国"，载中国日报中文网：https://caijing.chinadaily.com.cn/finance/2016-12/06/content_27585178.htm。

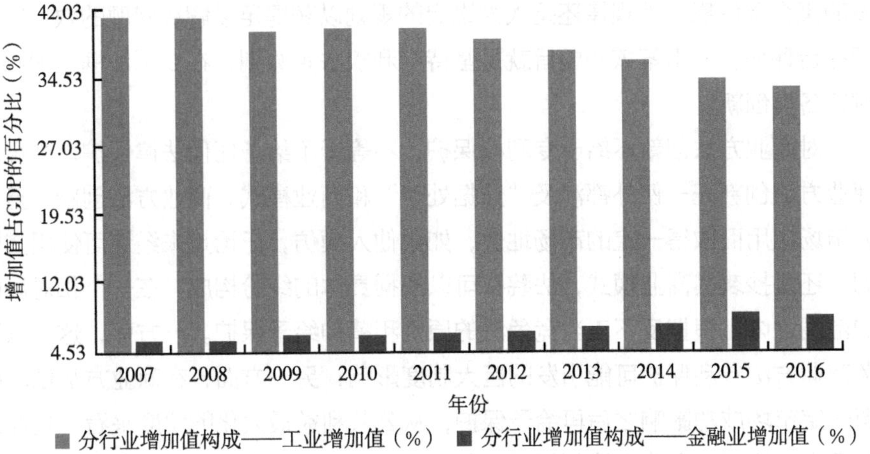

图4 中国工业增加值和金融增加值占GDP的百分比趋势（2007—2016年）

资料来源：国家统计局（http://data.stats.gov.cn/easyquery.htm?cn=C01）。

综上，商业方法创新的专利保护并不是一个简单的法律适用问题，无法基于个案情况和法官个人理性就妥善安排各方利益。我国法院应该坚持既有裁判规则：方法创新，无论是不是借助计算机网络实现的商业方法创新，都必须满足“技术方案”的一般要求。道理在于，利用通用计算机实现的新商业方法，等同于仪器设备的使用方法。设备操作方法，从所属领域的技术人员——不是设备的应用领域而是设备制造领域的技术人员——来看，就是智力活动的规则和方法，除非操作行为能够改进设备本身。最高人民法院审理“平交路口交通分流的方法及系统案”时指出，尽管要求保护的行车规则设计结合了交通设施、设备，且具有一定的构造，但涉案专利申请所称的效果，并非基于对交通设施、设备及其构造的改进，而是基于对交通规则与交通布局设计的改变，本质上与“为了交通安全、畅通，车辆均靠右行驶”的人为交通规则设计并无差别。[1] 故而，“仪器和设备的操作说明”“计算机程序本身”“计算机的语言和计算规则”在专利法上都属于“智力活动的规则与方法”，利用计算机的商业方法创新，也就难以成为“技术方案”。最高人民法院审理“针对处理对象的处理步骤的开启案”时指出，判断一项涉及商业方法的解决方案是否构成专利法意义上的技术方案，应当整体考虑权利要求限定的全部内容，从方案所解决的是不是技术问题、方案是否通过实现特定技术效果来解决问题、方案中手

1 邢杰与国家知识产权局发明专利申请驳回复审行政纠纷上诉案，最高人民法院行政判决书（2020）最高法知行终357号。

段的集合是依靠自然规律还是人为设定的规则以获得足以解决问题的效果等方面综合评估。[1] 本案核心要旨就是坚持专利权法定原则，在专利法框架内平等对待各类创新。

对商业方法创新不给予专利权保护，不等于不给予任何法律保护。当今的商业方法创新无一例外都涉及"数据处理"和商业模式。商业方法创新一旦进入市场应用而取得一定的市场地位，如果他人模仿，无论是未经许可使用其数据，还是抄袭其商业模式，法院都可以根据具体的纠纷构成，在一个相对局限的范围之内，根据反不正当竞争法的原则和精神给予保护。一方面，这可以避免商业方法专利保护可能引发的巨大制度影响；另一方面，在商业方法创新取得一定市场成功影响之后再给予保护，从公共利益最大化的角度来看，也许最为适合。毕竟，商业方法创新是累积式创新。众多商业方法创新被给予专利保护而实际又不投入市场应用，就会妨碍商业方法在市场中迭代创新。

（六）新领域新业态知识产权保护裁判规则创新应采谦抑渐进原则

司法要回应新领域新业态的知识产权保护需求，首先，应当关注新领域新业态的市场竞争格局，注意反垄断和反不正当竞争问题。在缺乏市场竞争的情况下，知识产权保护本身并不足以促进创新，市场竞争才是创新的原生动力。正是市场竞争促进市场主体投资研发新产品、新方法，以期取得知识产权而维持市场竞争优势。如果只强调激励创新而忽视市场竞争格局，反而可能抑制创新。且新领域新业态往往呈现网络效应，更容易发生赢家通吃的局面。为此，《中共中央 国务院关于构建数据基础制度更好发挥数据要素作用的意见》强调，"合理降低市场主体获取数据的门槛，增强数据要素共享性、普惠性，激励创新创业创造，强化反垄断和反不正当竞争"。

其次，法院不应突破知识产权客体的法律限制，新设知识产权保护客体。前述商业方法专利的例子充分表明，引入知识产权保护新客体会牵一发而动全身，对社会经济生活具有广泛而深远的影响。法院通过个案难以建立系统的法律规范来应对知识产权保护新客体创设之后的系列法律问题，包括客体外延、权利限制和审查授权标准等。

作为一个反例，北京市高级人民法院审理"邦德007 BOND"案时曾认为，"007""JAMES BOND"的知名度是创造性劳动的结晶，知名角色名称所带来的商业价值和商业机会源于投入的大量劳动和资本，为此应作为在先

1 西门子股份公司与国家知识产权局发明专利申请驳回复审行政纠纷上诉案，最高人民法院行政判决书（2021）最高法知行终382号。

权益而受《商标法》第32条保护。[1] 然而，现代知识产权法并未建构在劳动财产论的自然权利基础之上，而是强调功利主义目的，服务于大众福利。法院基于劳动财产论贸然承认知识产权性质的财产权，有越权的嫌疑。同时，商标法调整识别商品来源的商业标志，除开法律规定的权利，商标法下的“在先权利”“合法权益”也应局限于商业标志。为此，2018年北京市高级人民法院审理“葵花宝典”案时转变态度，郑重强调知识产权法定原则：无论是就作品整体而言，还是对其构成元素而言，除非通过立法程序作出赋权性规定，否则不应当在具体个案中创设著作权法没有规定的新的排他性权利或权益。[2] 该案同时指出，在作品名称、作品中的角色名称具有较高知名度的情况下，相关公众容易将使用该作品名称或作品中的角色名称的商品或者服务与该作品的著作权人联系在一起，认为使用人与作品的著作权人之间存在特定联系，对此应采用《反不正当竞争法》予以规制。《最高人民法院关于审理商标授权确权行政案件若干问题的规定》（法释〔2020〕19号）第22条也采用这种观点，其第2款规定：“对于著作权保护期限内的作品，如果作品名称、作品中的角色名称等具有较高知名度，将其作为商标使用在相关商品上容易导致相关公众误认为其经过权利人的许可或者与权利人存在特定联系，当事人以此主张构成在先权益的，人民法院予以支持。”可见，我国法院最终还是回归商标权法定，回归商标权保护的核心是识别商品来源。

再次，法院需要严肃对待知识产权的“兜底条款”，不应在部门知识产权法调整的范围之外画蛇添足增加新的权能。比如，《商标法》第57条第（5）项规定“给他人的注册商标专用权造成其他损害的”，属于侵犯注册商标专用权。有法院曾经认为，商标与商品之间的联系不可以被切断，要在反混淆保护之外，增加注册商标专用权的权能。南通市中级人民法院审理的“银雉”案中，原告生产销售印刷机械，1991年受让取得“银雉”注册商标（注册商标第174737号，核定用于第7类“印刷机械”）。原告把“银雉”注册商标和产品技术参数、厂名一并刻录到铭牌上，固定于生产销售的胶印机上。被告组装、修理和销售印刷机械，自2001年多次购买使用过“银雉”牌旧胶印机，修理后除去铭牌重新喷涂，再以无标识的形式售出。原告起诉被告侵犯其注册商标

---

1 原国家工商行政管理总局商标评审委员会等与丹乔有限公司商标异议复审行政纠纷上诉案，北京市高级人民法院行政判决书（2011）高行终字第374 号。

2 完美世界（北京）数字科技有限公司等与上海游某网络有限公司商标权无效宣告请求行政纠纷上诉案，北京市高级人民法院行政判决书（2018）京行终6240号。

专用权。南通市中级人民法院审理认为："商品商标与商品具有不可分离的属性，商标权人有权在商品的任何流通环节，要求保护商品商标的完整性，保障其经济利益。在商品流通过程中拆除原有商标的行为，显然割断了商标权人和商品购买使用者的联系，不仅使其无从知道商品的实际生产者，剥夺公众认知商品生产者和商品商标的机会，还终结了该商品所具有的市场扩张属性，直接侵犯了商标权人所享有的商标专用权，并最终损害商标权人的经济利益。"为此，法院判定被告行为侵犯注册商标专用权，虽然不违反《商标法》（2001年修正）第52条前4项，但属于同条第（5）项"给他人的注册商标专用权造成其他损害的"行为。但是，本案判决理由违背了商品经济的基本逻辑。最高人民法院审理的"多米诺"案中，被告改装原告喷码机后没有去除原告在喷码机上的注册商标。但是，最高人民法院认为，如果商品在转售前发生实质性改变，导致商品与来源之间的联系发生改变，在该商品上继续使用原有商标且未对消费者履行合理告知义务的情况下，容易导致混淆并损害商标权人的利益，构成商标侵权。[1]

最后，如果法院要创设新规则，应当保持克制和谦抑，即应该在反不正当竞争法的框架之下，充分结合案件事实，坚持知识产权法定原则，只创设弱于既有知识产权的法律保护。司法创新不同于立法。所有司法创新都应当维持既有法律秩序，无论司法创新在多大程度上会促进创新。毕竟，新领域新业态的土壤是既有法律秩序，破坏既有法律秩序可能从根本上损害新领域新业态。既然新领域新业态出现的客体不满足既有知识产权法的客体资格，也就只能给予其更弱的法律保护，否则就可能架空既有知识产权制度，或者导致新保护与既有知识产权保护之间的法律矛盾。充分结合案件事实，就能将所创设的新保护局限于特定的情景，而不至于辐射过宽的社会经济生活，破坏既有法律秩序。

或有反对意见认为，按照这种方式进行的裁判规则创新不够显著。这并不能成立。如果一味强调步子大，法院就只能基于既有的法律概念和理论进行抽象而空洞的说理。与其说是在创设新规则，不如说是拿着榔头找钉子，脱离新领域新业态而不适当地照搬照套旧规则。这不仅无法促进新领域新业态发展，反而容易帮倒忙。司法创新不在于步子有多大，而在于步子有多稳。法院怎么可能通过个案就得知新领域新业态的全貌，怎么可能通过个案而得知调整新领

---

1 广州市杜高精密机电有限公司与多米诺印刷科学有限公司等侵害商标权纠纷再审申请案，最高人民法院民事裁定书（2019）最高法民申4241号。

域新业态中新法律关系的规范？个案的局限性本身就要求渐进性的裁判规则创新。通过反不正当竞争法的个案积累，法院不仅逐渐熟悉新领域新业态本身和相关的法律纠纷，而且可以知晓判例所示规范对业界的影响，从而为整体建构适应新领域新业态的知识产权规范奠定坚实的法律经验基础。

简言之，回应新领域新业态的知识产权保护需求，法院推进裁判规则创新应当坚持知识产权法定原则，稳步推进。

第三章

专利法之运行成本的制度优化

从形式逻辑上看，专利法之运行成本包括授权/确权成本、交易成本、侵权避让成本、维权救济成本等。但是，专利法是一个整体，每一项规范都不能独立于其他规范而发挥作用，都直接或间接地影响专利法的运行成本。如果逐一分析我国专利法每条规范对其运行成本的影响，不仅会因工作量浩大而难以完成，还会丧失对专利法运行成本的总体把握，迷失于各种细节之中，不能解决主要矛盾，也不能突出重点和关节点。

新时代专利法变革还要服务于知识产权的高质量发展。为此，本章第一节重点讨论2020年《专利法》之下专利审查程序的运行成本优化。新时代专利法变革首先要服务于超大规模统一大市场，公平划定专利保护范围，同时保护公众的合理信赖利益。为此，本章第二节和第三节专门讨论2020年《专利法》[1]之下的各种专利保护范围之确定成本。鉴于我国实用新型专利数量庞大，且已经实质性影响市场进入，亟须改革，本章最后一节将从运行成本的角度探讨实用新型专利制度的改革。

第一节 专利审查提质增效与专利审查程序运行成本的制度优化

一、现状与问题

近年来，国家知识产权局在既有专利制度的框架之下，采取各项措施提升专利审查的质量和效率，已经取得显著成果。但是，专利审查提质增效不可避免地进入“瓶颈”。道理很简单，这些措施既未改变专利审查程序，又未改变专利申请行为，专利审查的成本结构也就没有发生根本性变化。

对于发明专利而言，国家知识产权局通过压缩审查周期、提升结案准确率来实现审查质量和效率提升。国家知识产权局深入落实《提升发明专利审

1 2020年《专利法》是指根据2020年10月17日第十三届全国人民代表大会常务委员会第二十二次会议《关于修改〈中华人民共和国专利法〉的决定》第四次修正后的《专利法》。

查质量和审查效率专项实施方案（2019—2022 年）》。根据《国家知识产权局2022年度报告》，高价值专利审查周期压减至13.0个月，发明专利平均审查周期已经压减至16.5个月。[1]《推动知识产权高质量发展年度工作指引（2023）》（国知发运字〔2023〕7号）提出，发明专利审查周期压减到16个月，结案准确率达93%以上。[2] 该文件同时强调，知识产权审查质量保障和业务指导机制更加健全高效，审查工作实现智能化升级，知识产权审查授权质量和效率持续提升，支持高价值发明专利创造和关键核心技术攻关的审查机制更加完善有效。[3]

但问题是，不改革既有专利审查程序，专利申请的实务操作就不会发生显著改变，发明专利授权率就难以显著提升。《国家知识产权局2021年度报告》显示，国家知识产权局2021年审结发明专利126.6万件，授权69.6万件，发明专利授权率为55.0%。[4] 这在一定程度上表明我国专利制度运行成本可能较高。

对于实用新型专利而言，国家知识产权局强调审查程序改革而不是审查标准改革，似乎因此实用新型专利的数量难以控制，质量也难以提升。2023年国家知识产权局在推进实用新型专利制度改革，正式引入“明显创造性审查”。[5] 根据《中华人民共和国专利法实施细则》（以下简称《专利法实施细则》）（2010年）第44条第（2）项，实用新型专利申请的初步审查涉及明显不符合2008年《专利法》第22条第2款（新颖性）和第4款（实用性），但不包括明显不符合2008年《专利法》第22条第3款（创造性）。要引入“明显创造性审查”——实际是明显不符合实用新型专利的创造性要求——需要修改《专利法实施细则》（2010年）。即便完成这一修订不成问题，[6] 也没有改变

----

1 《国家知识产权局2022年度报告》，载国家知识产权局网，https：//www. cnipa. gov. cn/module/download/down. jsp? i_ID=185538&colID=3249，2023年8月18日访问。

2 《推动知识产权高质量发展年度工作指引（2023）》（国知发运字〔2023〕7号）。

3 《推动知识产权高质量发展年度工作指引（2023）》（国知发运字〔2023〕7号）。

4 国家知识产权局：《国家知识产权局2021年度报告》，第21页，载国家知识产权局网，https：//www. cnipa. gov. cn/module/download/down. jsp? i_ID=175845&colID=2925，2023年8月18日访问。

5 《推动知识产权高质量发展年度工作指引（2023）》（国知发运字〔2023〕7号）之附件《2023年推动知识产权高质量发展任务清单》。国家知识产权局2023年工作要点，载国家知识产权局网，https：//www. cnipa. gov. cn/art/2023/5/26/art_92_185374. html，2023年8月18日访问。

6 《专利法实施细则修改建议（征求意见稿）》（2020年）第44条第1款第4项并没有新增“明显违反专利法第23条第4款”。

实用新型专利的创造性要求。但问题在于，即便初步审查之中引入“明显创造性审查”，实用新型专利制度并不会因此而发生根本改变，其基本架构仍然维持现状：初步审查通过不经实质审查就公告授权，司法保护和行政保护时按要求提供实用新型专利权评价报告。

二、应推行“早期检索、推迟审查制”

对于发明专利申请，我国目前实行“早期公开、推迟审查”制度。所谓“早期公开”是指，发明专利申请经初步审查未发现驳回理由，除非申请人另行请求及早公布，应自申请日起满18个月，发明专利申请即行公布。所谓“推迟审查”是指发明专利申请的审查区分“初步审查”和“实质审查”。国务院专利行政部门收到发明专利申请后，只对其进行初步审查而推迟进行实质审查。除非特殊情况，实质审查依照申请人请求启动，即发明专利申请自申请日起三年内，申请人可以随时提出实质审查的请求，并按照规定缴纳实质审查费用。超期不提起实质审查请求，发明专利申请视为撤回；提出实质审查请求而不按照规定缴纳费用，视为未提出。[1]

对于实用新型专利申请，我国其实也是实行“早期公开、推迟审查”。实用新型专利申请经过初步审查即公告授权，但等权利行使之时，司法机关或行政机关可以依法要求专利权人提交“实用新型专利评价报告”。后者本质上就是授权之后的实质审查，比发明专利申请的实质审查还要推迟。

“早期公开、推迟审查”的制度安排是申请人与公众利益之间平衡的结果。一方面，“早期公开”是强制性的。这种制度安排有利于新技术知识及早公开和传播，减少社会重复研发和投资。但是，对专利申请人来说，发明专利申请一旦公布，第三人得知其技术方案后就可以实施。为此，《专利法》第13条规定，在发明专利申请自公布之日到专利授权之日的期间内，实施该发明的单位或者个人支付适当的费用。另一方面，“推迟审查”赋予申请人权利，按照具体情况决定是否要承担费用进行实质审查，有利于保护申请人利益。在发明专利申请被公布之前，申请人可以选择撤回申请并以商业秘密权利的方式继续保护技术方案；在发明专利申请已经公布的情况下，申请人也可以选择放弃没有授权前景的申请，避免不必要的经济负担。对于寻求外国专利保护的申

---

1 《专利法实施细则》（2010年）第96条。

请人来说，“推迟审查”尤其重要。[1] 无论如何，申请人撤回或放弃专利申请都有利于节约专利审查资源。

但是，推迟审查的制度安排要发挥如上功能，需要科学设置专利申请费与实质审查费用，二者要有足够的差距。我国发明专利的申请费用与实质审查费用的差距不大，申请费为900元，实质审查费为2500元。[2] 但是，美国发明专利申请的费用是320美元，检索和审查费用分别为700美元和800美元，[3] 后两项合计为申请费的5倍左右。而欧洲专利的线上申请费用为130欧元（线下申请费为270欧元），检索费为1390欧元，审查费用为1750欧元，[4] 两项合并的费用是线上申请费的20多倍。

更为重要的是，“早期公开、推迟审查”的单一审查模式难以满足市场创新主体的多元需求。实际上，国家知识产权局已经开始探索多种审查模式。实质审查程序启动之后，国家知识产权局一般应当按照提交实质审查请求书并缴

1 《巴黎公约》虽创设了国际优先权制度，但获得多个外国专利保护的成本仍旧沉重。专利申请人还须在优先权期间之内到希求专利保护的国家——提出专利申请：专利申请人必须委托当地专利代理人，使用相应的官方语言，并根据各国专利法的形式要求和实质要求，撰写专利申请，并交纳各种费用。换言之，从专利申请在《巴黎公约》成员第一次提出十二个月以内，为获得他国专利保护，专利申请人必须一开始就承担巨大的申请费用，即便申请人尚不能确定相关发明在特定国家的潜在商业价值是否值当寻求专利保护。为解决上述国家专利保护的困境，1970年5月25日至6月19日在华盛顿举行了《专利合作条约》（Patent Cooperation Treaty，PCT）外交会议并签约，由此建立了统一的专利申请文件要求和专利国际申请程序（filing procedure），将专利申请的实质审查推迟到“国际申请”（international application）进入“国家阶段”（national phase），推迟申请人支付相关的费用和翻译成本的时间，为其作出明智决定争取时间。具体来说，PCT的成员国不得对专利申请的形式或内容，要求专利申请人符合PCT以及其实施细则之外的不同要求或补充要求。专利申请人根据PCT提出国际申请，符合PCT规定的形式要求而获得国家申请日后，即具有在所有专利申请人指定国（designated state）专利局实际提出该项专利申请的法律效力。但是，指定国的专利局在自优先权日起30个月期限届满前，即该专利申请未从“国际阶段”（international phase）进入“国家阶段”前，不得处理或审查该专利申请。一旦PCT申请进入国家阶段，则须完全遵守指定国专利法，PCT及其实施细则并不影响成员国对专利授权条件的任何法律规定。

2 《关于执行新的行政事业性收费标准的公告》（国家知识产权局公告第244号），载国家知识产权局网，https：//www. cnipa. gov. cn/art/2017/6/16/art_527_147405. html，2023年8月18日访问。

3 USPTO fee schedule，available at：https：//www. uspto. gov/learning-and-resources/fees-and-payment/uspto-fee-schedule.

4 EPO Schedule of Fees，available at：https：//my. epoline. org/epoline-portal/classic/epoline. Scheduleoffees? language=en，2023年8月18日访问。

纳实质审查费的先后顺序启动实质审查。[1] 如果申请人意图自己实施专利技术并控制市场，尽早获得专利权及早控制市场通常符合其利益诉求。如果希望国家知识产权局“优先审查”，发明专利申请人目前只能依照《专利优先审查管理办法》（2017年）第3条规定的特殊情况才能提出申请。[2] 如果一组发明专利申请围绕同一项关键技术，申请人可以申请“集中审查”。[3] 如果申请人只想要“许可”专利技术获取许可费，又不希望及早缴纳专利年费，延迟审查通常符合其利益诉求。现在，国家知识产权局准许申请人提出实质审查请求同时提出“发明专利延迟审查请求”，将实质审查延迟1—3年。[4]

尽管如此，目前实行的优先审查、集中审查、延迟审查等多种审查模式并不能完全克服“早期公开、推迟审查”的弊端，无法有效降低发明专利审查的制度成本。专利审查程序最显著的成本之一源自申请人根据检索得到的“最接近的现有技术”而“重新划界”。发明专利申请人提出申请时，根据自己所知的现有技术确定“所要解决的技术问题”，并据此进行“划界”，即撰写独立权利要求和从属权利要求，使之区别于该项现有技术。其中，独立权利要求必须包含所要解决的技术问题的全部必要技术特征。但是，进入实质审查程序之后，如果专利审查员检索到更为接近的现有技术文件之后，申请人时常陷入十分尴尬的局面，可能需要重新划界，重写原先的独立权利要求和从属权利要求，甚至还得修改说明书。《专利审查指南》第二部分第八章“实质审查程序”规定：“对于改进型发明，审查员如果检索到一份与发明最接近的对比文件，使原先用作独立权利要求划界所依据的对比文件显然不适合，则应当要求申请人对独立权利要求重新划界。在这种情况下，通知书正文还应当详细说

1《专利审查指南》（2021年）第五部分第七章第8节。

2《专利优先审查管理办法》（2017年）第3条规定：“有下列情形之一的专利申请或者专利复审案件，可以请求优先审查：

（一）涉及节能环保、新一代信息技术、生物、高端装备制造、新能源、新材料、新能源汽车、智能制造等国家重点发展产业；

（二）涉及各省级和设区的市级人民政府重点鼓励的产业；

（三）涉及互联网、大数据、云计算等领域且技术或者产品更新速度快；

（四）专利申请人或者复审请求人已经做好实施准备或者已经开始实施，或者有证据证明他人正在实施其发明创造；

（五）就相同主题首次在中国提出专利申请又向其他国家或者地区提出申请的该中国首次申请；

（六）其他对国家利益或者公共利益具有重大意义的需要优先审查。”

3《专利申请集中审查管理办法（试行）》（国知发法字〔2019〕47号）。

4《专利审查指南》（2021年）第五部分第七章第8节。

明根据引用的这份对比文件如何划界，并要求申请人对说明书进行相应的修改”。可见，重新划界要求申请人重新撰写权利要求和修改说明书，而审查员要对新形成的权利要求是否具备新颖性、创造性和实用性重新进行审查，还得额外审查申请人所做的修改是否违反《专利法》第33条，即超出原专利申请文件公开的范围。至少理论上，重新划界将造成巨大制度成本，不仅浪费审查资源，而且耗费申请人时间，拖长审查周期。

如果专利检索结果对划界如此之重要，为何专利检索必须等到实质审查阶段呢？专利检索难道不可以独立于专利实质审查而成为单独的程序吗？当然可以。我国所实行的实用新型专利权评价报告制度独立于其申请的审查程序，这表明专利检索可以独立由官方提供。此外，采用PCT申请途径就可以早期获得官方专利检索。质言之，如果我国的发明专利申请人选择提出PCT申请并指定中国，就可以首先获得国家知识产权局的官方检索服务，[1] 而不必等到实质审查阶段。每一个PCT申请，都必须经过国际检索程序。[2] 国际检索范围必须覆盖PCT最低文献要求，[3] 依据权利要求，并适当考虑说明书和附图。[4] 国际检索的目的是发现相关现有技术。[5] 原则上，国际检索单位是利用其基础设施，最大可能地发掘相关的现有技术，以便协助评价国际申请的新颖性或创造性。在PCT申请进入国家阶段时，申请人就可以根据检索结果修改其专利申请文件。一旦选择进入中国，如要求取得实用新型专利权的国际申请，申请人可以自进入日起2个月内对专利申请文件主动提出修改；如要求取得发明专利保护，申请人可以在提出实质审查请求时，以及在收到国务院专利行政部门发出的发明专利申请进入实质审查阶段通知书之日起的3个月内，对发明专利申请主动提出修改。[6]

官方早期专利检索可以显著提升专利的申请质量和审查效率。如果申请人

----

1 PCT申请的国际检索由“国际检索单位”（international search authority，ISA）承担。目前，PCT还未建立统一的国际检索单位。凡是满足PCT及其细则规定要求的成员国或政府间的专利主管机关，都可以申请PCT成员大会任命为“国际检索单位”。经过认定的专利主管机构还需和国际局签订协议。国际检索单位的任命具有期限性。期限届满，可以续展。我国国家知识产权局是“国际检索单位”之一。

2 See Art. 15（1）PCT.

3 See Art. 15（4）PCT.

4 See Art. 15（3）PCT.

5 See Art. 15（2）PCT.

6《专利法实施细则》（2010）第112条。

可以早期取得专利检索结果，就可以依据检索结果显示的“最接近的现有技术”确定所要解决的技术问题，在现有技术与发明创造之间更为准确地“划界”，正确地要求专利保护的技术方案。申请人修改专利文件的情况会大量减少，专利审查程序也更为流畅，审查周期可以进一步压减。而且，如果技术方案没有授权前景，专利申请人就可以尽早根据检索报告决定是否放弃，由此显著提升专利质量。特别地，实用新型专利申请人通过检索报告就能及早评估专利权效力，不必等到授权公告之后再要求国家知识产权局出具实用新型专利权评价报告。

此外推行“早期检索、推迟审查”制度，可以有效地规制“非正常专利申请行为”。国家知识产权局虽然出台了《关于规范申请专利行为的办法》，但实行却较为困难。在“早期公开、延迟审查”的制度框架之下，专利检索被严重推迟，国家知识产权局难以早期发现并制裁以下非正常申请行为：①同时或者先后提交发明创造内容明显相同，或者实质上由不同发明创造特征或要素简单组合变化而形成的多件专利申请的；②所提交专利申请存在编造、伪造或变造发明创造内容、实验数据或技术效果，或者抄袭、简单替换、拼凑现有技术或现有设计等类似情况的；③所提交专利申请的发明创造系为规避可专利性审查目的而故意形成的明显不符合技术改进或设计常理，或者无实际保护价值的变劣、堆砌、非必要缩限保护范围的发明创造，或者存在无任何检索和审查意义的内容。[1] 这三种代表性的非正常专利申请行为全部或部分依赖专利检索才可以定性。如果推行“早期检索、推迟审查”制度，就能对它们进行有效规制。

总而言之，我国实行的“早期公开、推迟审查”制度对提升我国专利质量和审查效率的作用仍不足，应该推行“早期检索、推迟审查”制度。

三、应推行“专利检索报告早期提交义务”

我国借鉴美国专利法而引入信息披露声明制度，但实际效果非常有限。《美国专利法实施细则》第1.56条规定，与专利申请的递交和审查相关的每个人，如果所知信息实质性影响专利申请的授权，则应当向美国专利局（USPTO）披露。[2] 为降低发明专利实质审查成本，《专利法》第36条督促

----

1 《关于规范申请专利行为的办法》第2条第2款。

2 See 37 C. F. R. § 1. 56 Duty to disclose information material to patentability.

申请人提交“申请日前与其发明有关的参考资料”。[1]最高人民法院审理“一种治疗痛风产品配方及制法发明专利转让案”时指出，《专利法》第36条第1款的目的是让审查员迅速准确地理解发明专利申请所涉及的发明创造，正确合理判断该发明创造对现有技术作出的创新性贡献。[2] 的确，这一制度安排看似可以消除申请人和审查员之间的信息不对称，促进实质审查。而且，我国主流观点认为，申请人依照本条规定而负担披露与发明相关现有技术的义务。[3] 违反本条规定不提供相关技术资料，就可能被认定为违反《专利法》第20条规定之“申请专利和行使专利权应当遵循诚实信用原则”。

但是，《专利法》第36条第1款规定的信息披露制度却难以实现预期效果。若是申请人提供的“参考资料”足以破坏技术方案的新颖性和创造性，申请人就根本不会提出发明专利申请。即便申请人没有误导审查员的故意，申请人提供的“参考资料”也必然倾向于引导审查员作出对自己有利的结论。为客观公平地进行审查，审查员还必须花费大量的时间精力去核实、甄别和辨析申请人提供的“参考资料”，这反而增加审查员的认知成本。美国专利法实践表明，强化申请人披露义务会导致对善意申请人过度预防，反而增加审查员的工作负担，而对恶意申请人却不起作用，并造成诉讼资源浪费。[4] 在专利检索工具落后的年代，对申请人施加披露现有技术的义务或许还情有可原，而现在的数据库和检索工具已经非常强大，得到的现有技术时常超过发明人自己掌握的现有技术知识，这项义务就显得不合时宜。更何况，审查员根据发明专利申请的说明书就可以检索并同时核实与发明有关的技术资料，既方便又准确。2010年《专利法实施细则》第17条规定，说明书应包括“背景技术”，其中“写明对发明或者实用新型的理解、检索、审查有用的背景技术；有可能的，并引证反映这些背景技术的文件”。此种情况之下，还要求申请人提供“参考资料”就会不适当地增加申请人的负担。所以，我国应该选择废除或淡化《专利法》

1 《专利法》（2020年）第36条规定：“发明专利的申请人请求实质审查的时候，应当提交在申请日前与其发明有关的参考资料。发明专利已经在外国提出过申请的，国务院专利行政部门可以要求申请人在指定期限内提交该国为审查其申请进行检索的资料或者审查结果的资料；无正当理由逾期不提交的，该申请即被视为撤回。”

2 北京壹桥健康科技有限公司与石琼技术转让合同纠纷上诉案，最高人民法院民事判决书（2019）最高法知民终815号。

3 梁志文：《论专利申请人之现有技术披露义务》，载《法律科学（西北政法大学学报）》2012年第1期，第130-138页。

4 崔国斌：《专利申请人现有技术披露义务研究》，载《法学家》2017年第2期，第96-112页。

第36条第1款对申请人施加的参考资料提供义务。[1]

同理，《专利法》第36条第2款也已经过时。《专利法》第36条第2款规定："发明专利已经在外国提出过申请的，国务院专利行政部门可以要求申请人在指定期限内提交该国为审查其申请进行检索的资料或者审查结果的资料；无正当理由逾期不提交的，该申请即被视为撤回。"本款规定也是为降低实质审查的制度成本。不可否认，在20世纪80年代，世界各国专利局之间还没有建立普遍的合作关系，本款规定具有一定的合理性。但是，对申请人所提供的外国专利局的检索资料或结果，审查员难道不需要核实和甄别吗？如今，《专利合作条约》取得巨大成功，成为国际专利保护的主要途径，其检索资料和结果已经可以方便获得。此外，国家知识产权局已经和世界各主要国家的专利局建立紧密联系和合作，可以通过官方途径取得外国专利申请的检索资料和结果。国家知识产权局进行实质审查的基础设施已经与20世纪80年不可同日而语，本款规定也就不再具有实际意义。

与其毫无意义地要求申请人提供"发明参考资料"，不如鼓励各种专利申请人及早通过官方认可的机构进行专利检索，并向国家知识产权局提供专利检索结果。首先，对比专利检索结果和专利申请，申请人自己都可知晓其申请是否容易被认定为"非正常专利申请"，从而减少进入专利审查程序的非正常专利申请数。其次，对比专利检索结果和实用新型专利申请，申请人可以较为容易地评估专利权效力，从而控制实用新型专利的数量。特别是，申请人可以通过专利检索结果自己主动修改实用新型专利申请或径直放弃，而不必花费国家知识产权局宝贵的审查资源，这是实行"明显创造性审查"改革所不可能实现的。最后，对比专利检索结果和专利申请，申请人可以撰写更高质量的权利要求，从而整体上提升专利质量。

第二节　技术专利保护范围之确定成本的制度优化

超大规模统一大市场要求发明和实用新型专利（以下统称"技术专利"）的保护范围不仅对专利权人公平，而且在法律上可预期，以保护公众的合理信赖利益。这就要求我们重新审视"等同特征所确定的专利保护"和制造方法专利的延伸保护范围。

1 参见崔国斌：《专利申请人现有技术披露义务研究》，载《法学家》2017年第2期，第96–112页。

一、现状与问题

（一）等同特征所确定的范围

我国司法实践承认等同侵权。其症结不在于对专利权人保护是否公平，而在于对公众的合理信赖利益是否给予法律保障。

尽管我国专利法没有规定等同原则，但我国法院已经承认等同侵权。《专利法》第64条第1款规定，发明或者实用新型专利权的保护范围以其权利要求的内容为准，说明书及附图可以用于解释权利要求的内容。但是，本条并没有限定"为准"的具体方式是只包括权利要求的字面内容，还是也包括权利要求字面内容的等同内容。于是，法院承认等同侵权也不违反专利法。为此，《最高人民法院关于审理侵犯专利权纠纷案件应用法律若干问题的解释》（法释〔2009〕21号）第7条第2款规定："被诉侵权技术方案包含与权利要求记载的全部技术特征相同或者等同的技术特征的，人民法院应当认定其落入专利权的保护范围。"《最高人民法院关于审理专利纠纷案件适用法律问题的若干规定》（法释〔2020〕19号）第13条第1款更明确，规定专利法所称的"发明或者实用新型专利权的保护范围以其权利要求的内容为准"，"是指专利权的保护范围应当以权利要求记载的全部技术特征所确定的范围为准，也包括与该技术特征相等同的特征所确定的范围"。

"等同特征所确定的范围"并不清楚，据此确定专利技术保护范围的制度成本非常高昂。对适用等同侵权的前提条件，我国法院存在严重分歧，主要有三种代表性观点。第一种观点认为，等同侵权的基础是比例原则，即专利权保护范围和强度应与其创新和贡献程度相协调，对"发明点"或"创新点"应承认等同侵权。比如，浙江省高级人民法院在审理"打包机的打包框架装置案"时强调，专利权保护范围和强度应与其创新和贡献程度相协调，还应当考虑技术特征与专利发明点之间的关系。[1] 基于此，浙江省高级人民法院认为，如果专利说明书提到了所要克服的多个技术缺陷，但权利要求书以及评价报告明确了其创新点和所要克服的主要缺陷。在被诉侵权产品具备涉案专利为克服主要技术缺陷所采用的技术特征的情形下，为保护涉案专利真正的创新点所在，被诉侵权产品具备说明书所记载的其他部分技术缺陷，并不妨碍依据等同原则

---

1 杭州永创智能设备股份有限公司与台州旭田包装机械有限公司、上海朝田包装机械有限公司、东莞市旭田包装机械有限公司侵害实用新型专利权纠纷上诉案，浙江省高级人民法院民事判决书（2017）浙民终160号，选入2017年中国法院50件典型知识产权案例。

作出认定。[1] 再如，广东省高级人民法院在审理“双向搅拌桩的成桩操作方法案”时认为，被诉侵权产品具备涉案专利技术的创新点和其他技术特征，则被诉侵权产品的非关键特征与涉案专利的相应技术特征是否等同，宜从宽认定。[2] 又如，最高人民法院在审理“钢质填充内模案”时强调，除非是由专利申请日之后的技术进步而导致的对非发明点的简单替换，否则不应适用等同原则。[3]

第二种观点认为等同侵权的法理基础在于专利申请人的认知局限，无法预见到未来的侵权方式。最高人民法院多次指出，专利申请人的认知受到局限，即不能在撰写权利要求时预见到侵权者以后可能采取的所有侵权方式，从而针对每一项技术特征的撰写都限定出所有可能的替代方案。[4] 最高人民法院在审理“可同时烘干和消毒的电器案”时还强调，授予专利权以公开要求保护的技术方案为前提，对于本领域技术人员而言，对照公开的权利要求文字记载的技术方案，找出非实质性替代方案从而避免与权利要求文字记载内容完全相同是容易实现的。[5]

第三种观点也认为等同侵权原则的法理基础在于专利申请人的认知局限，但不是对侵权方式的认知局限，而是对未来技术发展的认知局限，使其无法合理概括而撰写出适当的权利要求。最高人民法院在审理“防粘连自动排气阀

---

1 杭州永创智能设备股份有限公司与台州旭田包装机械有限公司、上海朝田包装机械有限公司、东莞市旭田包装机械有限公司侵害实用新型专利权纠纷上诉案，浙江省高级人民法院民事判决书（2017）浙民终160号，选入2017年中国法院50件典型知识产权案例。

2 南京路鼎搅拌桩特种技术有限公司与广东省水利水电第三工程局有限公司侵害发明专利权上诉案，广东省高级人民法院民事判决书（2017）粤民终1282号。

3 朱志超、海南益深达建筑结构工程有限公司与海南庆豪房地产开发有限公司、海南庆豪房地产开发有限公司三亚分公司侵害实用新型专利权纠纷上诉案，最高人民法院民事判决（2020）最高法知民终1521号。

4 上海濠河实业有限公司、上海明伟电子科技有限公司与中山市管家电器科技有限公司及莫威才侵害实用新型专利权纠纷上诉案，最高人民法院民事判决书（2020）最高法知民终1571号；朱志超、海南益深达建筑结构工程有限公司与海南庆豪房地产开发有限公司、海南庆豪房地产开发有限公司三亚分公司侵害实用新型专利权纠纷上诉案，最高人民法院民事判决（2020）最高法知民终1521号；山西振东泰盛制药有限公司、山东特利尔营销策划有限公司医药分公司与胡小泉侵犯发明专利权纠纷再审案，最高人民法院民事判决书（2012）民提字第10号，载入《最高人民法院知识产权案件年度报告（2012）》，又载《人民司法》2013年第14期，第4-10页。

5 上海濠河实业有限公司、上海明伟电子科技有限公司与中山市管家电器科技有限公司及莫威才侵害实用新型专利权纠纷上诉案，最高人民法院民事判决书（2020）最高法知民终1571号。

案”时认为，等同原则的适用须考虑专利申请与专利侵权时技术的发展水平，防止对专利技术方案中某些技术特征以专利申请日后新出现的技术进行简单替换而规避侵权的情况，合理界定专利权的保护范围。[1]最高人民法院在审理“旋转扫描LED显示设备案”时也认为，确定是否构成等同时，应考虑专利申请与专利侵权时技术的发展水平，防止对专利技术方案中的某些技术特征以专利申请日后新出现的技术进行简单替换而规避侵权的情况。[2]

我国法院对等同侵权适用的法律前提都存在如此严重的分歧，对等同特征具体认定标准上的分歧就更为明显。就此，我国司法实践至少存在五种代表观点。第一种观点认为，认定等同特征应该根据“三个基本相同”。比如，最高人民法院在审理“水轮发电机组的整体式无尘制动装置案”时认为，判断被诉侵权产品是否具备与涉案专利技术相同特征或者等同特征，必须同时考虑其采用的手段、实现的功能和达到的效果是否相同或者等同。[3]

第二种观点认为，认定等同特征应该首要根据“基本相同的手段”。最高人民法院在审理“背光源CCD贴膜机实用新型案”时指出，“对于技术特征之间是否构成等同，首先要对技术手段进行判断，而不能仅仅对两者的功能、效果存在的共性进行上位的概括。[4]正是从“基本相同的手段”出发，最高人民法院在审理“复合透水砖案”时认为，专利技术特征所示数值范围是本领域技术人员容易作出的常规选择，被诉侵权产品相应技术特征的数值范围与专利技术特征的数值范围大部分重叠，二者数值的细微差异不会产生实质性影响，可构成等同技术特征。[5]另外，最高人民法院在审理“可同时烘干和消毒的电器案”时强调，权利要求所载技术特征区别于现有技术，而被诉侵权产品所采用的技术手段根据专利无效决定书的认定是常规技术手段，则二者是采用不同技

----

1 孙俊义与任丘市博成水暖器材有限公司、张泽辉、乔泰达侵害实用新型专利权纠纷再审申请案，最高人民法院民事裁定书（2015）民申字第740号，载入《最高人民法院知识产权案件年度报告（2015）》。

2 南京达斯琪数字科技有限公司与广州科伊斯数字技术有限公司、广东顶力视听科技有限公司等侵害发明专利权纠纷上诉案，最高人民法院民事判决书（2020）最高法知民终1429号。

3 天津市发电技术设备有限公司与哈尔滨市动力发电配件有限公司及济南罗尔斯工业技术有限公司侵害发明专利权纠纷上诉案，最高人民法院民事判决书（2019）最高法知民终361号。

4 深圳市德仓科技有限公司与深圳市伟鸿科科技有限公司侵害实用新型专利权纠纷上诉案，最高人民法院民事判决书（2019）最高法知民终43号。

5 仁创生态环保科技股份有限公司与北京英辉创业建筑材料厂侵害发明专利权纠纷上诉案，最高人民法院民事判决书（2019）最高法知民终522号。

术手段，不构成等同。[1] 最高人民法院在审理“改良旋风集尘室案”时指出，若被诉侵权产品采用较专利技术更原始的手段，导致被诉侵权产品的技术效果与专利技术效果不相同，则即使被诉侵权产品采用的手段属于本领域普通技术人员无须经过创造性劳动就能够联想到的技术特征，也因二者达到的效果不同而不能被认定属于等同的技术特征。[2] 最高人民法院在审理“快进慢出型弹性阻尼体缓冲器案”时提出，被诉侵权技术方案的技术手段与权利要求明确限定的技术手段相反，技术效果亦相反，且不能实现发明目的的，不构成等同侵权。

第三种观点则认为，认定等同特征应该基于“无需创造性劳动”。比如，河南省高级人民法院在审理公报案例即“加速器舱案”时认为，本领域普通技术人员对无须经过创造性劳动即可合理获知的权利要求技术特征中的可替代部分，采取改变部分结构而达到同样功能和效果的，应认定具有等同特征。[3]

第四种观点认为，认定等同特征应该进行“综合判断”。比如，最高人民法院在审理“可同时烘干和消毒的电器案Ⅰ”时认为，判断是否构成等同技术特征时，要综合考虑包括手段、功能、效果以及是否需要经过创造性劳动等因素。[4]

第五种观点，也是主流观点，强调认定等同特征应基于“三个基本相同”和“无需创造性劳动”。最高人民法院在审理“微耕机案”时强调，在判断被诉侵权产品的技术特征与专利技术特征是否等同时，不仅要考虑被诉侵权产品的技术特征与专利技术特征相比，是否属于以基本相同的技术手段、实现基本相同的功能、达到基本相同的效果，还要考虑被诉侵权产品的技术特征是否属于本领域普通技术人员无须经过创造性劳动就能够联想到的技术特征，只有以

---

1 上海濠河实业有限公司、上海明伟电子科技有限公司、中山市安贝比电器科技有限公司与中山市管家电器科技有限公司及莫威才侵害实用新型专利权纠纷上诉案，最高人民法院民事判决书（2020）最高法知民终1572号。

2 东莞市康发特塑胶制品有限公司与浦江领航汽车用品有限公司、浙江天猫网络有限公司侵害发明专利权纠纷上诉案，最高人民法院民事判决书（2019）最高法知民终934号。相同意见参见：广西南宁富慧达机电有限公司与广西来宾小平阳湘桂制糖有限公司侵害实用新型专利权纠纷上诉案，最高人民法院民事判决书（2019）最高法知民终24号。

3 许昌瑞示电子科技有限公司与清华大学等侵害发明专利权纠纷上诉案，河南省高级人民法院民事判决书（2017）豫民终1183号，载《中华人民共和国最高人民法院公报》2021年第11期，第29-40页。

4 中山市管家电器科技有限公司与佛山市易佳康电器有限公司侵害实用新型专利权纠纷上诉案，最高人民法院民事判决书（2020）最高法知民终473号。

上两个方面的条件同时具备，才能够认定二者属于等同的技术特征。[1] 最高人民法院在审理“自适应同步电路模块案”时也指出，侵权行为发生日，被诉侵权技术方案所采技术实现方式与专利权利要求记载的技术实现方式均是常见的技术实现方式，并无实质性差别，所具有的功能和获得的技术效果也基本相同，其具体选择仅是本领域普通技术人员根据具体需要进行权衡的结果，属于等同技术特征。[2]《最高人民法院关于审理专利纠纷案件适用法律问题的若干规定》（法释〔2020〕19号）也采用此种观点，其第13条第2款规定：“等同特征，是指与所记载的技术特征以基本相同的手段，实现基本相同的功能，达到基本相同的效果，并且本领域普通技术人员在被诉侵权行为发生时无须经过创造性劳动就能够联想到的特征。”

（二）制造方法专利的延伸保护范围

不同于“等同特征所确定的范围”，制造方法专利的延伸保护范围的症结不在于法律确定不高，而在于对专利权人而言不公平。

专利法上一个基本而棘手的问题是，方法专利的保护范围难以确定。根据我国《专利法》第64条第1款规定，发明专利——无论是方法专利还是产品专利——保护范围以权利要求公示的内容为准。但是，该法第11条第1款又规定，方法发明专利保护不限于专利方法本身——即依照权利要求确定之方法发明——还延伸到“依照专利方法直接获得的产品”（以下简称“延伸保护”）。通说认为，只有“制造方法专利”[3] 才有延伸保护的问

1 潍坊谷雨农业装备有限公司与日照市立盈机械制造有限公司侵害发明专利权纠纷上诉案，最高人民法院民事判决书（2020）最高法知民终145号。同时参见上海茵能实业有限公司与宁海浙升塑料制品厂侵害发明专利权纠纷案，上海市高级人民法院（2019）沪民终136号，载《中华人民共和国最高人民法院公报》2021年第1期，第30–34页。

2 中山市雅乐思电器实业有限公司与深圳拓邦股份有限公司侵害发明专利权纠纷上诉案，最高人民法院民事判决书（2019）最高法知民终105号。

3 通说将方法发明分为制造加工方法、作业方法和使用方法三类。第一类是制造加工方法，它作用于一定的物品上，目的在于使之在结构、形状，或者物理化学特征上产生变化；第二类是作业方法，即产生某种技术效果的方法，例如测量、检验、采掘、排列、运输、分析等。此外，诸如发电、供电、供热、制冷、通风、照明、辐射、通信、广播、计算等用于实现能量转换或者达到某种非技术效果的方法也属于这一类方法的范畴；第三类是使用方法，亦即用途发明，它是对某种已知物品的一种新的应用方式，目的是产生某种技术效果或者社会效果，而不是改变被使用的产品本身。参见国家知识产权局条法司：《专利法详解》，知识产权出版社2001年版，第70–71页。*See also* WIPO document HL/CE/Ⅲ 2 Supp. 4，of November 27，1986.

题，[1] 即未经许可，使用、销售、许诺销售、进口依照专利方法直接获得的产品，也构成侵权。对于产品发明专利而言，公众通过权利要求界定的技术内容就能明确自身义务边界，但对于方法发明专利而言，公众却不能通过权利要求确定“依照专利方法直接获得的产品”的范围。

不过，这个难题看似已经解决。《最高人民法院关于审理侵犯专利权纠纷案件应用法律若干问题的解释》（法释〔2009〕21号）第13条规定，使用专利方法获得的“原始产品”就是“依照专利方法直接获得的产品”（以下简称“原始产品检验法”）。稍早，最高人民法院在一起化学药物制造方法专利侵权纠纷案中断定，“依照专利方法直接获得的产品”是指“使用专利方法获得的原始产品，而不包括对该原始产品作进一步处理后获得的后续产品”。[2] 国内代表性学术观点认为，原始产品检验法是“欧洲狭义解释立场”，在生科方法发明方面居于“主导地位”。[3] 但近年来，这个意见开始受到挑战，有法院认为“依专利方法直接获得的产品”不仅包括原始产品，还包括对该原始产品进一步加工、处理而获得的后续产品。[4]

令人疑惑的是，欧洲国家和美国等主要WTO成员并没有将延伸保护限定于原始产品。英国、德国等认为，根据《欧洲专利公约》，依照专利方法获得之原始产品经后续处理之后，只要保有其本质特征，仍应认定为“依照专利方法直接获得的产品”（以下简称“本质特征丧失检验法”）。[5]《欧盟生物技

1 参见尹新天：《中国专利法详解》，知识产权出版社2011年版，第159页。

2 参见石家庄制药集团欧意药业有限公司与张喜田侵犯发明专利权纠纷再审案，最高人民法院民事判决书（2009）民提字第84号，载《中华人民共和国最高人民法院公报》2011年第1期，第24-35页。

3 尹新天：《中国专利法详解》，知识产权出版社2011年版，第151页。

4 广州硕德电子科技有限公司、广州天河高新技术产业开发区太极电子有限公司侵害发明专利权纠纷上诉案，广东省高级人民法院民事判决书（2018）粤民终1370号。

5 *See, e. g.*, Pioneer Electronics Capital Inc v. Warner Music Manufacturing Europe GmbH 1997 RPC 757; Monsanto Technology LLC v. Cargill International SA & Anor 2007 EWHC 2257（Pat）（10 October 2007）; Medimmune Ltd v. Novartis Pharmaceuticals UK Ltd & Anor 2011 EWHC 1669（Pat）（05 July 2011）; Pioneer Unmittelbares Verfahrenserzeugnis, Case No. 2U148/76, 1979 GRUR 743（Germany, D ü sseldorf Oberlandesgericht, 15 September 1977）; BGH Case X ZR 33/10, 21 August 2012; Pfizer（Doxycycline）NJ 1984/32（Netherlands, Hoge Raad, 10 June 1983）; Merz & Co. v. Federal Office of Intellectual Property, 1994 the Bundesgericht（Federal Supreme Court）and Farbwerke Hoechst v. Carlo Erba SpA, 1972 SMGRUR 57（Switzerland, Zurich Commercial Court）.

术发明保护指令》第8条第2款甚至明文规定，生科方法专利的延伸保护不仅及于通过该方法直接获得的生物材料，还延伸到其他任何具有相同性状的生物材料，只要其源自该直接获得的生物材料而不论其获得方法是繁殖还是裂殖。[1]美国为避免法院将延伸保护限制于原始获得产品，索性不用“直接获得”的表述。[2]《美国专利法》第271条g款规定，方法专利保护延伸到该方法所得之产品，但当专利方法所得产品经过后续处理而实质性改变（以下简称“实质性改变检验法”）或成为另一产品中无关紧要的部件（以下简称“非紧要部件检验法”），则不再属于依照专利方法所得之产品。[3]

在原始产品检验法之下，我国制造方法专利延伸保护范围与该技术方案的创新程度之间没有匹配关系，都局限于“原始产品”，对专利权人而言并非公平。例如，*Bio-Technology v. Genentech*案涉及“一种携带人生长激素DNA编码的质粒制造方法”的方法专利。该方法制得的原始产品是携带编码人生长激素DNA的质粒，它能整合到细菌环状双链DNA上，让细菌成为生产人生长素的“天然工厂”，即通过细菌的生理机制表达人类生长素DNA而制得人生长激素。被告将此种方法得到的人生长素进口到美国。涉案专利方法制得的中间产品“质粒”，其唯一商业用途就是制造人生长素。尽管这种质粒与人生长素在化学结构上相差巨大，但美国联邦巡回上诉法院认为，后续处理没有实质性改变这种质粒，因此后续处理所得人生长素应属于“专利方法所得产品”，被告构成专利侵权。[4]如果本案发生在中国，我国法院将基于经过后续步骤而直接认定不侵犯涉案方法专利。

为什么本案不给予专利保护会造成不公平呢？须知，涉案专利基因技术制

1 DIRECTIVE 98/44/EC OF THE EUROPEAN PARLIAMENT AND OF THE COUNCIL of 6 July 1998 on the legal protection of biotechnological inventions, available at: https://eur-lex.europa.eu/LexUriServ/LexUriServ.do?uri=CELEX:31998L0044:EN:HTML.

2 *See* Senate Report, S. No. 100-83, 100th Cong., 1st Sess.（1987）, at 49.

3 35 U.S.C. § 271（g）（“Whoever without authority imports into the United States or offers to sell, sells, or uses within the United States a product which is made by a process patented in the United States shall be liable as an infringer, if the importation, offer to sell, sale, or use of the product occurs during the term of such process patent…. A product which is made by a patented process will, for purposes of this title, not be considered to be so made after ① it is materially changed by subsequent processes; or ② it becomes a trivial and nonessential component of another product.”）.

4 *See* Bio-Technology General Corp. v. Genentech, Inc., 80 F. 3d 1553（Fed. Cir. 1996）, *cert. denied*, 519 U.S. 911（1996）.

得的也是一种新产品：一种能制造有生物活性之人生长素的质粒。人生长素是191个氨基酸构成的多肽，但编码人生长素的DNA片段不仅包括该多肽的密码，还包括一个前导序列。在涉案专利方法出现之前，没有办法能有效地分离人生长素基因，所有利用基因重组方法得到的蛋白质不仅包括人生长素多肽，在其前端还有前导序列表达而成的23个氨基酸序列。由于当时的基因重组方法不能切除该氨基酸前导序列，所得蛋白质也就没有人生长素的生物活性。[1] 涉案专利方法从编码人生长素的cDNA出发，合成的DNA片段不再包括该前导序列，从而可以有效地分离出人生长素基因。该基因制成的质粒整合到细菌之中就能利用细菌的生化作用而得到具有生物活性的人生长素。可见，这种新质粒区别于已有质粒的技术特征在于能制得有生物活性的人生长素。被告利用此种质粒制得有生物活性之人生长素，相较于现有产品——没有生物活性之人生长素——仍构成“新产品”，故应认定为落入延伸保护范围。

采用原始产品检验法确定延伸保护范围，不仅妨碍我国生科技术发展，而且容易让我国卷入国际知识产权纠纷。一方面，延伸保护已规定在TRIPs协定第28条，是WTO成员必须提供的最低限度的专利保护。在原始产品检验法之下，我国对生物技术方法专利的保护显著弱于欧美国家，容易与西方国家发生国际知识产权争端。[2] 另一方面，我国于1984年借鉴《欧洲专利公约》制定《专利法》之际，《欧盟生物技术发明保护指令》尚未发布。之后，包括2020年在内的历次专利法修订和司法解释也都没有关注以基因技术为代表的生物技术创新。但是，党的二十大报告明确将生物技术作为新的增长引擎之一。《知识产权强国建设纲要（2021—2035年）》也提出，加快基因技术等新领域新业态知识产权立法。这表明，党和国家已经意识到生科技术方面的专利保护需要重新定位。

二、“等同特征所确定的范围”应当可预见

就“等同特征所确定的范围”，公众通过权利要求所载技术特征也要能合理预见，以便采取避让措施。新时代要降低专利法的运行成本，适应超大规模统一大市场建设，就必须充分维护权利要求所公示的专利保护范围，充分保护公众的信赖利益。“等同特征所确定的范围”也不应成为例外。

---

1 *See* Bio-Technology General Corp. v. Genentech，Inc.，80 F. 3d 1556-57（Fed. Cir. 1996）.

2 TRIPs协定第28条规定之延伸保护及于“依照专利方法直接获得”（obtained directly），而原始产品检验法要求将“直接获得”解释为“直接制得”（made directly）。

就此，最高人民法院已经形成相对稳定的裁判意见。最高人民法院多次强调，“权利要求书的作用是确定专利权的保护范围”，“即通过向公众表明构成发明或者实用新型的技术方案所包括的全部技术特征，使公众能够清楚地知道实施何种行为会侵犯专利权，从而一方面为专利权人提供有效合理的保护，另一方面确保公众享有使用技术的自由。只有对权利要求书所记载的全部技术特征给予全面、充分的尊重，社会公众才不会因权利要求内容不可预见的变动而无所适从，从而保障法律权利的确定性，从根本上保证专利制度的正常运作和价值实现。”[1] 对于适用等同原则确定专利保护范围，最高人民法院同样强调保护公众信赖利益。最高人民法院审理“可同时烘干和消毒的电器案”时指出：“对于等同原则的适用也必须确保专利权的保护范围对于社会公众而言具有足够的法律确定性和可预见性，如果等同原则的适用范围过宽，甚至将专利权人在申请专利或者无效阶段明确放弃的技术方案也纳入等同侵权的范围，就会使得专利侵权认定时确定的保护范围与专利授权确权时确定的保护范围不一致，导致社会公众无法依托专利授权权利要求记载的内容来合理确定专利权的保护范围，对可能落入专利权保护范围的技术方案进行合理避让。此时，社会公众实施公有领域技术方案的自由，由于专利权保护范围的不确定性而不可避免地受到影响，进而影响正常的竞争秩序，甚至阻碍科学技术的进步”。[2]

“等同特征所确定的范围”要为公众可以预见，就不得根据“比例原则”来确定等同特征。首先，解释权利要求就不应区分“发明点”与“非发明点”。浙江省高级人民法院审理“打包机的打包框架装置案”时曾认为，专利权保护范围和强度应与其创新和贡献程度相协调，还应当考虑技术特征与专利

1 中山市管家电器科技有限公司与佛山市易佳康电器有限公司侵害实用新型专利权纠纷上诉案，最高人民法院民事判决书（2020）最高法知民终473号；无锡海斯凯尔医学技术有限公司与弹性测量体系弹性推动公司等侵害发明专利权纠纷上诉案，最高人民法院民事判决书（2019）最高法知民终21号，载《人民司法·案例》2020年第2期，第87-91页；仁达建材厂诉新益公司专利侵权纠纷案，最高人民法院民事判决书（2005）民三提字第1号，载《中华人民共和国最高人民法院公报》2005年第10期，第21-27页。

2 上海濠河实业有限公司、上海明伟电子科技有限公司与中山市管家电器科技有限公司及莫威才侵害实用新型专利权纠纷上诉案，最高人民法院民事判决书（2020）最高法知民终1571号。相同裁判意见参见：厦门市福朗电子有限公司、厦门广泓工贸有限公司侵害实用新型专利权纠纷上诉案，最高人民法院民事判决书（2020）最高法知民终1433号。

发明点之间的关系。[1] 但是，最高人民法院在审理“裁剪机案”时指出，“发明点”是专利权利要求的全部技术特征中体现该发明创造对现有技术作出贡献的技术特征，是相对于最接近的现有技术而言的，而不同案件之中的“最接近的现有技术”可能不同，从而导致发明点不同。[2] 如果无视既有发明点与非发明点的区别而适用等同原则，则必然引发如下问题：在专利侵权审理程序之中，为区别发明点与非发明点，法院是应该基于审查程序检索得到的“最接近的现有技术”，还是可以接受被告另外检索举证的“最接近的现有技术”？更何况，“发明点”与“非发明点”并不能截然地划分。须知，对现有技术作出贡献的技术特征并不能孤立地发挥作用，而是通过其他的技术特征共同发挥作用而使得专利技术方案整体上区别于现有技术。质言之，并没有绝对不变的“发明点”。申请人基于自身对现有技术的理解会在说明书之中主张“发明点”，审查员基于检索结果确定的“最接近的现有技术”而评判请求专利保护之技术方案的发明点，专利侵权诉讼之中被告也可能找到不同的现有技术文献而主张“最接近的现有技术”和完全不同的“发明点”。按照比例原则，基于“发明点”而适用等同原则就会使得专利保护范围难以确定，严重破坏权利要求对专利保护范围的公示作用，损害公众的合理信赖利益。

其次，“等同特征所确定的范围”要为公众可以预见，也不得仅根据申请人可否预见侵权方式来认定等同特征。权利要求首先是为清楚而简要地限定要求保护的技术方案，而不是首先针对侵权行为来撰写。申请人在撰写权利要求之时尚且不能预见到能否被授予专利权，又怎么能预见到侵权行为呢？而且，权利要求并不是实施例，而是实施例的合理概括。如果对照权利要求文字抽象描述的技术方案就能轻而易举地“找出非实质性替代方案”而避免字面侵权，最可能的原因是，该权利要求对实施例的概括不足，仍然过于具体。否则，权利要求在一般意义上就不能胜任它的法律使命“限定专利保护范围”，而专利侵权必然主要适用等同原则而非字面侵权原则。至少从《最高人民法院关于审理专利纠纷案件适用法律问题的若干规定》（法释〔2020〕19号）第13条第

1 杭州永创智能设备股份有限公司与台州旭田包装机械有限公司、上海朝田包装机械有限公司、东莞市旭田包装机械有限公司侵害实用新型专利权纠纷上诉案，浙江省高级人民法院民事判决书（2017）浙民终160号，选入2017年中国法院50件典型知识产权案例。

2 温州钱峰科技有限公司诉温州宁泰机械有限公司侵害发明专利权纠纷再审申请案，最高人民法院民事裁定书（2017）最高法民申2073号。

2款的规定来看，[1] 判定是否构成等同特征时，不应考虑申请人在撰写权利要求时是否能够和应该预见到被诉侵权方式。

再次，申请人可否预见侵权方式与等同侵权的限制规则“禁止反言”也没有太大关系。《最高人民法院关于审理侵犯专利权纠纷案件应用法律若干问题的解释》（法释〔2009〕21号）第6条规定：“专利申请人、专利权人在专利授权或者无效宣告程序中，通过对权利要求、说明书的修改或者意见陈述而放弃的技术方案，权利人在侵犯专利权纠纷案件中又将其纳入专利权保护范围的，人民法院不予支持。”同时，《最高人民法院关于审理侵犯专利权纠纷案件应用法律若干问题的解释（二）》（法释〔2020〕19号）第13条又规定：“权利人证明专利申请人、专利权人在专利授权确权程序中对权利要求书、说明书及附图的限缩性修改或者陈述被明确否定的，人民法院应当认定该修改或者陈述未导致技术方案的放弃。”至少从文义上看，此处所称“放弃”的技术方案与申请人应否“预见”特定的侵权方式并没有关系。实际上，“放弃”非常难以确定。权利要求在限定要求专利保护的技术方案的同时就是在排除不受专利保护的技术方案。简言之，要求权利就同时是在“放弃”权利主张。正是因为不明确权利要求所限定的技术方案范围才诉诸等同侵权原则，又怎么能够容易地判定专利申请人或专利权人所“放弃”的技术方案呢？所以，司法实践转而强调“明确放弃”。最高人民法院在审理“可同时烘干和消毒的电器案”时强调，对于等同原则的适用也必须确保专利权的保护范围对于社会公众而言具有足够的法律确定性和可预见性，如果等同原则的适用范围过宽，甚至将专利权人在申请专利或者无效阶段明确放弃的技术方案也纳入等同侵权的范围，就会使得专利侵权认定时所确定的保护范围与专利授权确权时所确定的保护范围不一致，导致社会公众无法依托专利授权权利要求记载的内容来合理确定专利权的保护范围，从而对可能落入专利权保护范围的技术方案进行合理避让。[2]

在超大规模统一大市场之下，要充分保护第三方的合理信赖利益，“等同特征所确定的范围”要为公众可以预见，应该以申请人不能认知未来技术作为

1 《最高人民法院关于审理专利纠纷案件适用法律问题的若干规定》（法释〔2020〕19号）第13条第2款规定：“等同特征，是指与所记载的技术特征以基本相同的手段，实现基本相同的功能，达到基本相同的效果，并且本领域普通技术人员在被诉侵权行为发生时无需经过创造性劳动就能够联想到的特征。”

2 上海濠河实业有限公司、上海明伟电子科技有限公司与中山市管家电器科技有限公司及莫威才侵害实用新型专利权纠纷上诉案，最高人民法院民事判决书（2020）最高法知民终1571号。

法律标准。一般来说，确定专利保护范围之时就应当考虑技术在不断发展。而且，因为专利等知识产权保护的激励作用，技术加速迭代，快速革新。如果将专利保护范围局限于申请日本领域普通技术人员所理解的权利要求，就要首先回到申请日，专利保护范围不仅难以确定，而且对专利权人而言也显失公平。一方面，权利要求所公示的专利保护范围是以本领域普通技术人员的理解为准。随着技术发展，他们所理解的权利要求的内容必然会发生变化。比如，“金属”的内涵和外延就随科技发展而不断扩张。当侵权行为发生之时，要追溯本领域普通技术人员在“申请日”的认知，逐一考察权利要求所采技术术语在申请日的具体含义，等于施加给双方当事人巨大的诉讼成本。另一方面，基于申请日之后的新技术，公众在专利说明书所给的技术启示之下可以得到更多更好的技术方案。如果被诉侵权技术方案只要有一个技术特征采用申请日之后的新技术就与专利权利要求相应技术特征不再相同或等同，由此落出专利保护范围的话，专利技术的经济价值就会像装满水的气球，在微小技术发展的刺激之下就会刺破。专利权人对社会的贡献与专利权的经济价值之间严重失衡。比如，“早期在电子领域都采用电子管作电子放大器件，而且它是当时唯一的电子放大器件。……随着电子技术的发展，出现了晶体管，不久以后通常的放大电子管几乎都用晶体管来代替，在这种情况下，如果不允许将后来发明的晶体管看作电子管的等价手段，那么一大批包含有电子管放大器件的电路发明专利在其有效期间实质上就根本得不到保护了。”[1] 为此，解释权利要求应该依据本领域普通技术人员在“侵权行为日”对权利要求的理解来确定其内容。同时，对照公开的权利要求文字记载的技术方案，采用申请日之后新出现的技术而找出非实质性替代方案，从而避免与权利要求文字记载内容完全相同，在不少情况下的确容易实现。这种情况不可归咎专利申请人。此时如果不给予保护就会让专利技术在新的技术条件下彻底丧失经济价值。在此范围内才应适用等同原则。《最高人民法院关于审理专利纠纷案件适用法律问题的若干规定》（法释〔2020〕19号）第13条第2款强调，“等同特征是…本领域普通技术人员在被诉侵权行为发生时无须经过创造性劳动就能够联想到的特征”，应理解为确认等同特征的前提是申请人不能合理地预见未来技术情况。

同时，只有基于申请人不能认知未来技术而适用等同侵权原则，等同侵权原则才会只限于“对字面侵权的适当补充”。最高人民法院在审理“防粘连自

1 北京市高级人民法院知识产权庭：《北京知识产权审判案例研究》，法律出版社2000年版，第378页。

动排气阀案”时正确指出，在专利侵权判定中，等同原则是对专利权利要求字面保护范围的扩张，是对专利权字面侵权的适当补充，等同原则的适用为专利权人提供了切实有效的法律保护，鼓励了技术创新；另一方面，专利制度本身又要确保专利权的保护范围具有足够的法律确定性和可预见性，不因滥用等同原则致使专利权保护范围缺乏确定性而损害社会公众的利益。[1]

接下来的问题是，应该采用前文所述的哪一种法律标准认定等同特征？既然等同侵权的法理基础在于申请人无法预见到未来之技术发展，评判被诉侵权技术方案的某一技术特征与权利要求相应的技术特征是否构成等同，应该考察“本领域普通技术人员在被诉侵权行为发生时无需经过创造性劳动就能够联想到”。严格来说，这一表述在规范层面不够严谨。为避免引入新的法律术语，“无需经过创造性劳动就能联想到”实际上就是“显而易见”或“显而易得”，并非“联想到”。根据专利技术就可显而易得之技术方案才可以公平地纳入专利保护范围；在专利技术之外还要花费创造性劳动才可以得到之技术方案，在本领域普通技术人员眼中就难以构成“等同”。

基于超大规模统一大市场对专利保护范围之法律确定性的要求，不难发现其他的等同特征认定标准存在严重缺陷。三个“基本相同”存在内在的不确定。“基本相同的手段”“基本相同的功能”“基本相同的效果”之“基本相同”是没有明确法律标准的。无论是三个“基本相同”本身，还是强调“基本相同的手段”，都因为“基本相同”的不确定性而显得摇摆不定，甚至没有明确评判的时间参照点。如果被诉侵权技术方案将权利要求的一个技术特征拆解，[2] 或将权利要求的两个或多个技术特征合并，[3] 都会引起争议。不仅如此，对于“基本相同的功能”都时常会引起争议。最高人民法院在审理“头戴式自动翻转眼镜案”时不得不解释说明，如果技术特征能实现多项功能，但根据专利整体技术方案可知其中一项功能并非主要功能，则在评判被诉侵权产品相应特征是否构成其等同特征时，可以对相应技术特征是否具备该项功能不予

---

1 孙俊义与任丘市博成水暖器材有限公司、张泽辉、乔泰达侵害实用新型专利权纠纷再审申请案，最高人民法院民事裁定书（2015）民申字第740号，载入《最高人民法院知识产权案件年度报告（2015）》。

2 宁波市东方机芯总厂诉江阴金铃五金制品有限公司侵犯专利权纠纷再审案，最高人民法院民事判决书（2001）民三提字第1号。

3 耿玉顺与杭州市知识产权局专利权侵权纠纷再审案，最高人民法院行政判决书（2010）知行字第24号。

考虑。[1] 尴尬的是，本案所提法律标准又不适用于“功能性特征”之等同特征的评判。最高人民法院在审理“蔬菜水果分选装置案”时认为，“等同特征”应当以“实现基本相同的功能”“达到基本相同的效果”作为认定标准，而“与功能性特征……等同”则必须以“实现相同的功能”“达到相同的效果”作为认定标准。[2] 更关键的问题在于，三个“基本相同”的评判标准主要适用于机械领域的发明；[3] 对于其他领域的发明，如化学类的发明，三个“基本相同”的法律标准并不恰当。[4] 我国法院偏爱三个“基本相同”，多半因为当前我国专利侵权诉讼主要是实用新型专利侵权纠纷。

综上，基于超大规模统一大市场所要求的法律确定性，法院认定等同特征首先应要求专利权人证明如下事实：其在申请日时不能合理地预见到技术进步而未能将所主张的等同特征纳入权利要求之中。而后，就被诉侵权技术方案的某一技术特征与权利要求相应的技术特征是否构成等同，应该考察本领域普通技术人员在被诉侵权行为发生时无须经过创造性劳动就能得到。

三、延伸保护范围应当公平并且可预见

（一）延伸保护范围应符合“比例原则”

我国法院就延伸保护所采用的“原始产品检验法”，尽管其法律确定性高，但牺牲了公平——割裂制造方法创新程度与延伸保护范围之间的法律关系，对专利权人而言并不公平。

为什么会产生如此后果？专利保护范围之确定本应遵循比例原则。基于知

---

1 广州市博视医疗保健研究所、淄博川喜医疗器械有限公司与深圳多适点光学科技有限公司侵害发明专利权纠纷上诉案，最高人民法院民事判决（2020）最高法知民终1743号。

2 临海市利农机械厂与陆杰、吴茂法、李成任、张天海侵害实用新型专利权纠纷再审申请案，最高人民法院民事裁定书（2017）最高法民申1804号，载入《最高人民法院知识产权案件年度报告（2018）》，选入2018年中国法院50件典型知识产权案例。同时参见温州钱峰科技有限公司诉温州宁泰机械有限公司侵害发明专利权纠纷再审申请案，最高人民法院民事裁定书（2017）最高法民申2073号（“被诉侵权技术方案的相应技术特征与权利要求的功能性特征是否构成等同，应进行整体比对，即将该相应技术特征与专利说明书及附图所载实现该功能性技术特征之功能或效果不可缺少的技术特征进行整体比对”）。

3 *See* Warner-Jenkinson Company, Inc., v. Hilton Davis Chemical Co., 520 U. S. 17, 39-40 (1997).

4 *See* Warner-Jenkinson Company, Inc., v. Hilton Davis Chemical Co., 520 U. S. 17, 39-40 (1997).

识产权保护激励创新的目的和比例原则，知识产权的保护范围和强度要与特定知识产权的创新和贡献程度相适应。[1] 在专利法领域，专利保护范围之判定就要“实现权利人、相对方及社会公众的利益平衡，给予专利与其创新程度相适应的保护力度”。[2] 质言之，专利保护范围之确定，既要公平地维护专利权人的利益，又要兼顾第三方的合理信赖利益。[3]

为什么我国法院在延伸保护的问题上没有采用“比例原则”？“原始产品检验法”的根本缺陷在于，将延伸保护误认为是延伸专利权的权利内容，并由此诉诸错误的理论解释。的确，延伸保护规定在我国《专利法》第11条，而该条就是调整专利的权利内容。不仅如此，国际公约和其代表国家也都将延伸保护作为专利的权利内容。[4] 鉴于方法专利保护的典型困境是维权举证困难和无法禁止境外实施，两种解释延伸保护制度的代表性理论由此诞生。一种代表理论认为，相较于产品专利的保护，制造方法专利保护处于弱势，其权利人行使权利困难，时常无法有效地取得他人实际侵权使用方法专利的直接证据，为此需要延伸保护（以下简称“权利行使解困说”）。[5] 另一种代表理论认为，给

---

1 参见杭州奥普卫厨科技有限公司与浙江现代新能源有限公司，浙江凌普电器有限公司等侵害商标权纠纷再审案，最高人民法院民事判决书（2016）最高法民再216号。

2 参见中山品创塑胶制品有限公司与源德盛塑胶电子（深圳）有限公司等侵害实用新型专利权纠纷上诉案，最高人民法院民事判决书（2020）最高法知民终357号，载入《最高人民法院知识产权案件年度报告（2020）》；扎赉特旗兴义农丰农牧机械装备有限公司、科右前旗华诚农机制造有限责任公司侵害实用新型专利权纠纷上诉案，最高人民法院民事判决书（2020）最高法知民终426号；国家知识产权局专利复审委员会与（瑞士）埃利康亚洲股份公司专利无效行政纠纷再审案，最高人民法院行政判决书（2014）行提字第13号，载入《最高人民法院知识产权案件年度报告（2014）》，选入2014年中国法院10大创新性知识产权案件；温州硕而博科技有限公司、温州市盛博科技有限公司与宁波大央工贸有限公司侵害实用新型专利权纠纷上诉案，浙江省高级人民法院民事判决书（2018）浙民终139号，选入2018年中国法院50件典型知识产权案例。

3 *See* Protocol on the Interpretation of article 69 of the European Patent Convention. 同时参见《北京市高级人民法院专利侵权判定指南（2017）》第1条。

4 在TRIPs协定中，延伸保护规定位于第28条“专利赋予之诸权利”（rights conferred）第2款。在《欧洲专利公约》之下，延伸保护规定见于第64条“欧洲专利赋予之诸权利”（rights conferred by a European patent）的第2款。在《美国专利法》之下，延伸保护处于第271条“专利侵权”（infringement of patent）第g款。本条在规定专利侵权行为的同时，也就在界定专利的权利内容。

5 尹新天：《中国专利法详解》，知识产权出版社2011年版，第159页。

予制造方法专利以延伸保护，根本原因是专利保护具有地域性，需要延伸保护才能确保方法专利的基本市场价值（以下简称“反境外侵权规避说”）。[1]

尽管延伸保护制度可以解决制造方法保护的这两大困境，但反过来说它们就是延伸保护制度构建的根本原因，则逻辑上难以成立。在专利制度的总体关照之下，它们的致命缺陷显而易见。就“权利行使解困说”而言，专利权行使困难与扩充专利权保护对象之间并无直接因果关系。方法专利，无论是制造方法专利、用途方法专利还是作业方法专利，都存在维权举证困难的问题，照理方法专利都应该享有延伸保护，但为何延伸保护只适用于制造方法专利，只及于依照制造方法直接获得的“产品”？此外，证明他人未经许可使用专利制造设备通常也存在取证困难——制造设备在他人管控的工厂之内。但专利法对制造设备专利也并未给予延伸保护。专利保护的维权举证困难不应该通过实体规则予以解决，而应该通过适当的举证责任配置加以解决。其实，延伸保护不仅不能解决维权举证困难的问题，反而使得专利权人更急迫地行使权利，让举证困难更加凸显。解决方案不应是继续延伸专利保护范围，而是适当分配举证责任。1988年《美国方法专利修订案》（Process Patent Amendments Act of 1988）在设立方法专利延伸保护的同时，即专门设立举证责任分配规则。[2] TRIPs协定第28条确立方法专利的延伸保护之后，第34条也特别规定方法专利侵权的特殊举证责任。1992年我国《专利法》修正，第11条设立延伸保护，第60条第2款对新产品制造方法专利侵权纠纷同样设立举证责任倒置（同2020年《专利法》第66条规定）。

而且，非新产品制造方法专利也可能适用举证责任倒置，完全不涉及延伸保护问题。一般而言，知识产权民事诉讼过程之中，法院应当根据当事人的主张和待证事实、当事人的证据持有情况、举证能力等分配举证责任。[3] 如果专利方法制造的产品不属于新产品，侵害专利权纠纷的原告举证证明下列事实之后，法院也可以要求被告举证证明其产品制造方法不同于专利方法：（1）被告制造的产品与使用专利方法制造的产品属于相同产品；（2）被告制造的产品经由专利方法制造的可能性较大；（3）原告为证明被告使用了专利方法尽

---

1 尹新天：《中国专利法详解》，知识产权出版社2011年版，第159页。

2 *See* 35 U. S. C. 295.

3《最高人民法院关于知识产权民事诉讼证据的若干规定》（法释〔2020〕12号）第2条。

到合理努力。[1] 最高人民法院在审理“生物发酵法生产长碳链二元酸的精制工艺案”时强调，对于非新产品方法专利，原则上应当“谁主张，谁举证”，但人民法院可以结合个案具体案情和已知事实，综合当事人的举证能力，考虑方法发明专利侵权诉讼中双方当事人对涉案产品的制造方法证据的距离远近和接近程度以及收集的难易程度等，依照公平原则和诚实信用原则，合理分配双方当事人的举证责任。[2]

“反境外侵权规避说”看似合情合理，实则不然。的确，制造方法专利的经济价值需要通过其制造的产品才能在市场上实现。因为专利保护受限于主权国家的管辖范围，制造方法专利在外国却不受保护，他人利用该方法在境外制造产品之后，再将获得的产品输送回国，若是无延伸保护制度，则可以完全合法地谋取经济利益，剥夺该专利权人取得经济回报的市场机会。[3] 但是，这种观点存在根本缺陷，不能解释如今之延伸保护的制度结构。其一，按照这种理论，延伸保护应该只涉及依照专利方法在国外直接获得的产品，但TRIPs协定、欧美专利法和我国专利法都不要求“依照方法直接获得的产品”必须在国外制造才能享有延伸保护。其二，按照这种理论，延伸保护应延伸到依照专利方法间接获得的产品，就能更彻底地应对方法专利的境外利用行为，但延伸保护却限定于依照专利方法“直接获得的产品”。其三，按照这种理论，延伸保护应适用于任何境外利用专利技术的行为，只要该行为损害到专利权人的国内市场利益，但延伸保护只适用于产品制造方法，不适用于制造设备专利，也不适用于“作业方法”（即只产生技术效果而不产出产品的方法），比如产品检测的方法、[4] 原材

1《最高人民法院关于知识产权民事诉讼证据的若干规定》（法释〔2020〕12号）第3条。

2 山东瀚峰生物科技有限公司、上海凯赛生物技术研发中心有限公司侵害发明专利权纠纷上诉案，最高人民法院民事判决书（2019）最高法知民终157号。相同裁判意见参见例如：李阳与唐山宝翔化工产品有限公司侵害发明专利权纠纷再审案，最高人民法院民事判决书（2020）最高法民再183号；宜宾长毅浆粕有限责任公司与巴州泰昌浆粕有限公司侵害发明专利权纠纷案，最高人民法院民事裁定书（2019）最高法民申2652号。

3 *See*, *e. g.* , WIPO document HL/CE/Ⅲ 2 Supp. 4, of November 27, 1986, at: http://www.wipo.int/mdocsarchives/HL_CE_Ⅲ_87/HL_CE_Ⅲ_2%20Supp%204_E.pdf; Eli Lilly and Co. v. American Cyanamid Co. , 82 F. 3d 1568, 1573 (Fed. Cir. 1996).

4 参见胡小泉与朱江蓉等侵害发明专利权纠纷上诉案，山东省高级人民法院民事判决书（2018）鲁民终870号（本案涉及一种药品检测方法）。*See also* Momenta Pharms. , Inc. v. Teva Pharms. USA Inc. , 809 F. 3d 610 (Fed. Cir. 2015).

料筛查的方法、[1] 能量转换的方法、[2] 数据处理方法。[3]

“权利行使解困说”和“反境外侵权规避说”只是从方法专利保护的单一侧面出发来解释延伸保护，也就只能解释延伸保护制度的局部。从方法专利保护的总体出发，才可能全面地理解延伸保护制度。延伸保护是延伸方法专利的保护范围，即从权利要求界定的方法延伸到“依照专利方法直接获得的产品”。依照我国《专利法》第64条第1款，专利保护范围以权利要求为准，即专利权保护对象的外延范围由权利要求界定之技术方案组成。照此，方法专利的保护范围应限定为“方法”，其权能也就限于“使用”。但《专利法》第11条第1款规定之“延伸保护”要求将“依照方法专利直接获得的产品”纳入专利保护范围，也就是将方法专利权的保护对象外延范围延伸于此。在这个意义上，延伸保护类似于等同侵权原则，都是将专利保护范围扩展到权利要求界定的技术方案之外，尽管二者的方式截然不同。延伸保护因此成为《专利法》第64条第1款的例外。

将延伸保护理解为延伸方法专利保护对象的外延范围，足以解释《专利法》第11条第1款关于方法专利权的权能配置。“依照专利方法直接获得的产品”享有专利保护，其权能应类似于产品专利，即包括制造、销售、许诺销售、使用、进口等权能。因为制造“依照专利方法直接获得的产品”就必然要实施专利方法，即“使用”专利方法，也就没有必要重复规定。

将延伸保护理解为延伸方法专利保护对象的外延范围，还足以解释延伸保护为何限定于依照专利制造方法直接获得的产品，为何又不适用于作业方法专利和用途方法专利。专利保护范围的一般原则是，公平地保护专利权人的利益，兼顾公众对权利范围的合理信赖利益。[4] 一方面，不给予制造方法专利以

1 *See* Bayer AG v. Housey Pharmaceuticals Inc. , 340 F. 3d 1367 (Fed. Cir. 2003) ; NTP, Inc. v. Research in Motion, Ltd. , 418 F. 3d 1282 (Fed. Cir. 2005) , *cert. denied*, 546 U. S. 1157 (2006) . *See also* BGH Case X ZR 124/15, 27 September 2016.

2 参见北京先行新机电技术有限责任公司诉广州智光电气股份有限公司侵犯发明专利权纠纷上诉案，广东省高级人民法院民事判决书（2010）粤高法民三终字第271号（本案涉及一种高电压电力的变换方法专利）。

3 参见宋建文诉明导（上海）电子科技有限公司等侵犯发明专利权纠纷案，上海市第一中级人民法院民事判决书（2008）沪一中民五（知）初字第182号（本案涉及利用图形界面快速完成端口连接的方法专利）。

4 *See* Protocol on the Interpretation of article 69 of the European Patent Convention. 同时参见《北京市高级人民法院专利侵权判定指南（2017）》第1条；孔祥俊、王永昌、李剑：《〈关于审理侵犯专利权纠纷案件应用法律若干问题的解释〉的理解与适用》，载《人民司法》2010年第3期，第29页。

延伸保护，对专利权人而言不公平。即便他发现并能证明市场上出售或使用的产品是利用其专利方法获得的（比如带有特别的残留物质），他也没有权利要求侵权人停止侵害，无力迫使其提供侵权使用其专利方法之人的具体信息，更难以追究侵权实施人的法律责任。[1] 另一方面，如果延伸保护过宽，则难以保证公众对延伸保护范围的合理信赖利益。专利授权公告之后，即为公众所知。此处的“公众”是以所属领域普通技术人员为主体评判标准。[2] 鉴于产品组成和结构与其制造方法之间具有一致性，公众面对产品之时，有可能识别得出它是由特定专利方法直接获得，进而采取措施避让而免于侵权。但是，如果产品是依照专利方法“间接获得”的，公众就难以查知其是否依照特定专利方法得来，也难以知晓其延伸保护范围而采取避让措施。此外，就作业方法而言，其产生技术效果而并不固结为特定产品，但技术效果与作业方法之间又没有一致性：同样的技术效果可以通过多种作业方法得到。随着技术的发展，达到同样技术效果的方法总是越来越多。一种产品的检测、原材料筛选等方法，往往适用多种产品。公众根据所面对的特定产品也就难以反推以得知其原材料筛选方法或产品质量检控方法。如果大多数情况之下公众无法做到这一点，也就无从评判该产品是否落入延伸保护范围，更无从谈起如何采取避让措施了。对他们而言，这样的延伸保护制度就不能给予合理的法律确定性。

（二）区分新产品与现有产品制造方法专利

基于比例原则，判定延伸保护范围之时，应当区分两种创新程度截然不同的制造方法专利：现有产品制造方法专利与新产品制造方法专利。“新产品制造方法专利”并非新的法律概念。TRIPs协定第34条第1款即规定，新产品制造方法专利侵权纠纷之中，WTO成员的司法机构应有权责令制造同样产品的被告举证以证明该产品是采用不同方法得到的。我国《专利法》第66条对新产品制造方法专利也予以特别保护，规定“制造同样产品的单位或者个人应当提

----

1 值得一提的是，不给予制造设备专利以延伸保护并不会给专利权人造成不公平。的确，制造设备专利权人时常难以证明他人侵权使用其专利设备，但制造设备是产品，其市场销售、许诺销售或进口也都构成侵权。专利权人可以直接追究销售商的专利侵权责任。涉诉时，他们也有积极性提供侵权设备制造商的信息：一旦提供侵权设备的合法来源，他们就可依照《专利法》第67条而不承担赔偿责任。总体来看，这些制度安排足以使得制造设备专利权人获得公平的专利保护。

2 北京百度网讯科技有限公司、北京搜狗科技发展有限公司与国家知识产权局发明专利权无效行政纠纷上诉案，最高人民法院行政判决书（2019）最高法知行终1号，载入《最高人民法院知识产权案件年度报告（2019）》。

供其产品制造方法不同于专利方法的证明”。此处“新产品”是指在国内外第一次生产出的产品，且该产品与专利申请日之前已有的同类产品相比，在产品的组分、结构或者其质量、性能、功能方面有明显区别。[1]

尽管“新产品”之“新”与“新颖性”相关，[2] 似乎暗示“新产品”就是“新颖的产品”，应类推适用《专利法》第22条规定之新颖性的评判标准，但“新产品”与既有的同类产品应有“明显区别”。原因在于，认定新产品的目的在于证明被告在制造同样产品时具有实质性的可能性是使用专利方法的。对于既有产品而言，同样的产品通常有多种方法制得。新产品如果与既有产品差别不大，即便被告不具有创造能力，他也可以对现有制造方法进行显而易见的改进而不必使用原告的专利制造方法就能制造同样的产品。反之，如果新产品与既有产品区别明显，而鉴于创造力是一种稀缺能力，被告客观上不太可能通过现有技术或简单改进现有技术而制造同样的产品，才可推测以下情况具有实质可能性：被告是使用新产品制造方法制造同样的产品。

相对于新产品制造方法专利，也就有“现有产品制造方法专利”，即在国内外并非第一次生产出的产品，该产品与方法专利申请日之前已有产品相比，在产品的组分、结构或者质量、性能、功能方面没有明显区别。在方法专利申请日之前，“现有产品”也就是能通过既有方法生产得到的产品。

对于现有产品制造方法专利，其延伸保护范围只应及于原始产品。这对于公众而言，根据权利要求就能确定依照专利方法获得的原始产品，其延伸保护范围因此可以合理确定。对于专利权人来说，此种延伸保护范围也公平。现有产品制造方法专利的贡献在于方法本身，即发明一种制造现有产品的新方法。后续处理步骤或是源于现有技术，或是源于他人智慧结晶。专利权利要求撰写

----

1 参见上海凯赛生物技术股份有限公司、凯赛（金乡）生物材料有限公司与山东瀚霖生物技术有限公司等侵害发明专利权纠纷案，最高人民法院民事判决书（2021）最高法知民终1305号，列入2021年中国法院50件典型知识产权案例；王欣与北京东升天保堂连锁药店有限公司侵害发明专利权纠纷上诉案，最高人民法院民事判决书（2021）最高法知民终15号；义乌市贝格塑料制品有限公司等与上海艾尔贝包装科技发展有限公司等侵害发明专利权纠纷再审申请案，最高人民法院民事裁定书（2018）最高法民申4149号，载入《最高人民法院知识产权案件年度报告（2018）》。同时参见《北京市高级人民法院专利侵权判定指南（2017）》第112条。

2 《最高人民法院关于审理侵犯专利权纠纷案件应用法律若干问题的解释》（法释〔2009〕21号）第17条规定，产品或者制造产品的技术方案在专利申请日以前为国内外公众所知的，人民法院应当认定该产品不属于专利法第66条规定的“新产品”。本条规定之“申请日前为国内外公众所知”与专利法第23条第4款“现有技术”表述相同。

之际，专利申请人熟悉现有技术，可以合理地预测方法专利所得原始产品可能经过的后续处理步骤以及相应得到之原始产品，通过从属权利要求体系而充分保护自身权益。

另外，如果现有产品制造方法专利的延伸保护超出原始产品，不仅让其保护范围不确定而损害公众信赖利益，还容易被战略性地利用来不适当地维持过期专利产品的市场地位。具体来说，申请产品专利时，专利权人倾向于保留高效的制造方法而不在专利说明书中公开，等到取得产品专利之后再就中间产品申请制造方法专利。待到产品专利保护过期之后，公众至多可以自由地使用不具竞争优势的制造方法，而专利权人却能通过中间产品制造方法专利的延伸保护来继续维持过期专利产品的市场地位。如在*Eli Lilly & co. v. American Cyanamid Co.* 案中，原告1975年就头孢克洛取得产品专利，随后就其制造方法的各个方面（包括中间产品的制造方法）取得多项专利权。在它们过期之后，原告又从第三方购买涉案方法专利并发动诉讼，该专利还是制造头孢克洛中间产品的制造方法专利。原告采取如此周密的专利战略，试图在头孢克洛专利期之外继续通过其中间产品制造方法专利的延伸保护来维持头孢克洛的市场地位。这激起了法院保护市场竞争秩序的义愤。尽管案涉专利方法制造的中间产品烯醇头孢菌素唯一的商业用途就是制造头孢克洛，但美国联邦巡回上诉法院认为，后续的处理步骤使得烯醇头孢菌素结构上发生实质性改变，拒绝给予延伸保护。[1] 尽管这一判决曾遭批评，[2] 但充分地说明，对现有产品制造方法专利的延伸保护应当限制到原始产品，方能挫败私人妨碍市场竞争的专利战略，从而维护公共利益。

就新产品制造方法专利而言，其延伸保护范围不仅应及于依照专利方法原始获得的产品，还应及于经过后续处理之后仍区别于现有产品的后续制得产品。对于公众而言，延伸保护范围根据所得产品与现有产品的关系就可以确定，具有合理的法律确定性。对专利权人而言，只要后续制得的产品对现有产品还有贡献就应享有延伸保护，与其创新贡献成比例，也很公平。另一方面，如果新产品制造方法专利的延伸保护仍限制于原始产品，则会造成不公平。因

----

1 *See* Eli Lilly and Co. v. American Cyanamid Co. , 82 F. 3d 1568, 1573 (Fed. Cir. 1996) .

2 Stephen Maebius, "Extending Process Claims from Intermediate to Final Product: Avoiding the Trap of Eli Lilly, " Journal of Patent and Trademark Office Society, Vol. 80, No. 4 (1998) , pp. 297–301; Thomas Bilodeau, "When Are Pharmaceutical Products Materially Changed from an Intermediate Compound? (Eli Lilly & Co. v. American Cyanamid, 82 F. 3d 1568, Fed. Cir. 1996.) , " George Mason Law Review, Vol. 6, No. 2 (1998) , pp. 339–364.

为专利制造方法所得产品是“新产品”，显著区别于既有产品，其可能经过何种后续处理并获得何种产品，对所属领域技术人员和专利权人来说，都难以合理预知。就是说，法律上不能合理地要求专利权人在撰写权利要求之际采用从属权利要求体系而将各种后续处理步骤都纳入专利保护范围之中。由此，嗣后适用原始产品检验法确定延伸保护范围，不过是惩罚新产品制造方法专利权人不能预测全部后续处理步骤及其相应的原始获得产品而已。何来公平？

或有意见认为，这并不是问题，此时可以类推适用“等同原则”而给予专利权人公平的专利保护。代表性的观点认为，专利权人在撰写权利要求时不能预见到以后侵权者可能采取的所有侵权方式，为此专利法上承认“等同侵权”，即对权利要求的文字所表达的保护范围作出适度扩展，将仅仅针对专利技术方案作出非实质性变动的情况认定为构成侵权。[1] 按照等同侵权的思路，既然新产品制造方法专利权人难以预见后续处理步骤和相应的原始产品，如果在专利方法之外另外添加“非实质性”步骤，就应将所得之产品认定为“依照专利方法直接获得”的产品，以便实现方法专利的公平保护。但问题是，这可能导致延伸保护范围违背比例原则。就现有产品的制造方法专利而言，因为是现有产品，所属领域的技术人员对其制造方法熟悉，更多的附加步骤依照其认知能力和知识水平是“非实质性”的，延伸保护范围反而过宽。就新产品的制造方法而言，因为是新产品，相对于现有产品而言，所属领域的技术人员对其制造方法更陌生，相对较少的附加步骤依照其认知能力和知识水平是“非实质性”的，延伸保护范围反而窄。

可见，依照比例原则确定延伸保护范围，既能公平地保护专利权人的利益，又能保护公众的合理信赖利益，符合超大规模统一大市场建设的现实要求。为此，延伸保护应当区分现有产品制造方法专利和新产品制造方法专利：前者延伸保护范围应当限制于原始产品，而后者应当超越原始产品，及于后续步骤所得之产品，只要获得之产品还构成“新产品”。

1 参见朱志超、海南益深达建筑结构工程有限公司与海南庆豪房地产开发有限公司、海南庆豪房地产开发有限公司三亚分公司侵害实用新型专利权纠纷上诉案，最高人民法院民事判决（2020）最高法知民终1521号；山东阳谷达盛管业有限公司、山东卓睿达盛管业有限公司与顺方管业有限公司侵害发明专利权纠纷上诉案，最高人民法院民事判决书（2020）最高法知民终26号；上海濠河实业有限公司、上海明伟电子科技有限公司与中山市管家电器科技有限公司及莫威才侵害实用新型专利权纠纷上诉案，最高人民法院民事判决书（2020）最高法知民终1571号；厦门市福朗电子有限公司与厦门广泓工贸有限公司侵害实用新型专利权纠纷上诉案，最高人民法院民事判决书（2020）最高法知民终1433号。

第三节　设计专利保护范围之确定成本的制度优化

超大规模统一大市场要求外观设计专利保护范围不仅要对专利权人公平，而且在法律上可预期，能够维护公众的合理信赖利益。但遗憾的是，这个目标难以有效达成，因为我国现行外观设计专利制度存在以下两个重大法律问题：（1）“一般消费者”作为评判主体，其知识水平和认知能力难以建构；（2）难以确定与专利外观设计相同或近似的外观设计（以下简称“近似外观设计”）的具体范围。

一、现状与问题

（一）由“一般消费者”不能建构评判主体的认知能力和知识水平

目前，我国外观设计专利制度以“一般消费者”作为侵犯外观设计专利权的评判主体，也就是确定设计专利之保护范围的主体标准。《最高人民法院关于审理侵犯专利权纠纷案件应用法律若干问题的解释》（法释〔2009〕21号）第8条规定：“在与外观设计专利产品相同或者相近种类产品上，采用与授权外观设计相同或者近似的外观设计的，人民法院应当认定被诉侵权设计落入专利法第59条第2款规定的外观设计专利权的保护范围。”该司法解释第10条同时规定：“人民法院应当以外观设计专利产品的一般消费者的知识水平和认知能力，判断外观设计是否相同或者近似。”

然而，“一般消费者”的知识水平和认知能力却难以构建，因为法律上不明确应该以其消费购买行为还是其产品使用行为作为根据？自外观设计专利制度建立到2008年《专利法》修正，一般消费者的认知能力和知识水平是依照消费购买行为建构的。学界一直有观点认为，外观设计专利侵权判断的主体界定为外观设计产品的一般消费者并不明确，应界定为被控侵权产品的“实际购买者”。[1] 照此“一般消费者”是《商标法》之中“相关公众”在外观设计专利制度的投影，外观设计专利保护与《商标法》和《反不正当竞争法》相仿，都是围绕防止商品来源混淆而展开。《专利审查指南》（2001年）曾经规定，判断外观设计是否相同或者相近似时，以外观设计产品的一般消费者是否“容易混淆”为判断标准。如果一般消费者在试图购买被比外观设计产品时，在只

1　参见胡充寒：《外观设计专利侵权审判实务疑难问题探析》，载《知识产权》2012年第6期，第35-36页。

能凭其购买和使用所留印象而没有见到被比外观设计的情况下，会将在先设计误认为是被比外观设计，即产生混同，则可以判定被比外观设计与在先设计相同或者与在先设计相近似；否则，两者既不相同，也不相近似。同时，《专利审查指南》（2001年）第5部分第4章还强调“判断主体是一般消费者，而不是专家或者专业设计人员，他以一般注意力分辨产品的外观设计”。此处强调“一般注意力”，“异时异地比对”，就商标侵权之中的相关公众施加一般注意力进行隔离比对原则，基于不精确的印象予以评判；[1] 其强调“容易混淆”“误认”“产生混同”与商标侵权“容易导致混淆”难以区分。司法系统也长期持有这种观点，在阐释《最高人民法院关于审理侵犯专利权纠纷案件应用法律若干问题的解释》（法释〔2009〕21号）第11条时，最高人民法院的法官普遍认为“在整体视觉效果上无实质性差异”与商标法上的“混同”本质上一致。[2]

2008年《专利法》修正，“一般消费者”的法律概念被重新定义。尽管《专利法实施细则》和《审查指南》沿用“一般消费者”的表述，但《专利审查指南》（2010年）已经不再要求一般消费者“容易混淆”“误认”或“混同”，也不再要求“异时异地”的比对。同时，《专利审查指南》（2010年）通过界定“知识水平”和“认知能力”重构了一般消费者的法律概念。《专利审查指南》（2010年）第四部分第五章第2节规定，一般消费者对涉案专利申请日之前相同种类或者相近种类产品的外观设计及其常用设计手法具有常识性的了解。常用设计手法包括设计的转用、拼合、替换等类型。他们对外观设计产品之间在形状、图案以及色彩上的区别具有一定的分辨力，但不会注意到产品的形状、图案以及色彩的微小变化。我国司法意见亦随之转变。比如，最高人民法院在审理“接线盒外观设计案”时指出，一般消费者是法律拟制的人，其对涉案专利申请日以前相同或者近似种类产品的外观设计及其常用设计手法

1 《最高人民法院关于审理商标民事纠纷案件适用法律若干问题的解释》（法释〔2020〕19号）第10条规定：“人民法院依据商标法第57条第（1）（2）项的规定，认定商标相同或者近似按照以下原则进行：

（一）以相关公众的一般注意力为标准；

（二）既要进行对商标的整体比对，又要进行对商标主要部分的比对，比对应当在比对对象隔离的状态下分别进行；

（三）判断商标是否近似，应当考虑请求保护注册商标的显著性和知名度。”

2 孔祥俊、王永昌、李剑：《〈关于审理侵犯专利权纠纷案件应用法律若干问题的解释〉的理解与适用》，载《人民司法》2010年第3期，第31-32页。

有常识性了解，对外观设计产品之间在形状、图案以及色彩上的区别具有一定的分辨力，但不会注意到产品的形状、图案以及色彩的微小变化。[1]

“一般消费者”被重新定义之后，随即引发了深层次的法律矛盾。《专利审查指南》一方面强调一般消费者施加“一般注意力”（有时还强调“印象”），另一方面又强调基于外观设计产品使用进行评判。《专利审查指南》（2001年）第五部分第四章曾一般性地规定，“判断主体是一般消费者，而不是专家或者专业设计人员，他以一般注意力分辨产品的外观设计”。2010年《专利审查指南》修改之后，第五部分第四章第2节规定“一般消费者”之时，已经不再提及“一般注意力”，而是强调“一定的分辨力”。但是，该章第5节特别提到，如果“区别在于施以一般注意力不能察觉到的局部的细微差异”，涉案专利与对比设计即构成实质相同。就“组件产品”评判新颖性时，该节特别强调“一般消费者会对单个构件的外观留下印象”时，应当以插接组件的所有单个构件的外观为对象。透过这些规范表述，从“一般消费者”身上还依稀可见“相关公众”的影子，其施加的注意力与相关公众购买商品时一模一样——“一般注意力”。而且，一旦提到“一般消费者”，最高人民法院至今仍首先想到“购买行为”。比如，最高人民法院在审理“云台外观设计案”时强调，判断两项外观设计是否相同时，应当基于一般消费者的知识水平和认知能力，而一般消费者在购买手持设备时显然更加关注产品外观设计的整体视觉效果。[2] 另一方面，专利法又强调“产品使用”对于外观设计专利保护范围评判的基础作用。《专利法实施细则》（2010年）第28条要求“简要说明应当写明外观设计产品的名称、用途”，而现行《专利法》第64条第2款明确“简要说明”可以解释外观设计专利的保护范围。现行《专利审查指南》又表明，一般消费者应以产品使用行为——而非产品购买行为——为基础评判外观设计是否具有新颖性。《专利审查指南》（2023）第五部分第四章第5节强调，应当以涉案使用状态所示的外观设计作为与对比设计进行比较的对象，其判断结论取决于对产品各种使用状态的外观设计的综合考虑；涉案专利与对比设计的区别在于使用时不容易看到或者看不到的部位，则二者属于实质相同。《专利审查指南》（2023）第五部分第四章第6节强调，对涉案专利与现有设

1 WAGO管理有限责任公司与国家知识产权局、第三人进联电子科技（上海）有限公司外观设计专利权无效行政纠纷上诉，最高人民法院行政判决书（2019）最高法知行终159号。

2 深圳市大疆灵眸科技有限公司与国家知识产权局等外观设计专利权无效行政纠纷上诉案，最高人民法院行政判决书（2020）最高法知行终356号。

计进行整体观察时，应当更关注使用时容易看到的部位。但是，购买产品施加的注意力水平与使用产品施加的注意力水平是两回事情。让人费解的是，以“一般消费者”评判外观设计的新颖性时，应以其购买外观设计产品时的注意力为准，还是以其使用外观设计产品时的注意力为准？

（二）由“整体观察、综合判断”不能确定外观设计专利的保护范围

外观设计专利权的保护范围看似容易确定，实则不然。《专利法》第64条第2款规定：“外观设计专利权的保护范围以表示在图片或者照片中的该产品的外观设计为准，简要说明可以用于解释图片或者照片所表示的该产品的外观设计。”但是，“以表示在图片或者照片中的该产品的外观设计为准”并不能借此确定外观设计专利的保护范围。《最高人民法院关于审理侵犯专利权纠纷案件应用法律若干问题的解释》（法释〔2009〕21号）第8条规定：“在与外观设计专利产品相同或者相近种类产品上，采用与授权外观设计相同或者近似的外观设计的，人民法院应当认定被诉侵权设计落入《专利法》第59条第2款规定的外观设计专利权的保护范围。”尽管评判被诉侵权产品是否落入外观设计专利权的保护范围，虽然表述上也采用“落入”，但评判方法截然区别于发明和实用新型专利的侵权判定。后者是周边限定的保护方式，评判被诉侵权技术方案是否属于专利技术方案的实施例，是否具备其全部技术特征；而前者是中心限定的保护方式，评判被诉侵权产品的外观设计与专利外观设计是否在整体视觉效果的意义上“近似”。《最高人民法院关于审理侵犯专利权纠纷案件应用法律若干问题的解释》（法释〔2009〕21号）第11条第1款规定：“人民法院认定外观设计是否相同或者近似时，应当根据授权外观设计、被诉侵权设计的设计特征，以外观设计的整体视觉效果进行综合判断……”本条第3款规定：“被诉侵权设计与授权外观设计在整体视觉效果上无差异的，人民法院应当认定两者相同；在整体视觉效果上无实质性差异的，应当认定两者近似。”于是，关键的问题变为：如何评判被诉侵权设计与授权外观设计之间的差异有无“实质性”？

更糟糕的是，无论是这条司法解释还是司法实践，都强调应遵循“整体观察、综合判断”的法律原则，却没有给出裁判“外观设计近似”的法律标准。这条司法解释明确“以外观设计的整体视觉效果进行综合判断”。最高人民法院在审理“拖拉机外观设计案”时指出，判断被诉侵权设计与授权外观设计是否相同或近似，应当遵循整体观察、综合判断的比对原则。所谓“整体”，是指比对时应观察产品可视部分的全部设计特征。所谓“整体观察”是强调从整体把握。最高人民法院在审理“产蛋箱外观设计案”时指出，通过整体观察、

要素比较和综合判断是否构成外观设计专利侵权过程之中，应考虑外观设计专利产品与被控侵权产品的整体形状、各自外形的比例关系和颜色搭配。[1]“整体观察”并不是只观察整体而不考察局部。最高人民法院审理“食物搅碎机外观设计案”时指出，产品各组成部分的具体形状、相对位置关系及由此形成的产品整体形状均可进行较为丰富的设计变化，一般消费者既会关注产品的整体形状，也会关注产品各部分的具体设计。[2]另一方面，最高人民法院在审理“拖拉机外观设计案”时指出，所谓“综合”，是指对能够影响产品外观设计的整体视觉效果的所有因素应一体把握。这就是说，一般消费者在将被诉侵权设计与授权外观设计进行具体比对时，应当根据整体而非仅依据局部的设计变化来判断授权外观设计与被诉侵权设计在视觉效果上是否具有明显区别；同时，在权衡对产品外观设计的整体视觉效果产生影响的全部设计特征时，既要注意设计相同点对于整体视觉效果的影响，又要考虑设计区别点对于整体视觉效果的影响，经过全面评估后最终得出两者在整体视觉效果上是否存在差异以及所存在的差异是否构成实质性差异的结论。[3]

无可争议的是，即便不讨论产品局部外观设计专利侵权，整体观察、综合判断的法律原则也只是给出评判的方法，而没有给出评判“无实质性差异”的具体法律标准。如果被诉侵权设计与授权外观设计之间的区别点大于相同点，通常不存在侵权问题。例如，广东省高级人民法院在审理“蓝牙音响（弧形）外观设计案”时指出，被诉侵权产品外观设计与专利产品外观设计之区别所涉及的部分在产品整体中所占比例较大，均不属于施以一般注意力不能察觉到的局部细微差异，对整体视觉效果会产生显著影响。[4]但是，如果被诉侵权设计与授权外观设计之间的相同点大于区别点，麻烦则在所难免。如何评判二者差异是“无实质性”的？就此，《最高人民法院关于审理侵犯专利权纠纷案件应用法律若干问题的解释》（法释〔2009〕21号）第11条强调比对被诉侵权设计与授权外观设计，而最高人民法院在审理“拖拉机外观设计案”时乐观地认

---

1 山东金巢机械有限公司与张学亮、安徽旌德佳兴畜禽有限公司侵害外观设计专利权纠纷再审案，最高人民法院民事判决书（2021）最高法民再32号。

2 常州无限生活电子商务有限公司与汪恩光、常州市墅乐厨具有限公司侵害外观设计专利权纠纷再审案，最高人民法院民事判决书（2020）最高法民再376号。

3 山东巨明机械有限公司与武汉市知识产权局专利行政处理纠纷上诉案，最高人民法院行政判决书（2020）最高法知行终512号。

4 深圳市润鑫丰科技有限公司与深圳市狂热者数码科技有限公司侵害外观设计专利权纠纷上诉案，广东省高级人民法院民事判决书（2020）粤民终1226号。

为，“全面评估”这两个外观设计的相同点和区别点就可以正确得出二者差异是否构成“实质性差异”。但是，“实质性”并没有因此而取得规定性，究竟几成相似构成“实质性相似”？

二、改革评判主体：由“一般消费者”到“一般使用者”

（一）不应借鉴美国专利法中的“普通观察者”

或有意见认为，中美都具有超大规模的国内大市场，我国应该借鉴美国外观设计专利制度之中的“普通观察者标准”。美国评判外观设计是否具有新颖性时仍然采用“普通观察者标准”（ordinary observer test），这与我国2008年《专利法》修正之前的“一般消费者”标准至少看似一致。但是，美国专利法之下的“普通观察者”并不普通，其知识水平和认知能力毫不逊色于懂行用户。在*Egyptian Goddess Inc. v. Swissa Inc.* 案中，美国联邦巡回上诉法院全席审判后指出，普通观察者熟悉现有设计，并以现有设计作为参照物来评判被控产品设计是否侵犯外观设计专利。如果现有设计之中有诸多相似外观设计，被控产品设计与专利设计之间的区别如果只是抽象来看，它们或许并不显著，但对于通晓现有设计的普通观察者（ordinary observer who is conversant with the prior art）而言，它们可能非常重要。[1] 在外观设计专利侵权诉讼之中，被告可以举出与专利外观设计最接近的现有设计作为被控产品设计是否侵犯外观设计专利评判的参照基点。[2] 可见，在美国专利法之下，作为评判主体的普通观察者通晓全部现有设计，并能从中选择最接近的现有设计。普通观察者的知识水平和认知能力一点也不普通，甚至一点不逊色于懂行用户。此外，作为评判主体的普通观察者还会注意到专利外观设计与最接近现有设计之间的区别，这也表明普通观察者的注意力水平也不会低于懂行用户。

但糟糕的是，“普通观察者”的法律标准杂糅，同样缺乏客观建构其认知水平和认知能力的事实基础，既不能给予专利权人公平保护，又无法兼顾公众的合理信赖利益。普通观察者检验标准肇始于美国联邦最高法院审理的1871年*Gorham Manufacturing Co. v. White*案，[3] 当时的普通观察者类似于普通消费者。2008年美国联邦巡回上诉法院全席审判的*Egyptian Goddess Inc. v. Swissa Inc.* 案不是简单地回归普通观察者检验法，而是从根本上改变它。

---

1 Egyptian Goddess Inc. v. Swissa Inc.，543 F. 3d 665，678（Fed. Cir. 2008）（en banc）.

2 Egyptian Goddess Inc. v. Swissa Inc.，543 F. 3d 665，678-79（Fed. Cir. 2008）（en banc）.

3 Gorham Manufacturing Co. v. White，81 U. S. 511（1871）.

该案判决强调，新颖点检验法不是评判外观设计专利侵权成立与否的单独评判标准，被控产品设计是否包含全部专利外观设计的新颖点并不是外观设计专利侵权与否的评判标准。但这不是说专利外观设计的新颖点在专利侵权评判之中不应予以考虑，而是说应该放到整体视觉效果之中予以考察，外观设计专利侵权判定因此适用的是“参照现有设计的普通观察者检验法”（ordinary observer test with reference to prior art designs）。[1] 此种普通观察者检验法已经融合了新颖点检验法。可是，新颖点识别超出普通消费者的认知范围而属于所属领域设计人员的认知范围；此种检验法却名不副实地被称为“普通观察者检验法”。此外，参照最接近现有设计评判被控产品设计是否侵犯外观设计专利权，类似于结合最接近现有设计与专利外观设计评判被控产品设计是否“显而易见”——这在美国专利法之下的评判主体是所属领域设计人员。可见，美国判例法已经让普通观察者沦为实实在在的假设人，大家只知道他会观察，他不是普通消费者也不是所属领域设计人员，但大家不知道应当基于何种外部事实条件在具体案例中建构得到他的认知能力和知识水平。

（二）推进我国裁判标准向“一般使用者”演进

“一般消费者”的主体评判标准已经不敷适用。固守“一般消费者”很容易得出错误的法律判断。比如，在陈某跃诉国家知识产权局专利复审委员会及第三人宁波燎原灯具股份有限公司外观设计专利权无效行政纠纷案中，[2] 专利复审委员会将“路灯”产品外观设计的一般消费者界定为“行人”，而北京市第一中级人民法院根据“一般消费者”的概念得出了完全不同的结论。北京市第一中级人民法院审理认为，外观设计是基于工业产品产生，并通过区别于同类产品且富于美感的外观吸引消费者的注意，赢得消费者的喜爱，故只有对此类产品具有关注的心理状态并在此基础上具有一定知识水平和认知能力的一般消费者才具有进行判断的能力。就路灯类产品而言，具有关注此类产品的心理状态并具有一定的知识水平和认知能力的一般消费者应当是这类产品的购买者、安装以及维护人员。由于路灯产品是安装于数米高的电线杆的顶部，通常情况下与行人距离较远，或者因路灯与行人所处的明显的高低位置关系而不便观察，行人对上部为灯罩、灯罩内设有灯泡的路灯产品一般不会施以注意，

----

1 Egyptian Goddess Inc. v. Swissa Inc. , 543 F. 3d 665, 677 (Fed. Cir. 2008) (en banc). See also Lanard Toys Limited v. Dolgencorp LLC and Ja-Ru, Case No. 2019-1781 (Fed. Cir. May 14, 2020).

2 北京市第一中级人民法院行政判决书（2005）一中行初字第455号。

故“行人”不是路灯设计的“一般消费者”。但本案上诉后，这一观点被推翻。[1] 北京市高级人民法院认为，路灯类产品使用于公共场所，是为行人、车辆照明而设置的，并有美化、装饰环境作用，除俯视图不易被行人观察到以外，其外观设计从其他角度均可直接观察到，行人对于路灯的形状具有一定的分辨力，故应作为对路灯产品的外观设计状况具有常识性了解的一般消费者。北京市高级人民法院还指出，“路灯产品的购买、安装以及维护人员在购买、安装、维修时，也要考虑到路灯在使用时的状态，此时也是以普通行人的眼光进行观察的”。这一审判意见后来得到推广。《北京市高级人民法院关于审理外观设计专利案件的若干指导意见（试行）》（京高法发〔2008〕316号）第16条即明确规定：“一般消费者是指该外观设计专利同类产品或者类似产品物理效用的享用者。”

实际上，在具体专利无效宣告案件中，国家知识产权局认定的“一般消费者”知识水平和认知能力时常超过一般消费者，等同于资深用户。比如，在第29146号无效宣告请求审查决定之中，专利复审委员会认为：“作为汽车领域的判断主体，一般消费者应当知晓某类汽车产品的功能和用途；汽车产品的结构组成或布局、主要部件的功能和设计特点；以及影响整体视觉效果的各种因素，如该类产品的设计空间，并对不同设计特征对整体视觉效果的影响权重有一定的认知能力。”但让人吃惊的是，在专利复审委员会看来，一般消费者对汽车外观的“常识性了解”竟然可以达到这样细致和深刻的程度：“车身各个面是技术与美学的综合”；“汽车设计是从侧面开始的”；“从设计的顺序、难易和视觉关注程度综合考虑，汽车各个面对整体视觉效果的影响权重由高至低顺序依次是侧面、前面、后面、顶面”。这种常识性了解好像是资深用户的程度。而且国家知识产权局外观设计专利的资深专家阐释我国专利法之下“一般消费者的能力”时，有时援用欧盟和美国案例，强调用户的使用经验。[2]

尽管法院和国家知识产权局都没有否认“一般消费者”的评判主体地位，但不少案例已经承认“使用”才是一般消费者的知识水平和认知能力的基础。比如，最高人民法院在审理“音响（金刚便携式ＸＷＡＹ－M5）外观设计案”时认为，产品的外观设计特征应以该产品在正常使用时能够被直接观察到的特

---

1 北京市高级人民法院行政判决书（2005）高行终字第442号。

2 钱亦俊：《论外观设计专利性判断主体—— 一般消费者的能力》，载《知识产权》2011年第8期，第37-42页。

征为准。[1] 最高人民法院在审理"纸巾盒外观设计案"时指出，判断两项外观设计是否相同时，应从一般消费者的角度比较确定被比设计与对比设计之间的区别，通过整体观察将所述区别对于产品外观设计的整体视觉效果是否具有显著的影响进行综合判断。为此，在确定是否具有显著影响时，使用时容易看到部位的设计变化相对于不容易看到或者看不到部位的设计变化，通常对整体视觉效果更具有显著影响。[2] 最高人民法院在审理"立体瓶（艾诗500ML 罗马纹凹凸）外观设计案"时也指出，对外观设计专利与现有设计进行整体观察时，产品正常使用时容易被直接观察到的部位相对于其他部位通常对整体视觉效果更具有影响。[3] 最高人民法院在审理"手持淋浴喷头案"（指导案例第85号）时强调，涉案外观专利淋浴喷头产品的喷头、手柄及其连接处均为其正常使用时容易被直接观察到的部位，在对整体视觉效果进行综合判断时，均应予以重点考查。[4]

实际上，欧盟更早摒弃"一般消费者"而采用"懂行用户"（informed user）作为外观设计专利的评判主体。在2012年*Samsung v. Apple*外观设计侵权案中，英国上诉法院系统总结欧盟法院（特别是*C-281/10 PepsiCo Inc v. Grupo Promer*案）、欧盟知识产权局和欧盟各国司法意见，肯定"懂行用户"作为外观设计专利的评判主体具有如下特征：[5]（1）不同于商标法之下的普通消费者，他特别善于观察（particularly observant），或是基于个人经验或基于所属产品领域的广泛知识；（2）知晓产品所属领域的不同设计，并在一定程度上知晓纳入其中的常见设计特征；（3）因为对外观设计专利产品的兴趣而在其使用它们时有相当高的注意力；（4）直接比对专利外观设计与

1 深圳市良马知识产权服务有限公司与国家知识产权局、刘向东外观设计专利权无效行政纠纷上诉案，最高人民法院行政判决书（2020）最高法知行终416号。

2 黄岩坚美塑胶有限公司与国家知识产权局、第三人台州佐诚塑业有限公司外观设计专利权无效行政纠纷上诉案，国最高人民法院行政判决书（2020）最高法知行终62号。

3 维布络安舍（广东）日用品有限公司与国家知识产权局，第三人佛山市雅洁丽化妆品有限公司外观设计专利权无效行政纠纷上诉案，最高人民法院行政判决书（2020）最高法知行终63号。

4 高仪股份有限公司与浙江健龙卫浴有限公司侵害外观设计专利权纠纷再审案，最高人民法院民事判决书（2015）民提字第23号。同时参见张迪军与国家知识产权局专利复审委员会、慈溪市鑫隆电子有限公司外观设计专利无效行政案，最高人民法院行政判决书（2012）行提字第14号，载《中华人民共和国最高人民法院公报》2013年第10期，第25-32页。

5 Samsung v. Apple UK Court of Appeal 2012 EWCA 133，paras 39-51.

对比设计；（5）不是只在总体上感知外观设计而不进行分析，也不似专家那般而只关注其细节。2020年，欧盟委员会（European Commission）发布欧盟外观设计立法评估报告，认为“懂行用户”的主体标准适当，满足外观设计保护的制度要求。[1]

我国法院应该积极推进“一般使用者”作为外观设计专利的评判主体，这样可以更加公平地保护专利权人的利益，同时保护公众的合理信赖利益。即便肯定一般消费者对申请日之前相同种类或者相近种类产品的外观设计及其常用设计手法具有常识性的了解，理论和实践上都不得不承认，这种“常识性了解”不应根据产品购买行为而应根据产品使用行为来判断。因为购买行为相对短暂，一般消费者施加一般注意力只能获得浅表的认知。而使用过程则相对漫长，使用者与产品不断交互，注意力远高于购买之时一般消费者施加的一般注意力。产品外观通过产品用途和相应的使用过程向使用者充分显现。无论是使用者与产品的时空关系，其观察产品的视角、视域、视觉中心和周边环境等，还是产品外观各个局部影响相对于整体视觉效果的权重，都需要在产品充分的使用过程中才能建立。产品设计就是在给定的条件之下制造出满足需求的产品，而“需求”要在给定使用环境之下才能刻画和说明，进而才能根据材料、工艺、成本、技术功能等技术制约条件，设计产品的外观，包括构型、体积、外形、图案、颜色等。简言之，产品外观设计是追求产品使用之中的形式美，这种形式美也只有在产品使用之中才可以得到充分展示。由此，为公平保护专利权人利益，同时兼顾公众的合理信赖利益，应该根据产品使用行为确定外观设计专利之评判主体的知识水平和认知能力，所以“一般使用者”应代替“一般消费者”来作为外观设计专利的评判主体。

三、改革评判方法：由“两相比较”到“三相比较”

外观设计专利保护范围应该公平合理地确定，既公平保护专利权人的利益，又充分保护公众的合理信赖利益。就此，“两相比较”难以实现，而应采用“三相比较”。

所谓“两相比较”，是指将被诉侵权设计与授权外观设计进行比较。这样至多能够判断二者是否相似，但无法判断二者是否“实质性相似”。道理很简单，从二者之比较，无法确定授权外观设计的“实质”，也就无法确定其与被

1 Commission Staff Working Document Evaluation of EU legislation on design protection，available at：https：//ec. europa. eu/docsroom/documents/43705（16 June 2022）.

诉侵权设计的相似之处是否为实质性相似，也就无法合理公平地确定外观设计专利保护范围。

所谓“三相比较”，是指在评判被诉侵权设计与授权外观设计是否构成“实质性相似”时，引入现有设计来确定授权外观设计的“实质”，将三者进行三相比较才能确定是否真的构成“实质性相似”。如果被告没有提供现有设计，才可以简单粗暴地比较被诉侵权设计与授权外观设计。如果被告提供现有设计，并表明被诉侵权设计更接近现有设计，则不应认定与授权外观设计构成实质性相似。可见，通过“三相比较”可以更公平合理确定“实质性相似”，也就可以在个案中公平合理地划定外观设计专利的保护范围。

最高人民法院正在朝向“三相比较”进行改革。《最高人民法院关于审理侵犯专利权纠纷案件应用法律若干问题的解释》（法释〔2009〕21号）第11条暗示，应当比对被诉侵权设计、授权外观设计和特定现有设计来确定被诉侵权设计与授权外观设计是否“无实质性差异”而构成“近似”。《最高人民法院关于审理侵犯专利权纠纷案件应用法律若干问题的解释》（法释〔2009〕21号）第11条第2款规定，“授权外观设计区别于现有设计的设计特征相对于授权外观设计的其他设计特征”，通常对外观设计的整体视觉效果更具有影响。据此，“整体观察、综合判断”需要考察三组比对：（1）授权外观设计与特定现有设计的比对，以此确定“创新性设计特征”；（2）被诉侵权设计与授权外观设计的比对，着重考察被诉侵权设计是否包含或部分包含创新设计特征，以及其对整体视觉效果的影响；（3）被诉侵权设计与特定现有设计的比对，着重考察被诉侵权设计是否包含或部分包含创新性设计特征，以及其对整体视觉效果的影响。此处“特定现有设计”是具体的外观设计，为法院认定授权外观设计的实质设计内容提供了事实基础。通常而言，特定现有设计应当由被告提出；如果被告不提供，法院可以选择以外观设计专利权评价报告所载最接近的现有外观设计为准。基于特定现有设计提供的参照，法院才可以有效地评判被诉侵权设计与授权外观设计之间是否“无实质性差异”。这意味着，即便不主张现有设计抗辩，或者现有设计抗辩不成立，法院都应在外观设计专利侵权判定之中考虑现有设计。最高人民法院在审理“机动车轮胎外观设计案”时指出，在被控侵权产品设计与现有设计并非相同的情况下，为了保证对外观设计专利侵权判定作出准确的结论，应以现有设计为坐标，将被控侵权产品设计、现有设计和外观设计专利三者分别进行对比，然后作出综合判断。在这个过程中，既要注意被控侵权产品设计与现有设计的异同以及对整体视觉效果的影响，又要注意授权外观设计专利与现有设计的区别及其对整体视觉效果的影响力，考虑被控侵权产品的设计是否利用了授权外观设计专利与现有设计的区别点，在此基础上对被控侵权产品设计与现有设计是否无实质性差异作出判断。[1]

总结我国现有司法实践，“三相比较”的方法可以分三种情况讨论“实质性相似”的法律认定。第一种情况，被诉侵权设计与授权外观设计之间的相同点就是授权外观设计与特定现有设计之间的区别点（即创新性设计特征），被诉侵权设计与授权外观设计之间通常没有实质性差异。《北京市高级人民法院专利侵权判定指南（2017）》第144条即规定：“当被诉侵权设计与专利外观设计相同或相近似，且被诉侵权设计与现有设计视觉差异较小的情况下，如果被诉侵权设计使用了专利外观设计的设计要点，则应当认定现有设计抗辩不能成立；否则，现有设计抗辩成立。”最高人民法院在审理“LED路灯外观设计案”时认为，在被诉侵权设计采用了涉案专利设计与现有设计的主要区别设计特征情况下，被诉侵权设计在整体视觉效果上与涉案专利设计构成近似，与现有设计则存在实质性差异，二者既不相同也不近似。[2]

值得注意的是，创新性设计特征未必都能引起一般消费者的注意。《最高人民法院关于审理侵犯专利权纠纷案件应用法律若干问题的解释（二）》（法释〔2020〕19号）第14条规定：“人民法院在认定一般消费者对于外观设计所具有的知识水平和认知能力时，一般应当考虑被诉侵权行为发生时授权外观设计所属相同或者相近种类产品的设计空间。设计空间较大的，人民法院可以认定一般消费者通常不容易注意到不同设计之间的较小区别；设计空间较小的，人民法院可以认定一般消费者通常更容易注意到不同设计之间的较小区别。”由此产生如下问题：创新性设计特征是否会落入该条规定之“较小区别”？该条所称“设计空间”是从相同或相近种类产品的总体出发而言。最高人民法院在审理“拖拉机外观设计案”时指出，《最高人民法院关于审理侵犯专利权纠纷案件应用法律若干问题的解释（二）》（法释〔2020〕19号）第14条规定之“设计空间”，是指设计者在创作特定产品外观设计时的自由度。设计者在特定产品领域中的设计自由度通常要受到现有设计、技术、法律以及

---

1 株式会社普利司通与浙江杭廷顿公牛橡胶有限公司、北京邦立信轮胎有限公司侵害外观设计专利权纠纷再审案，最高人民法院（2010）民提字第189号民事判决书，选入2011年中国法院知识产权司法保护50件典型案例。

2 丹阳市盛美照明器材有限公司与童先平侵害外观设计专利权纠纷再审申请案，最高人民法院民事裁定书（2015）民申字第633号，载入《最高人民法院知识产权案件年度报告（2015）》。

人文观念等多种因素的影响和制约。[1] 这意味着，当设计空间较大时，创新性设计特征也可能落入“较小区别”的范畴之内。天津市高级人民法院在审理“汽车（2008款客户之星）外观设计案”时即指出，体现设计人员新颖的设计构思和创造性智力劳动的创新性设计特征的对应产品区域，如果具有较大的设计自由度，一般消费者通常不容易注意到不同设计之间的较小区别。[2]

第二种情况，被诉侵权设计与授权外观设计之间的相同点就是授权外观设计与特定现有设计之间的相同点，被诉侵权设计与特定现有设计之间通常没有实质性差异。特别是，被诉侵权设计与特定现有设计相同或基本相同，则构成现有设计抗辩。例如，最高人民法院在审理“拉杆箱外观设计案”时认为，在产品正常使用状态下，从涉案专利与现有设计比对情况看，被诉侵权产品的设计特征在现有设计中均已有所体现，按照一般消费者知识水平和认知能力，应认定被诉侵权产品的外观设计与涉案专利存在实质差异，不构成相同或近似，没有落入专利保护范围。[3] 最高人民法院在审理“雨篷架外观设计案”时认为，被诉侵权设计与现有设计采用了相同的设计手法，区别仅在于设计单元数量的增减变化。在产品的整体结构布局不变的情况下，该种数量变化不容易为一般消费者所注意，被诉侵权设计与现有设计构成近似，不侵犯涉案外观设计专利权。[4]

第三种情况，被诉侵权设计与授权外观设计之间的相同点既包括授权外观设计与特定现有设计之间的相同点也包括二者的区别点。这种情况之下，只有整体观察被诉侵权设计与授权外观设计、授权外观设计与特定现有设计以及被诉侵权设计与特定现有外观设计三者之间的相互关系，才可能综合三组比对结果而公允得出被诉侵权设计与授权外观设计之间是否“近似”。

实际上，由“三相比较”评判“实质性相似”的裁判规则具有统一的行为指引作用，让公众可以合理地预期法院裁判结果，从而有效安排商事活动，采

1 山东巨明机械有限公司与武汉市知识产权局专利行政处理纠纷上诉案，最高人民法院行政判决书（2020）最高法知行终512号。

2 上海星客特汽车销售有限公司与天津世之源汽车销售有限公司侵害外观设计专利权纠纷上诉案，天津市高级人民法院民事判决书（2014）津高民三终字第19号，选入2015年中国法院50件典型知识产权案例。

3 中山市北斗万得福电子科技有限公司、上海登鹤贸易有限公司侵害外观设计专利权纠纷再审申请案，最高人民法院民事裁定书（2019）最高法民申2577号。

4 浙江兰溪圣鹏旅游工艺品有限公司、浙江万来旅游工艺品有限公司与孙兴华侵害外观设计专利权纠纷再审案，最高人民法院民事判决书（2019）最高法民再278号，载入《最高人民法院知识产权案件年度报告（2019）》。

取避让措施而回避外观设计专利。首先，在他人专利外观设计的基础上增加设计要素或设计特征的，不得以二者整体视觉效果区别显著而主张不侵犯该外观设计专利权。尽管增加设计特征的确可能改变视觉效果，就如同化妆可以显著改变面部视觉效果一样，但在法律上却并不具备“实质性差异”。最高人民法院在审理“餐具用贴纸（十四）外观设计案”时指出，被诉侵权产品在采用与外观设计专利相同或者近似的外观设计之余，还附加有其他图案、色彩设计要素的，如果这些附加的设计要素属于额外增加的设计要素，则对侵权判断一般不具有实质性影响。[1] 例如，在最高人民法院审理的“食品包装罐案”中，涉案专利图片表示的该产品的外观设计只有形状，没有图案。最高人民法院认为，形状和图案在外观设计上属于相互独立的设计要素，在形状之上增加图案并不必然对形状设计本身产生视觉影响。在二者的形状设计构成近似的情况下，包含图案的被诉侵权产品仍然落入本案专利的保护范围。[2] 本案审理法院还特别指出，再审申请人的以下主张不能成立：“外观设计专利侵权的判定方法和原则不同于发明、实用新型专利，即使被诉侵权产品包括了专利的全部设计要素，如果因为增加设计要素导致整体视觉效果与涉案专利显著不同，也应当认定未落入专利权的保护范围。”[3] 上海知识产权法院在审理“笔外观设计案”时也持相同意见，认为专利外观设计不要求保护色彩、图案时，被诉侵权设计采用与专利外观设计近似的形状之余还附加色彩、图案等要素，属于额外增加的设计要素，对侵权判断不具有实质性影响。[4]

其次，形状、图案和色彩三种设计要素在外观设计专利侵权评判的地位因为设计特征之所在而不同。若是设计特征在于形状，形状对整体视觉效果的影

1 马培德公司与阳江市邦立贸易有限公司、阳江市伊利达刀剪有限公司侵害外观设计专利权纠纷案，最高人民法院民事裁定书（2013）民申字第29号，载入《中华人民共和国最高人民法院公报》2014年第12期，第25-27页。

2 兰溪市长城食品有限公司与陈纯彬、北京民生家乐商业管理有限公司侵害外观设计专利权纠纷再审申请案，最高人民法院民事裁定书（2014）民申字第438号，载入《最高人民法院知识产权案件年度报告（2014）》。

3 兰溪市长城食品有限公司与陈纯彬、北京民生家乐商业管理有限公司侵害外观设计专利权纠纷再审申请案，最高人民法院民事裁定书（2014）民申字第438号，载入《最高人民法院知识产权案件年度报告（2014）》。

4 上海晨光文具股份有限公司与得力集团有限公司、济南坤森商贸有限公司侵害外观设计专利权纠纷案，上海知识产权法院民事判决书（2016）沪73民初113号。相同裁判意见参见邱瑞香与广东省广州市白云区盈宝玻璃工艺厂侵害外观设计专利权纠纷上诉案，广东省高级人民法院（2006）粤高法民三终字第274号，载《人民司法》2008年第18期，第42-47页。

响一般情况下更为显著。例如，浙江省高级人民法院在审理“肩颈保护枕外观设计案”时指出，对于立体产品的外观设计，一般情况下形状对整体视觉效果更具有影响，在进行相同或近似的判断时，应以形状为重点；如果其形状属于惯常设计或已为在先设计所公开的，则图案、色彩对整体视觉效果的影响比重将显著提高。[1] 最高人民法院在审理“三抽柜（蛋形）外观设计案”时指出，外观设计专利区别于现有设计的设计特征对于外观设计的整体视觉效果更具有显著影响；在被诉侵权设计采用了涉案外观设计专利的设计特征的前提下，装饰图案的简单替换不会影响两者整体视觉效果的近似。[2] 江苏省高级人民法院在审理“包装盒（船型粽子）外观设计案”时也指出，涉案专利产品与被控侵权产品均为立体产品，而通常情况下形状对立体产品的整体视觉效果更具有影响，故可将形状作为相同或者近似判断的重点。一方面，涉案外观设计专利的形状并非该产品的惯常设计，在产品设计空间较大的情况下，进行相同或者近似判断时，对于一般消费者不容易注意到两者在图案上的差异，不宜认定两者构成实质性差异。[3] 另一方面，如果外观设计专利的形状是常见设计，此时图案作为设计要素则成为考察重点。例如，广东省高级人民法院在审理“加湿器外观设计案”时判决，涉案专利的保护范围系产品形状和图案的外观设计，虽然被诉侵权产品与专利产品形状基本相同（两者均为类似于易拉罐的圆柱体），但考虑到被诉侵权产品的图案在产品表面占据的面积最大，且该图案与涉案专利产品的图案在内容、风格及表达的意境各方面均存在显著差异，不可片面强调形状因素，而以一般消费者的知识水平和认知能力综合判断，足以认定两者的整体视觉效果存在实质性差异，因此未侵犯涉案外观设计专利权。[4]

综上所述，外观设计专利侵权认定所谓之“实质性相似”应通过“三相比较”的方式得出，如此既能公平地保护专利权的利益，又能兼顾公众的合理信赖利益。

----

1 广州德道皮革制品有限公司与天台欧朗汽车用品有限公司等侵害外观设计专利权纠纷上诉案，浙江省高级人民法院民事判决书（2022）浙民终772号。

2 中山市君豪家具有限公司与中山市南区佳艺工艺家具厂侵犯外观设计专利权纠纷再审申请案，最高人民法院民事裁定书（2011）民申字第1406号，载入《最高人民法院知识产权案件年度报告（2011）》，选入2011年中国法院知识产权司法保护50件典型案例。

3 乔辉与张家港市沙洲宾馆侵害外观设计专利权纠纷上诉案，江苏省高级人民法院民事判决书（2017）苏民终16号。

4 蔡绍基与温瀚泉侵害外观设计专利权纠纷上诉案，广东省高级人民法院民事判决书（2014）粤高法民三终字第37号，选入2014中国法院10大创新性知识产权案件。

第四节　专利侵权诉讼程序与专利无效程序衔接成本的制度优化

一、现状与问题

我国实行专利无效宣告程序与专利侵权诉讼程序二元分立体制，法院在专利侵权诉讼程序之中无权审查专利权的效力，由此可能导致专利侵权纠纷解决程序冗长。首先被告在专利侵权诉讼期间提起无效宣告请求，而国家知识产权局的审结时间却难以确定。《专利法》和《专利法实施细则》对国家知识产权局审结专利无效宣告请求没有期限规定。当事人如果不服国家知识产权局的决定，可以向北京知识产权法院提起行政诉讼。如果再不服，还可以向最高人民法院提起上诉。所以，尽管《中华人民共和国民事诉讼法》（以下简称《民事诉讼法》）对一审程序和二审程序都有审结期限，[1] 但是一律中止诉讼程序而等待专利无效程序的终审结果，必定导致专利侵权诉讼程序冗长。

最高人民法院目前的解决原则是：公平而有效地保护专利权，避免无效宣告程序被滥用。就此，司法实践已经形成一套相对稳定的处理规范。

第一，在法律上推定已通过实质审查或准实质审查的专利有效，即便无效宣告程序启动，法院也可裁定不中止诉讼程序。为此，对于发明专利权、专利权评价报告支持授权的实用新型或者外观设计专利权而言，即便被告提起无效宣告程序，法院也可以继续审理而不必中止诉讼。[2] 甚至对于国务院专利行政部门审查维持专利权的侵犯实用新型、外观设计专利权纠纷案件，被告在答辩期间内请求宣告该项专利权无效的，人民法院可以不中止诉讼。[3] 须知，实用新型专利和外观设计专利经过无效宣告程序而被维持有效并不等于经过实质审

1《民事诉讼法》（2021年修正）第152条规定："人民法院适用普通程序审理的案件，应当在立案之日起六个月内审结。有特殊情况需要延长的，经本院院长批准，可以延长六个月；还需要延长的，报请上级人民法院批准。"《民事诉讼法》（2021年修正）第183条规定："人民法院审理对判决的上诉案件，应当在第二审立案之日起三个月内审结。有特殊情况需要延长的，由本院院长批准。"

2 参见《最高人民法院关于审理专利纠纷案件适用法律问题的若干规定》（法释〔2020〕19号）第5条、第7条。

3 参见《最高人民法院关于审理专利纠纷案件适用法律问题的若干规定》（法释〔2020〕19号）第7条。

查，因为无效宣告程序只对无效宣告理由和相应的证据进行审查，而不是实用新型和外观设计是否符合专利权授权条件的全面审查。好在法院有权要求原告提供专利权评价报告，否则法院可以中止审理或要求原告承担不利后果，这使得法院不太可能只基于无效宣告程序的维持决定而作出判断。

第二，要求被告在答辩期限之内提起无效宣告请求，[1] 否则只能在诉讼程序之中抗辩不侵权，或抗辩使用现有技术或现有设计。

第三，如果裁定中止诉讼，法院在原告提供担保的情况下，还可以应专利权人请求而责令被告停止有关行为或者采取其他制止侵权损害继续扩大的措施。[2]

第四，在专利权被国家专利行政部门宣告无效之后，应即时解放被告，采取“先行驳回、另行起诉”的方式处理。《最高人民法院关于审理侵犯专利权纠纷案件应用法律若干问题的解释（二）》（法释〔2020〕19号）第2条规定：“权利人在专利侵权诉讼中主张的权利要求被国务院专利行政部门宣告无效的，审理侵犯专利权纠纷案件的人民法院可以裁定驳回权利人基于该无效权利要求的起诉。有证据证明宣告上述权利要求无效的决定被生效的行政判决撤销的，权利人可以另行起诉。”

但是，专利侵权诉讼程序与专利无效宣告程序之间的衔接问题也只是得到部分解决而已。为促进专利侵权纠纷的及时解决，最高人民法院甚至提出，应引导当事人就专利权效力的或然性进行协商并作出相应承诺。最高人民法院在审理“动态密码USB线材实用新型案”时指出，专利侵权案件中涉案专利权稳定性存疑或者有争议时，为有效促进专利侵权纠纷解决，人民法院可以积极引导和鼓励专利侵权案件当事人基于公平与诚信之考虑，自愿作出双方双向或者单方单向的利益补偿承诺或者声明，即专利权利人可以承诺如专利权被宣告无效则放弃依据《专利法》第47条第2款所享有的不予执行回转利益；被诉侵权人可以承诺如专利权经确权程序被维持有效则赔偿有关侵权损害赔偿的利息。[3] 当事人自愿作出上述承诺的，人民法院应当将之作为专利侵权案件后续

---

1 参见《最高人民法院关于审理专利纠纷案件适用法律问题的若干规定》（法释〔2020〕19号）第5条、第6条和第7条。

2 参见《最高人民法院关于审理专利纠纷案件适用法律问题的若干规定》（法释〔2020〕19号）第8条。

3 深圳市租电智能科技有限公司与深圳市森树强电子科技有限公司、深圳市优电物联技术有限公司侵害实用新型专利权纠纷上诉案，最高人民法院民事判决书（2022）最高法知民终124号，载入《最高人民法院知识产权案件年度报告（2022）》。

审理程序处理方式选择的重要考量因素。[1] 此外，最高人民法院知识产权庭还尝试统一审理技术类知识产权行政和民事上诉案件的“二合一”协同审理模式。[2]

更麻烦的是，当前的标准处理方式是基于如此假设：专利权效力在大概率上是稳定可靠的。即便这可以成立，但被请求宣告无效的专利总体情况并非如此。国家知识产权局2019年才开始推进《提升发明专利审查质量和审查效率专项实施方案（2019—2022 年）》。当前，我国专利数量庞大。截至2022年年底，国内（不含港澳台）发明专利有效量为328.0万件，实用新型专利有效量为1083.5万件。[3] 它们之中大多数都在专利审查质量提升工程之前就已取得授权，结果有将近半数专利权被全部或部分宣告无效。根据《国家知识产权2022年度报告》，2022年，国家知识产权局审结的发明专利无效案件中，全部无效占27.9%，部分无效占15.4%；审结的实用新型专利无效案件中，全部无效占41.4%，部分无效占18.7%；审结的外观设计专利无效案件中，全部无效占53.8%，部分无效占1.4%。[4]

二、无效宣告请求程序应设置审理期限

目前，我们面临的核心问题在于：如果被告在专利侵权诉讼中被判侵权，但被告通过专利无效程序又最终使该专利被宣告无效，二者的法律冲突如何解决？特别是，如何避免给被告造成“悲剧”：成功宣告专利无效，却仍被强制执行而给付专利侵权赔偿金。尽管被宣告无效的专利自始不存在，但2020年《专利法》第47条第2款规定，“宣告专利权无效的决定，对在宣告专利权无效前人民法院作出并已执行的专利侵权的判决、调解书，已经履行或者强制执行的专利侵权纠纷处理决定，以及已经履行的专利实施许可合同和专利权转让合同，不具有追溯力”。简言之，如果被告被判侵权成立且已经执行，其后专

1 深圳市租电智能科技有限公司与深圳市森树强电子科技有限公司、深圳市优电物联技术有限公司侵害实用新型专利权纠纷上诉案，最高人民法院民事判决书（2022）最高法知民终124号，载入《最高人民法院知识产权案件年度报告（2022）》。

2《最高法知产法庭开庭合审四起涉医药用途发明专利民事和行政程序交叉案件》，载中华人民共和国最高人民法院网，https：//www. court. gov. cn/zixun-xiangqing-298721. html，2021年4月26日访问。

3 国家知识产权局：《2022 年度知识产权主要统计数据》，载国家知识产权局网，https：//www. cnipa. gov. cn/module/download/down. jsp？ i_ID=183177&colID=88。

4 国家知识产权局：《国家知识产权局2022年度报告》，第27-28页，载国家知识产权局网，https：//www. cnipa. gov. cn/module/download/down. jsp？ i_ID=185538&colID=3249。

利即便经其努力而被宣告无效，其不当承受的“专利侵权责任”也不能得到任何救济，包括惩罚性赔偿责任。

就此，并不能推行过激的改革措施。首先，至少对于发明专利和实用新型专利而言，[1]不应推翻“二元制”，即不应赋权法院宣告发明专利无效。表面上，赋权法院能够最有效地解决法律冲突。但总体上看，情况未必如此。国家知识产权局作为专司专利无效宣告的国家机构，具备专业能力。无论是从解决效率还是从解决正确程度，这种制度安排都能有效降低专利制度的总体成本。即便美国联邦法院有权宣告专利权无效，但2010年《美国专利法》改革，仍然选择组建“专利审查和上诉委员会”（Patent Trial and Appeal Board），配备专利法和技术背景的人才，专门受理不服专利审查决定的复审请求，也受理基于现有技术提出的专利无效请求。如果我国赋予法院宣告专利无效的权力，则法院不得不在专利侵权诉讼程序之中同时审理专利效力。而一审法院的法官未必具备相应的技术背景，未必熟悉专利授权条件，且通常不具备专利实质审查的专业经验。因此，这种制度安排不但延长专利侵权诉讼程序，而且可能使得上诉审理也会更加复杂。从专利制度运行成本的角度来看，不应改变专利侵权诉讼与专利无效宣告的二元结构。其次，专利无效宣告程序启动之后，也不应简单地中止专利侵权诉讼程序。如果启动专利无效程序就可以让专利侵权诉讼程序中止，则专利侵权就不能得到及时救济，这与专利法的宗旨、建设知识产权强国的大目标相左，只会抬升专利制度的运行成本。质言之，司法实践目前处理专利侵权诉讼程序与专利无效宣告程序衔接的法律规范总体上是合理的。就是说，对于发明专利、专利权评价报告支持授权的实用新型或者外观设计专利权而言，即便被告在规定期限内——一审答辩期限之内——提起无效宣告程序，法院也可以继续审理而不必中止诉讼。[2]

尽管如此，仍然可以改革现有制度而避免“悲剧”发生。首先要压减专利无效宣告程序的审理期限，使之与专利侵权诉讼一审程序的期限相当，至少让专利侵权诉讼程序在二审结案前被控侵权人能够得到国家知识产权局就无效宣

1 就实用新型专利而言，本章第五节专门讨论。就外观设计专利而言，因为评判主体不是本领域普通设计人员，不要求专门知识，故而笔者认为不应由国家知识产权专司无效宣告之职。但同时，笔者认为，地方法院都可以宣告外观设计专利无效，也不是良好的制度安排。可选的方案可能是，由最高人民法院根据审判能力的考核结果，赋予适格法院审查外观设计专利权效力的权力。

2 参见《最高人民法院关于审理专利纠纷案件适用法律问题的若干规定》（法释〔2020〕19号）第5条、第7条。

告请求的决定。考虑到约半数的专利权（包括发明、实用新型和外观设计）都会被国家知识产权局全部或部分宣告无效，[1] 这个制度安排具有十分重要的法律意义。根据《民事诉讼法》（2021年修正）第152条规定："人民法院适用普通程序审理的案件，应当在立案之日起六个月内审结。有特殊情况需要延长的，经本院院长批准，可以延长六个月；还需要延长的，报请上级人民法院批准。"《民事诉讼法》（2021年修正）第183条规定："人民法院审理对判决的上诉案件，应当在第二审立案之日起三个月内审结。有特殊情况需要延长的，由本院院长批准。"所以，大多数专利侵权诉讼两审程序至少需要花费10个月左右。又根据《国家知识产权局2022年度报告》，全年共受理专利无效宣告请求7095件，结案7879件，同比增长11.5%，平均结案周期5.7个月。[2] 故而，多数情况之下，被诉侵权人对一审判定专利侵权成立不服，提出上诉，都能在终审之前得到国家知识产权局作出的决定。如果专利权被宣告无效，二审法院可以据此中止审理，从而避免对被诉侵权人造成不公平的结果。即便二审法院由此判令不构成专利侵权，也不会对专利权人造成严重损害。专利权人若对国家知识产权局的决定不服，可以向北京知识产权法院提起行政诉讼；再不服，还可以上诉到最高人民法院。如果专利权人最终取得维持专利权有效的有利结果，他还可以再提起诉讼以获得救济。

为此，优化专利侵权诉讼程序与专利无效宣告程序的首要措施是，修改《专利法实施细则》，规定专利无效宣告程序的审理期限为6个月；有特殊情况需要延长的，应当由国家知识产权局局长批准。就此，国家知识产权局局长应及时就相关情况通知受理专利侵权诉讼的法院，并告知审结期限。

三、专利侵权判决执行应引入执行担保

即便为国家知识产权局设置专利无效宣告请求的审结期限，也不能解决全部"悲剧"：如果专利权被国家知识产权局维持有效，尽管之后被诉侵权人提起行政诉讼并最终取得无效宣告决定，但悲剧的是，二审法院早已终审裁判专利侵权成立，专利权人早已根据终审判决申请执行。原因很简单，对国家知识产权局的决定不服而向北京知识产权法院提起行政诉讼，其审结期限通

1 国家知识产权局：《国家知识产权局2022年度报告》，第27–28页，载国家知识产权局网，https：//www. cnipa. gov. cn/module/download/down. jsp？ i_ID=185538&colID=3249。

2 https：//www. cnipa. gov. cn/module/download/down. jsp？ i_ID=185538&colID=3249。

常也是六个月，[1] 比专利侵权诉讼二审期限要长。可喜的是，国家知识产权局作出的无效决定绝大多数会被法院维持；但遗憾的是，必定有少部分被诉侵权人虽然最终取得无效决定，但为时已晚。尽管是少数，但遭遇悲剧的被诉侵权人的正当利益仍旧应该予以保护，否则针对国家知识产权局作出之决定的行政诉讼就容易丧失实际意义。

那么这部分人的利益应该如何维护呢？只能在执行程序之中想对策。可否在执行程序之中借鉴最高人民法院审理“动态密码USB线材实用新型案”时的经验？即由法院积极引导和鼓励专利侵权案件当事人基于公平与诚信之考虑，自愿作出双方双向或者单方单向的利益补偿承诺或者声明，即专利权人承诺如专利权被宣告无效则放弃依据《专利法》第47条第2款所享有的不予执行回转利益；被诉侵权人承诺如专利权经确权程序被维持有效则赔偿有关侵权损害赔偿的利息。[2] 即便这种方式可以部分解决侵权损害赔偿的问题，但也不能解决关键问题：一旦被判令侵权成立，被诉侵权人通常要停止侵害，否则会构成故意侵权，甚至就持续侵权行为要承担惩罚性赔偿责任。然而，一旦“停止侵害”，被诉侵权人有可能遭遇难以弥补的损害，再难以取得由此丧失的市场份额。

避免“悲剧”发生的关键还在时间。如果强制执行可以延缓到北京知识产权法院对国家知识产权局所作专利权维持决定作出行政判决之后，就可以避免大多数不公平。鉴于2020年《专利法》第47条仍然坚持“公平原则”，规定“不返还专利侵权赔偿金、专利使用费、专利权转让费，明显违反公平原则的，应当全部或者部分返还”，即应基于公平原则而推行“执行担保”。《最高人民法院关于执行担保若干问题的规定》（2020年修正）第10条规定：“暂缓执行的期限应当与担保书约定一致，但最长不得超过一年。”如果能暂缓执行一年，被诉侵权人通常能得到专利无效行政诉讼的一审判决。

接下来的问题在于，根据《民事诉讼法》第231条的规定，“在执行中，被执行人向人民法院提供担保，并经申请执行人同意的，人民法院可以决定暂缓执行及暂缓执行的期限”。那么如何促进专利权人让步而接受执行担保呢？

---

1 《中华人民共和国行政诉讼法》（2017年修正）第81条规定：“人民法院应当在立案之日起六个月内作出第一审判决。有特殊情况需要延长的，由高级人民法院批准，高级人民法院审理第一审案件需要延长的，由最高人民法院批准。”

2 深圳市租电智能科技有限公司与深圳市森树强电子科技有限公司、深圳市优电物联技术有限公司侵害实用新型专利权纠纷上诉案，最高人民法院民事判决书（2022）最高法知民终124号，载入《最高人民法院知识产权案件年度报告（2022）》。

就此，最高人民法院可以通过指导案例或者司法解释，明确2020年《专利法》第47条第3款所称“明显违反公平原则”的方式，倒逼专利权人接受合理的执行担保。即是说，被诉侵权人在专利侵权诉讼之中及时提起无效宣告请求或及时对国家知识产权局作出维持专利权有效的决定提起行政诉讼，同时向专利权人提供合理的执行担保条件，专利权人没有正当理由拒绝的，可以认定属于2020年《专利法》第47条第3款所称“明显违反公平原则”。

“合理的执行担保条件”为何？就损害赔偿而言，合理的执行担保条件相对容易确定。就停止侵害而言，合理的执行担保条件至少应包括两个方面：第一，被认定之侵权行为不扩大，局限于原有范围；第二，暂缓执行期间内，被认定之侵权行为所得利益应予以提存。

第五节 实用新型专利制度改革

目前，我国实用新型专利制度有些问题。实用新型专利的授权条件相比发明专利低而保护力度和救济程度却等同于发明专利，这在一定程度上扭曲了专利制度的激励机制，数目增长过快且不受控制，破坏了三种专利的正常组成格局，让中小企业背负了不必要的制度成本，在一定程度上影响我国专利法的正常运行，亟须从以下三个方面进行改革：（1）创造性标准；（2）专利年费；（3）审查程序。

一、现状与问题

对我国实用新型专利制度，官方长期都予以正面肯定，尽管难以给出可信的实在证据。我国专利法权威学者曾认为，这种专利制度适合我国国情，有利于保护“小发明”；不需实质审查就授权，节省审查资源。[1] 国家知识产权局2012年曾发布《中国实用新型专利制度发展状况》积极肯定了实用新型专利制度，并认为我国实用新型专利质量较高、稳定性较好。其根据在于，2002年至2011年结案的9532件实用新型专利无效宣告请求中，被宣告全部无效和部分无效的分别占35.60%和11.80%。被宣告无效的实用新型专利占同期授权总量的比例为0.27%，而且年度实用新型专利权的无效请求量相对当年授权量的比例呈明显下降趋势。

---

1 汤宗舜：《正确认识实用新型专利制度》，载《工业产权》1987年第2期，第3-7页。

然而，怎样才能基于专利授权量来评价专利质量和稳定性？专利权未被请求宣告无效并不等于它们就质量高、效力稳定，更可能的原因是它们尚未在社会经济生活之中体现重要性，或者干脆没有市场前景。截至2022年年底，国家知识产权局累计受理专利无效宣告7.7万件，国内发明专利有效的3 351 453件，国内实用新型有效的10 781 169件，国内外观设计专利有效的2 708 070件。以受理无效宣告的数量相对于有效专利的数量来看，我国专利的质量和稳定性应该是全球最高的。难道就此可以认定我国是世界第一的知识产权强国吗？显然不可以。

我国实用新型专利数量增长过快，破坏了三种专利权的正常比例结构。我国实行实用新型专利制度不过30多年，“小发明”不再居于次要地位，早就与发明专利分庭抗礼，甚至喧宾夺主。我国2022年实用新型专利申请数高达295万多件，发明专利申请数为161万件左右，[1] 前者是后者的1.8倍之多；德国2018年以来每年实用新型专利申请不过9000件，[2] 不到我国的1/300。2022年，我国发明专利授权量为79.8万件，实用新型专利授权量为 280.4 万件，后者是前者的3.5倍多。[3] 截至2022年年底，国内（不含港澳台）发明专利有效量为328.0万件。实用新型专利有效量为1083.5万件，后者是前者的3.3倍多。[4] 而德国2022年底累计的有效实用新型专利不过7万件，[5] 不到我国的1/150。如果从总体趋势来看，情况更加严峻。实用新型专利申请数、授权数和有效数仍在攀升（见图5、图6、图7），与发明专利申请数、授权数和有效数之间的倍数还在扩大，而德国实用新型专利数却以每年10%左右的速度持续减少。[6]

----

1 国家知识产权局：《2022年知识产权统计年报》“1-1 分国内外三种专利申请/授权/有效量（2022年）”，载国家知识产权局网，https：//www. cnipa. gov. cn/tjxx/jianbao/year2022/a/a1. html。

2 DPMA，Current Statistical Data for Utility Models，available at：https：//www. dpma. de/english/our_office/publications/statistics/utility_models/index. html，2023年8月24日访问。

3 国家知识产权局：《2022 年度知识产权主要统计数据》，载国家知识产权局网，https：//www. cnipa. gov. cn/module/download/down. jsp？ i_ID=183177&colID=88。

4 国家知识产权局：《2022 年度知识产权主要统计数据》，载国家知识产权局网，https：//www. cnipa. gov. cn/module/download/down. jsp？ i_ID=183177&colID=88。

5 DPMA，Current Statistical Data for Utility Models，available at：https：//www. dpma. de/english/our_office/publications/statistics/utility_models/index. html，2023年8月24日访问。

6 DPMA，Current Statistical Data for Utility Models，available at：https：//www. dpma. de/english/our_office/publications/statistics/utility_models/index. html，2023年8月24日访问。

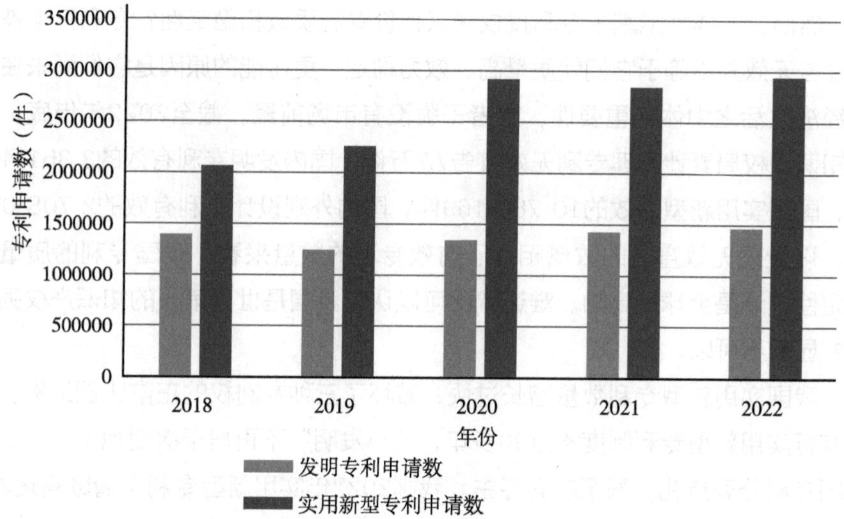

图5　我国国内发明专利申请数与实用新型专利申请数对比

资料来源：2018—2022年知识产权局统计年报的汇总，载国家知识产权局网，https：//www.cnipa.gov.cn/col/col61/index.html#mark。

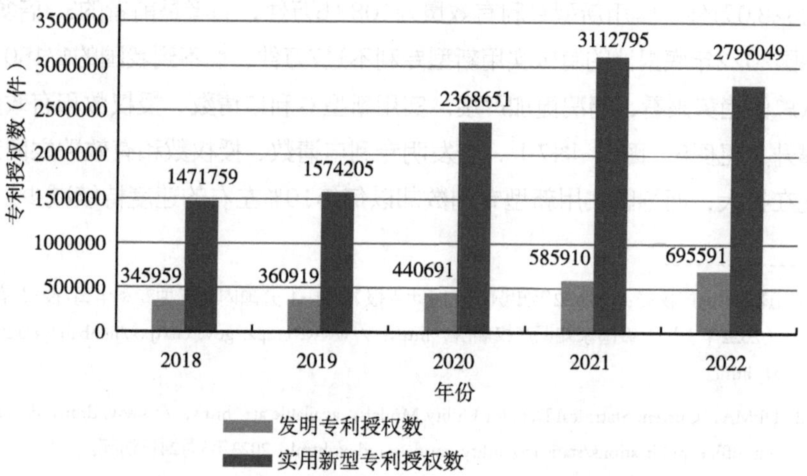

图6　我国国内发明专利授权数与实用新型专利授权数对比

资料来源：2018—2022年知识产权局统计年报的汇总，载国家知识产权局网，https：//www.cnipa.gov.cn/col/col61/index.html#mark。

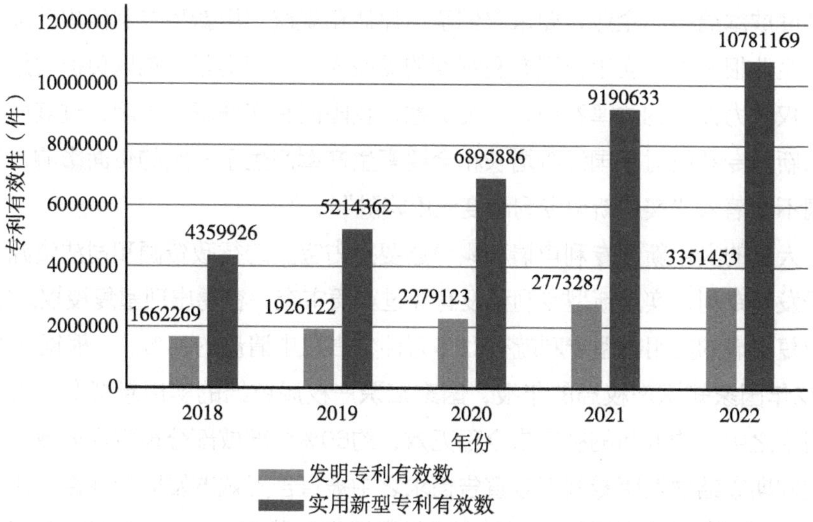

图7　我国国内发明专利有效数与实用新型专利有效数对比

资料来源：2018—2022年知识产权局统计年报的汇总，载国家知识产权局网，https：//www.cnipa.gov.cn/col/col61/index.html#mark。

实用新型专利的增长之所以受质疑，根本原因在于，我国实用新型专利制度正当性和合理性不够。对实用新型专利降低创造性要求但给予其与发明专利同等的法律保护，似乎违背比例原则。实用新型专利对现有技术的贡献小，理应得到较弱的法律保护。但是，无论是专利权的内容，还是侵权救济，实用新型专利与发明专利都毫无二致。而且实用新型专利的创造性要求低，它反而更难以被宣告无效。不仅如此，实用新型专利权人付出的专利申请费、专利维持年费还都低于发明专利。

“小发明”受到强保护，容易扭曲激励机制，妨碍我国建设超大规模统一大市场。事实上，在经济体完成技术追赶而进入高收入阶段后，实用新型专利制度产生的学习效应呈边际递减。[1] 而我国正步入高收入国家的行列，对中小企业来说，实用新型专利公布的技术方案创造性不高，没有太高的学习价值，但它们却是实在的法律制约。数百万计的实用新型专利有可能威胁中小企业的生产经营，因为逐一排除侵权可能性似乎太过昂贵；不管不顾的话，有可能因侵权，还得承担侵权损害赔偿，甚至于惩罚性赔偿。德国实行此种制度125年之久，德国学者总结历史时严肃地指出，实用新型专利不经审查，实际上是转

1　毛昊、尹志锋、张锦：《中国创新能够摆脱“实用新型专利制度使用陷阱”吗？》，载《中国工业经济》2018年第3期，第98-115页。

嫁制度成本给中小企业，要求它们承担评估和规避实用新型专利侵权的成本；中小企业根本不是实用新型专利制度的受益人，它们实际上难以负担实用新型专利权效力评估的法律费用。[1] 类似地，我国已有实证研究表明，过度增长的实用新型专利已对我国经济增长和全要素生产率产生了一定的负面影响，警示我国不要落入“实用新型专利制度使用陷阱”。[2]

大量的实用新型专利申请和纠纷还要挤占宝贵的行政资源和司法资源。不同于发明专利，实用新型专利都没有经过实质审查，容易出现重复授权。2013年重复申请的实用新型专利就有21多万件，占总申请量的24%。[3] 根据2019—2022年国家知识产权局的年报，国家知识产权局审结的实用新型专利无效宣告请求之中，约40%的被宣告全部无效，约60%全部或部分被宣告无效，明显超过同期审结之发明专利无效宣告请求之中被宣告无效的发明专利百分比（见图8）。另据《国家知识产权局2022年度报告》载明，2022 年国家知识产权局审结的实用新型专利无效案件中，全部无效占41.4%，部分无效占18.7%。[4] 另一方面，实用新型专利的侵权纠纷占用的司法审判资源远超发明专利侵权纠纷。2019年最高人民法院知识产权庭二审受理侵害实用新型专利权纠纷454件，受理侵害发明专利权纠纷234件，前者几乎是后者的两倍，占该庭知识产权二审民事案件受理总数（962件）的47.2%。[5] 2022年最高人民法院知识产权法庭二审受理侵害实用新型专利案件968件，受理侵害发明专利案件615件，前者仍是后者的1.5倍，占该庭二审民事案件受理总数（2956件）的32%以上。[6]

---

1 Karsten Koniger，The 125th anniversary of the German utility model-A reason to celebrate? Journal of Intellectual Property Law & Practice，2017，Vol. 12，No. 2，p. 75.

2 毛昊、尹志锋、张锦：《中国创新能够摆脱“实用新型专利制度使用陷阱”吗？》，载《中国工业经济》2018年第3期，第110页。

3 朱广玉：《实用新型专利质量提升之路探析》，载《知识产权》2015年第7期，第87页。

4 国家知识产权局：《国家知识产权局2022年度报告》，第27-28页，载国家知识产权局网，https：//www. cnipa. gov. cn/module/download/down. jsp? i_ID=185538&colID=3249。

5《最高人民法院知识产权法庭年度报告》（2019），载中国法院网，https：//www. chinacourt. org/article/detail/2020/04/id/4974262. shtml，2023年8月24日访问。

6 最高人民法院知识产权法庭年度报告（2022），第4-5页，载中国法院网，https：//www. chinacourt. org/article/detail/2023/03/id/7219648. shtml。

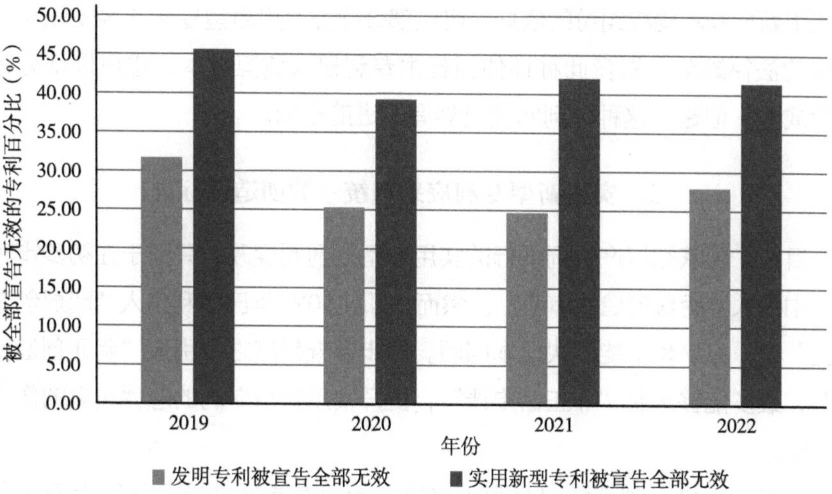

图8 不同种类专利无效宣告请求审结中被全部宣告无效的专利百分比

资料来源：国家知识产权局2019年、2020年、2021年和2022年度报告，载国家知识产权局网，https：//www.cnipa.gov.cn/col/col94/index.html。

实际上，2012年国家知识产权局已经开始研究如何改进实用新型专利的质量。如果当时就采取措施，就可以避免如今的困局。《国家知识产权局2022年报》载明，全年95.9万件非正常申请，其中相当大部分是实用新型专利申请。2022年7月22日，国家知识产权局对十三届全国人大五次会议第8842号建议答复时，正视问题，并承诺“为进一步提升实用新型授权质量，我局积极推进实用新型制度改革，在《专利法实施细则》修改草案中，将明显不具备创造性纳入实用新型专利的初步审查范围，并配套修改《专利审查指南》，进一步细化完善相关审查标准。”[1] 为提高专利质量，国家知识产权局2019年开始正式推进实用新型专利制度改革，2023年正式引入“明显创造性审查”。[2]

需要指出的是，虽然《专利法》第61条设立实用新型专利权评价报告制度，但这并不能缓解实用新型专利造成的巨大社会代价。以该评价报告作为处

1 国家知识产权局：《国家知识产权局对十三届全国人大五次会议第8842号建议答复的函》（国知建提办函〔2022〕16号），载国家知识产权局网，https：//www.cnipa.gov.cn/art/2022/7/22/art_516_176743.html。

2 《推动知识产权高质量发展年度工作指引（2023）》（国知发运字〔2023〕7号）之附件《2023年推动知识产权高质量发展任务清单》。国家知识产权局2023年工作要点，载国家知识产权局网，https：//www.cnipa.gov.cn/art/2023/5/26/art_92_185374.html。

理实用新型专利侵权纠纷的依据，可以部分弥补实用新型专利不经实质审查就授权的法律缺陷。毕竟此种评估报告由专利权人负担成本，也可以部分减少社会成本。但是，这种专利制度仍然有改进的空间。

二、实用新型专利应采用统一的创造性标准

目前，国家知识产权局推行的实用新型专利制度改革只限于在初步审查程序之中引入“明显创造性审查”。然而，即便2023年已顺利引入“明显创造性审查”，[1] 似乎也不能解决根本问题。初步审查程序之中引入“明显创造性审查”，最多能够遏制“非正常申请”，提升实用新型专利的总体质量的作用仍显不足。

从根本上讲，创造性只是有无之别，而没有高低之分，法律上无法评判“小发明”。实用新型专利应当适用发明专利同等的创造性标准，而不应采用人为牵强的不同创造性标准，来制造正当性和合理性危机。100多年前，各国采用各种标准评判技术方案的创造性。比如，美国法院曾经采用“天才的创造灵光”（flash of creative genius）的高标准来评判“发明”。[2] 但是，这样的要求过于主观和苛刻，最终让位于社会经济的考量。1952年《美国专利法》修正，总结1790年以来的专利法司法经验，在第103条确立统一的创造性标准，即技术方案相对于“本领域普通技术人员”而言并非显而易见（non-obviousness）。《美国专利法》不承认“小发明”，也不授予实用新型专利。这一创造性的法律标准已经取得各国认同，我国也不例外。在此之下无法再另外确立一个客观的创造性标准。施行实用新型专利制度125年后，德国联邦最高法院于2006年最终承认，实用新型专利的创造性要求与发明专利的创造性要求并无二致；在新颖性要求和创造性要求之外，再没有评判技术方案应否受到专利保护的创新水平的法律标准。[3]

虽然我国《专利法》第22条规定发明专利应“具有突出的实质性特点和

---

1 《推动知识产权高质量发展年度工作指引（2023）》（国知发运字〔2023〕7号）之附件《2023年推动知识产权高质量发展任务清单》。国家知识产权局2023年工作要点，载国家知识产权局网，https：//www. cnipa. gov. cn/art/2023/5/26/art_92_185374. html。

2 See Cuno Engineering Corp. v. Automatic Devices Corp.，314 U. S. 84（1941）.

3 Federal Court of Justice decision–Demonstration Cabinet Demonstrationsschrank，BGH GRUR 2006，842.

显著的进步”，强调实用新型专利只要“具有实质性特点和进步”，但法院和国家知识产权局并没有找到可以操作的法律标准来区分“突出的实质性特点”与“实质性特点”，以及“显著的进步”与“进步”。我国目前评判实用新型的创造性的法律标准与发明专利的标准并无二致，只是限制可用的“现有技术文献”的技术领域和数目。[1] 假设同一技术方案根据《专利法》第9条规定同日申请发明专利和实用新型专利，审查员已经检索到一份现有技术文件，其应如何区分该技术方案相对于这份现有技术文件是具有“突出的实质性特点”还是只具有“实质性特点”？除开非显而易见性标准，国家知识产权局从来没有另外给出一个可以操作的创造性标准。无论如何，“现有技术文献”的技术领域和数目并不是区分“突出的实质性特点”与“实质性特点”的法律标准！

我国专利法改革的方向应是逐步废除实用新型专利制度，将其并入发明专利制度，对其采用相同的创造性标准。2008年《专利法》修正之后，“现有技术”涵盖“申请日以前在国内外为公众所知的技术”，不再区分国内新颖性和国际新颖性，实用新型专利的新颖性和创造性要求随同发明专利已经一并提高。实用新型专利和发明专利的权利内容相同，且侵权的法律救济并无二致，缘何对其创造性要求低于发明专利？技术领域划分本来就是相对的，缘何赋予其绝对的规范效力？我们应当超越主观的假象，回归到创造性的本质要求，实用新型专利与发明专利都应该适用同一个法律标准来评判创造性的有无。

一旦采用统一的创造性标准，实用新型专利将不能得到比发明专利更优的法律对待，更多实用新型专利也会被宣告无效，申请实用新型专利和维持其有效的激励机制都将冷却，过快增长就不再可能。

三、实用新型专利年费应适配政策需求

我国实用新型专利数量惊人最为重要的原因之一是年费收取过低。总体上，实用新型专利年费显著低于发明专利年费（见表2），而且无论实用新型专利是否实施、转让或许可，年费都是一样的水平。

---

1 《专利审查指南》第四部分第六章“实用新型专利创造性的审查”。

表2 实用新型专利与发明专利年费比较

	实用新型专利年费（元）	发明专利年费（元）
第1-3年（每年）	600	900
第4-5年（每年）	900	1200
第6年	1200	1200
第7-8年（每年）	1200	2000
第9年	2000	2000
第10年	2000	4000

我国应提升实用新型专利的年费。虽然实用新型专利对现有技术的贡献有限却享受完全的专利权，专利权人为此应该缴纳更高的年费。另一方面，如果实用新型专利没有良好的市场前景，合理的年费水平可以促使专利权人及早放弃实用新型专利，从而减少实用新型专利的制度运行成本——公众不必承担相应的侵权避让成本。为此，实用新型专利的年费至少应与发明专利的年费水平相当。

此外，妥善安排实用新型专利年费水平，还可以鼓励实用新型专利的转让或许可。根据《2022年中国专利调查报告》，2022年实用新型专利转让率3.7%，[1] 许可率不过8.5%。[2]《德国专利法》鼓励发明专利许可，对按照《德国专利法》第23条第1款规定承诺开放许可的发明专利减免50%的维持年费。[3] 尽管我国2020年《专利法》第50条也规定开放许可，但并没有配套的年费制度。我国可以借鉴德国的经验，对承诺开放许可的实用新型专利适当减免年费。

1 国家知识产权局：《2022年中国专利调查报告》，第10页，载国家知识产权局，https://www.cnipa.gov.cn/art/2022/12/28/art_88_181043.html?eqid=f3b89238002f022100000003645a413d。

2 国家知识产权局：《2022年中国专利调查报告》，第44页，载国家知识产权局，https://www.cnipa.gov.cn/art/2022/12/28/art_88_181043.html?eqid=f3b89238002f022100000003645a413d。

3 See Information Concerning Costs, Fees and Expenses of the German Patent and Trade Mark Office and of the Federal Patent Court（1 July 2022）, available at: https://www.dpma.de/docs/english/formulare/allg_eng/a9510_1.pdf.

四、推行“专利检索报告早期提交义务”

对于实用新型专利申请，我国目前实行的“早期授权、延迟审查”，无助于申请人自查“非正常申请”，无助于申请人提升实用新型专利质量。所谓“早期授权”是指通过初步审查即授予专利权；而所谓“延迟审查”是指实用新型专利通常需要经过实用新型专利权评价报告方可进入司法或行政保护程序。目前，实用新型专利申请人只需要根据技术交底书而不需要进行专利检索就可以撰写权利要求。因为通过初步审查就可以授权公告，因此很多人可以借助实用新型专利的合法外衣进行投机，以致非正常申请实用新型专利的情况难以得到根本遏制。因为没有实质审查，专利申请人也就没有机会得到检索结果并据此修改权利要求。等到实用新型专利权评价报告出来了，实用新型专利权人也没有修改权利要求的机会。直到进入实用新型专利无效宣告程序，实用新型专利权人对权利要求的修改方式也少得可怜。《专利审查指南》（2023）第四部分第三章第4.6节强调专利无效宣告程序之中的修改不得改变原权利要求的主题名称、一般不得增加未包含在授权的权利要求书中的技术特征，同时强调修改的具体方式一般限于权利要求的删除、技术方案的删除、权利要求的进一步限定、明显错误的修正。

为何实用新型专利申请的审查程序只能是一种方式？为何官方的专利检索必须等到实用新型专利权评价之时？专利检索并不必然耗费审查时间。申请人取得有利的检索报告，国家知识产权局根据检索报告即可以加快初步审查而及早授予实用新型专利。申请人取得不利的检索报告，申请人可以理智地选择放弃“非正常专利申请”，也可以根据检索报告而修改其权利要求，国家知识产权局依据检索报告也可加快初步审查，由此极大提升实用新型专利的效力稳定性。为此，要提升实用新型专利的质量，与其在初步审查程序之中增加“明显创造性审查”，不如鼓励申请人提交官方认可的专利检索报告，即推行前文所述的“专利检索报告早期提交义务”。

第四章

商标法之运行成本的**制度优化**

从形式逻辑上看，商标法之运行成本包括授权/确权成本、交易成本、侵权避让成本、维权救济成本等方面。但是，商标法是一个整体，每一项规范都不能独立于其他规范而发挥作用，都直接或间接地影响商标法的运行成本。如果逐一分析我国商标法每条规范对其运行成本的影响，不仅工作量浩大而难以完成，还会丧失对商标法运行成本的总体把握，迷失于各种细节之中，既不能解决主要矛盾，也不能突出重点和关节点。

新时代商标法变革还要服务于知识产权的高质量发展，商标审查需要提质增效。为此，本章第一节重点讨论现行商标法之下商标审查程序的运行成本优化。

新时代商标法变革首先要服务于超大规模统一大市场，公平划定商标权保护范围，同时保护公众的合理信赖利益。为此，本章第二节、第三节和第四节专门讨论2019年《商标法》[1]之下的“注册商标专用权”“注册驰名商标权”和“未注册驰名商标权”保护范围之确定成本。

第一节　商标审查提质增效与商标审查程序运行成本的制度优化

一、现状与问题

近年来，我国国内商标申请数、注册数和有效注册商标数都持续攀升，已经达到非常大的规模（见图9和图10）。2021年，国内商标申请数约为920万件，国内商标注册数为750多万件。截至2022年年底，有效注册商标数高达4000万件。

1　2019年《商标法》根据2019年4月23日第十三届全国人民代表大会常务委员会第十次会议《关于修改〈中华人民共和国建筑法〉等八部法律的决定》第四次修正。

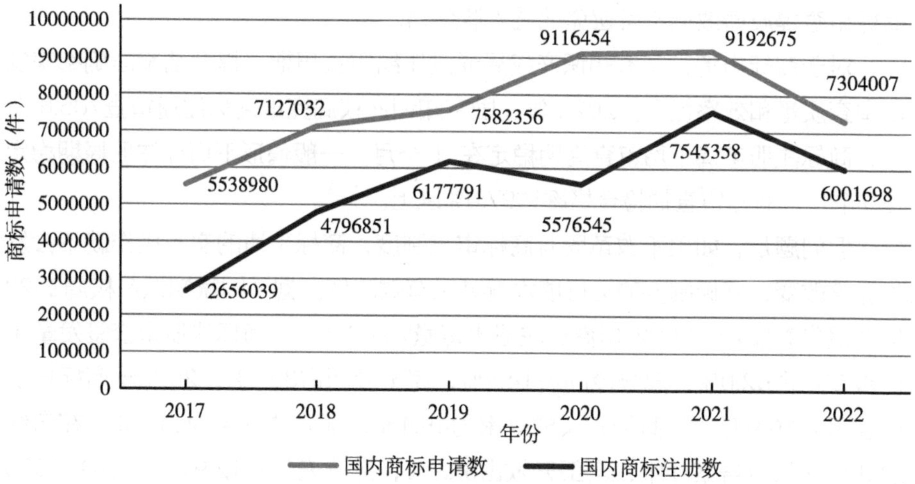

图9 2017—2022年国内商标申请和注册数

资料来源：国家知识产权局2017—2022年知识产权统计年报的数据汇总，载国家知识产权局网，https：//www. cnipa. gov. cn/col/col61/index. html#mark。

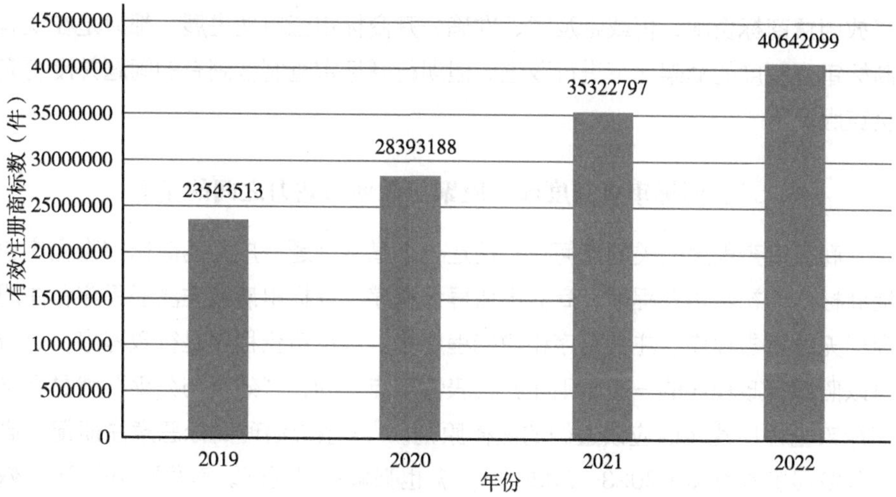

图10 2019—2022年各年度累计有效注册商标数

资料来源：国家知识产权局2019—2022年知识产权统计年报的数据汇总，载国家知识产权局网，https：//www. cnipa. gov. cn/col/col61/index. html#mark。

近年来，国家知识产权局在既有商标制度的框架之下，采取各项措施提升商标审查的质量和效率，已经取得显著成果，但这些措施既未改变商标审查程序，又未改变商标申请行为，商标审查的成本结构也就没有发生根本性变化，商标审查提质增效仍不可避免地进入瓶颈期。

对于商标申请，国家知识产权局通过压缩审查周期、提升结案准确率来实现审查质量和效率提升。2022 年，国家知识产权局完成商标注册审查705.6 万件，商标注册申请平均审查周期稳定在 4 个月，一般情形下商标注册周期稳定在 7个月。商标审查抽检合格率达97.0%以上。[1]

但问题是，如果不改革既有商标审查制度，商标申请的实务操作就不会发生显著改变，商标制度的运行成本就难以有效降低。据《国家知识产权局2022年度报告》显示，2022 年商标注册申请量751.6万件，商标注册审查签发量中初步审定占52.0%，部分驳回占14.4%，完全驳回占33.6%。2022年商标异议审查量为16.9万件，商标异议成立率为45.1%，部分成立率为11.8%；在审结的商标无效宣告案件中，全部无效占62.1%，部分无效占12.9%。[2] 虽然2023年5月8日国家知识产权局颁行《系统治理商标恶意注册促进高质量发展工作方案（2023—2025 年）》，但是并没有实质性改变商标审查程序。无论是构建商标审查审理整体态势分析体系和全流程质量监管体系，深化审签制度改革，抑或精细化管理审查审理时限，以高质效的审查审理加快商标授权确权，加速释放闲置商标资源，再或者及时、准确公开商标审查审理进展，都只是在现有商标审查制度的框架之下进行改进。但现行商标审查制度固有的问题并没有完全克服。

二、商标审查制度改革应聚焦效率与效力之间的矛盾

商标审查程序的关键点何在？这是一个基本问题。广义的商标审查程序包括商标申请初步审查程序、商标申请异议程序、商标申请核准注册程序和注册商标无效宣告程序、注销程序和撤销程序等。商标审查程序是行政程序，是否可以照搬行政程序的一般原则呢？代表性观点认为，“效率与公平”就是我国商标审查程序建构时应该遵循的法律原则。[3]《系统治理商标恶意注册促进高质量发展工作方案（2023—2025 年）》也强调：“更好统筹发展和安全、效率和公平……”然而，此行政程序与彼行政程序是不同的法律程序。如果不结

1 《国家知识产权局2022年度报告》，载国家知识产权局网，https：//www. cnipa. gov. cn/module/download/down. jsp？i_ID=185538&colID=3249。

2 《国家知识产权局2022年度报告》，载国家知识产权局网，https：//www. cnipa. gov. cn/module/download/down. jsp？i_ID=185538&colID=3249。

3 冯晓青、刘欢欢：《效率与公平视角下的商标注册制度研究——兼评我国商标法第四次修改》，载《知识产权》2019年1期，第3–13页。

合商标制度的本质要求，仅宽泛地援引普通行政程序的概括原则，就会抹杀商标审查程序的区别特征，无法指导商标审查程序的改革发展方向。

商标审查程序追求的价值不限于“效率与公平”。商标审查程序是商标制度的组成部分，所以必须服务于商标制度的宗旨——这已超越一般行政程序的“效率与公平”的价值诉求。商标制度是要促成良好的市场竞争秩序：“促使生产、经营者保证商品和服务质量，维护商标信誉，以保障消费者和生产、经营者的利益，促进社会主义市场经济的发展”。[1] 由于注册商标专用权在全国范围内有效，商标审查程序因此广泛而深远地影响到全国统一大市场的正常运行。

商标审查程序面临的基本问题是：相关公众根据既有的商业标志来识别商品和服务来源，有经营者要引入新商标来识别商品和服务来源，商标法既要维护已经形成的正当市场秩序，又要便利市场充分竞争。商标审查的目的因此是确保新商标不会扰乱既有的市场秩序，同时确保经营者能取得有效的注册商标专用权，进而与既有经营者就商品和服务的提供进行充分而有效的市场竞争。

商标审查程序的内在矛盾不是“效率与公平”，而是“效率与效力”（efficient and effective）。《欧盟商标条例》（2017年修正）的立法理由第40条指出，商标注册程序应当讲求“效率”（efficient）、“效力”（effective）和“便捷”（expeditious）。商标注册的实质性条件就是保护既有的市场竞争秩序。如果不经过全面实质审查，就无法保证注册商标效力，直接扰乱全国市场。为求效率，商标申请完全可以借鉴实用新型和外观设计专利制度，进行初步审查后就予以授权。对这两种专利而言，这种制度安排或许既能实现“效率”又能兼顾“公平”。毕竟，实用新型和外观设计专利未必都实施；错误授权的实用新型和外观设计专利对市场竞争的影响有限，事后通过专利无效宣告程序大多数情况下都可以纠正。然而，这种形式审查后就授权的方式却不适合商标注册。两个或多个彼此混淆但却有效的注册商标出现在市场上，容易导致市场混乱，给经营者的市场声誉和地位带来难以通过金钱弥补的损害。2022年我国各省市商标申请总量为750万多件，[2] 如果采用效率优先的商标审查程序，采取初步审查后就核准注册，完全仰仗商标无效宣告程序的事后纠错，哪怕1%的注册商标与已注册商标出现冲突，都足以严重扰乱全国统一大市场。所以，对我国来说，商标审查程序改革应当强调注册商标的效力。

---

1 《商标法》（2019年修正）第1条。

2 《国家知识产权局2022年度报告》，载国家知识产权局网，https：//www. cnipa. gov. cn/module/download/down. jsp? i_ID=185538&colID=3249。

三、商标申请公开制度改革：及早公开并予以“临时保护”

商标申请案公开时间晚，第三方选择使用或申请注册的商标可能与之相同或相似，由此产生原本可以避免的纠纷和冲突。我国现行《商标法》之下，商标申请案是在初步审定之后才公开。从商标申请之日到初步审定公告之日，商标申请案在法律上不处于公众可以检索和查询的状态，由此容易产生两类纠纷冲突，徒增商标制度运行成本。其一，市场经营者选择先行使用未注册商标则可能同正在初步审查之中的商标相冲突。比如，第三方2010年9月就文字“微信”提出商标申请，而2011年1月21日腾讯推出“微信”社交软件。该第三方的商标申请尚未初步审定公告，腾讯当时无法查知并且采取规避措施。双方由此引发商标纠纷。[1] 其二，市场经营者选择申请注册的商标与正在初步审查之中的商标申请冲突。由于不知道他人已经提出但未公开之商标申请，市场主体容易提交相同或近似的商标申请。

鉴于我国具备超大规模统一大市场，每年600多万计的商标申请，有效控制这两类纠纷将可以有效降低商标法的运行成本。就此，最佳方案就是受理商标申请之后即日公开商标申请案。上述问题的根源是我国商标申请提交后公开时间过晚，存在检索盲期。[2] 而美国商标申请提出后就会即时进入数据库，公众可以检索到在审的商标申请案，从而避免发生类似“微信”商标纠纷案的悲剧场景。商标局无疑早就注意到这一点。《商标注册效率提高意见》要求全面推进商标注册申请全程电子化，充实形式审查的工作人员，调整优化形式审查工作流程，明显缩短外网检索盲期。不同于专利局要依法对专利申请案承担保密义务，[3]《商标法》并未规定商标局对商标申请案承担保密义务，以上措施并不违反法律。商标申请人和社会公众的利益似乎都得到兼顾，问题貌似就此完全解决了，但其实不然。

商标申请案通过形式审查后即日公开会导致新的法律问题：商标申请人的利益没有得到有效的法律保护。商标申请案公布之后，第三方可以检索得到，就可能故意采用相同或近似的商标而使用到相同或近似的商品上，蓄意抢占市

---

1 创博亚太科技（山东）有限公司与原国家工商行政管理总局商标评审委员会等行政纠纷上诉案，北京市高级人民法院（2015）高行知终字第1538号。

2 阮开欣：《微信案的症结：申请商标的延迟公开问题》，载《中华商标》2015年第4期，第24页；李雷、梁平：《论我国商标确权授权程序的优化》，载《知识产权》2017年第7期，第76页。

3《专利法》（2008年修正）第20条。

场机会。对此种损害，即便商标申请未来核准注册之后也无法予以挽回。根据我国现行《商标法》第33条和第36条第2款，取得注册商标专用权的时间自初步审定公告三个月期满之日起计算。自初步审定公告期满到核准决定作出之前第三方的使用行为，注册商标权人无权追溯，除非有充分证据表明该第三方恶意使用并给注册商标专用权人造成损害。[1] 对初步审定公告期满之前第三方的使用行为，注册商标权人根本就无权追溯了！如果商标申请案受理后即日公布，意味着注册商标专用权人对于公布之日到初步审定公告期满之日的第三方使用行为——即便是恶意使用——毫无办法：既不能禁止也不能嗣后要求赔偿或补偿。在这段时间之内，第三方只要实际使用所涉商标的时间比商标申请人还早，他还可根据《反不正当竞争法》对商标申请人提起诉讼，要求其停止使用。不仅如此，第三方还可以恶意利用现有商标审查程序，在商标申请初步审定公告后根据绝对理由提出异议，拖延商标申请实际核准注册的时间。简言之，商标申请案提交后即日公开，不良第三方可能乘机采取投机行为，蓄意妨碍注册商标权人就其商标而展开的商业计划。

西方国家难道就不会出现这样的问题吗？不会！英国和美国的注册商标专用权不是自注册之日开始享有，而是自申请日开始享有。《英国商标法》第40条第3款规定："商标经核准应当注册的，其自申请日起即已注册；为本法目的，该商标申请日视为注册日。"同时，《英国商标法》第9条第3款规定，注册商标财产权人从商标注册日起享有排他权，并表明"注册日"是该法第40条第3款规定。根据《美国兰汉姆法案》申请联邦商标，经核准注册，则自申请日推定已经开始使用，[2] 并享有注册商标专用权。[3] 这意味着，商标申请案公开后即受到法律保护，没有权利真空期。商标申请一旦核准，注册商标权人即可以追究第三方从商标申请日以来未经许可使用行为的法律责任。欧盟也为注册商标权人提供注册日前的追溯性法律保护，类似于我国《专利法》第13条就发明专利申请公布后规定的"临时保护"。《欧盟商标条例》第70条规定，欧盟注册商标有效期为十年，从商标申请之日起算；同时该条例第11条规定，商标权人从商标申请案公开之日就可对抗第三方的擅自使用行为，可在商标核准并公告后，根据注册商标主张该行为构成侵权。即便商标尚未核准，商

----

1 《商标法》（2019年修正）第36条第2款。

2 15 U. S. Code § 1057（c）.

3 See Jane Ginsburg，Jessica Litman & Mary Kevlin，Trademark and Unfair Competition Law：Cases and Material（4th Ed.），177（Foundation Press，2007）.

标申请人也可以提起诉讼，但受理法院要等到商标核准注册后，才能对案件进行实质审查。一旦成立“侵权”，注册商标权人有权就第三方擅自使用行为要求合理的赔偿（reasonable compensation）。

我国《商标法》为何没有设立“临时保护”？如果商标申请案初步审定后才公开，我国并不需要设立“临时保护”。这并不会实质性地损害到商标权人的利益，毕竟注册商标的保护自初步审定公告期满后即开始，而商标异议期间只有三个月。

但是，如果商标申请案自提出后即日公开，则我国就应该考虑设立“临时保护”。首先，我国商标制度已经进行变革，要求申请人具有真实的使用意图。《商标法》第4条规定：“不以使用为目的的恶意商标注册申请，应当予以驳回。”同时，该法第49条第2款规定，连续三年没有正当理由不使用的商标，应当予以撤销。这些规范等于要求商标申请人在提交商标申请时就开始制定有关商标使用的商业计划。为此，法律应该保护商标申请人从商标申请公开即开始的正当利益。其次，设立商标申请案的“临时保护”，有利于形成良好的市场竞争秩序。商标申请案公开后即享有法律保护，虽然要等到商标注册后才能取得法律救济，但足以引导市场经营主体在使用未注册商标前进行商标检索并采取规避措施。最后，“临时保护”可以有效遏制第三方投机行为。商标申请案没有“临时保护”的话，在商标申请案受理后即日公开，会导致公开之日到初步审定公告期届满的期间之内，就相同或近似商业标志的使用行为缺乏商标法规制。第三方可能借机进行投机行为，进而挫败商标申请人真实使用商标的意图，甚至可能给商标权人造成难以弥补的损害。

综上，我国商标申请案受理之后应当即日公开，我国注册商标专用权的保护原则上应该溯及商标申请公开之日。因为公开日同申请日相差无几，为简化起见，可直接溯及商标申请日。为此，笔者建议，我国《商标法》（2019年修正）的相关条款应该进行修改。该法第28条应增加如下规定，“商标申请案受理后，形式审查合格的，国务院知识产权行政部门及时公开”。该法第39条应修改为“注册商标的有效期为十年，自商标申请之日起计算”。该法第36条第2款应修改为“该商标申请之日起至准予注册决定作出前，第三人恶意在同一种或者类似商品上使用与该商标相同或者近似的标志给商标注册人造成的损失，应当给予赔偿”。

四、商标初步审查程序改革：准予第三方参考意见

有学者认为，我国应借鉴《欧盟商标条例》，只审查商标申请是否符合注

册的绝对理由，出具检索报告后通知当事人，以此提升商标审查的效率和质量。[1] 目前，我国商标初步审查实行全面审查。根据《商标法》第28条和第30条，商标局收到商标申请后，需要对商标申请案进行全面审查，以确定其是否符合商标核准注册的全部条件。商标注册的实质性条件可以分为绝对条件和相对条件，对应于商标异议的绝对理由和相对理由，[2] 同时对应于注册商标无效宣告的绝对理由[3]和相对理由[4]。具体来说，绝对条件涉及公共利益和商标的一般属性，具体见于《商标法》第4条、第10条、第11条、第12条、第19条第4款以及第44条第1款禁止“以欺骗手段或者其他不正当手段取得注册”；相对条件涉及特定私人利益，具体见于《商标法》第13条第2款和第3款、第15条、第16条第1款、[5] 第30条、第31条、第32条规定。

《欧盟商标条例》建立的审查程序是否适合我国国情呢？欧盟知识产权局（European Union Intellectual Property Office）是一个国际知识产权机构，除了欧盟层面的商标注册和保护之外，各成员国之内还有平行的商标注册和保护体系。欧盟各成员国商标制度并不相同，它们只是根据欧洲理事会指令（Council Directive 89/104/EEC）进行必要的协调。欧盟各成员国的经济发展程度不一，对欧盟商标注册和保护的需求也不同。欧盟知识产权局审查欧盟商标申请是否符合绝对理由，对是否符合相对理由只出具检索报告，实际上是将相对理由审查所要耗费的成本转嫁给各成员国的商事主体。这是为了适应欧盟内各国经济发展不平衡的现实情况。简言之，欧盟商标审查程序是为适应内部分立而发展不平衡的市场格局而设立的。

我国是单一制国家，内部市场统一，如果采取《欧盟商标条例》类似的商标审查程序，无助于发展超大规模统一大市场，反而容易导致市场混乱，徒增运行成本。诚然，如果不审查商标申请是否符合相对理由，的确商标审查核准

1 参见冯晓青、刘欢欢：《效率与公平视角下的商标注册制度研究——兼评我国商标法第四次修改》，载《知识产权》2019年1期，第8-9页。

2《商标法》（2019年修正）第33条。

3《商标法》（2019年修正）第44条。

4《商标法》（2019年修正）第45条。

5《商标法》（2019年修正）第16条第1款更应该归入绝对理由，而非相对理由，因为其规定“商标中有商品的地理标志，而该商品并非来源于该标志所标示的地区，误导公众的，不予注册并禁止使用”。本条所称“不予注册并禁止使用”的法律效力等同于《商标法》（2019年修正）第10条规定的“禁止作为商标使用”。而且，按道理，商品如果不来自地理标志所识别的地区，则属于欺骗性标志。《商标法》（2019年修正）第10条第（8）项对此已经有调整，划归为绝对理由。

的时间会大幅度缩短。但是，我国商标申请和注册数目庞大，让各个商标申请人分散承担相对理由审查所需的费用，远不如由中央政府集中培训专职人员处理来得集约。而且，这种制度安排必定实质性妨碍广大中小微企业申请并取得注册商标。截至2018年年底，我国共有中小微企业单位法人1807万家，吸纳就业人数23 300.4万人，占全部企业就业人员的比重为79.4%；它们全年营业收入达到188.2万亿元，占全部企业全年营业收入的68.2%。[1]可见，中小微企业对我国经济发展具有十分重要的作用，商标申请审查程序应该服务于它们。它们接到商标检索报告后，因缺乏必要的法律知识和能力，难以评判注册前景。它们要么选择不注册商标而直接采用未注册商标，要么选择商标代理，支付高额代理费用。前者容易导致市场混乱，而后者则意味着我国商标制度的整体成本攀升。如果我国商标制度不能得到广大中小微企业的支持，注册商标就沦为大企业竞争的工具。正因为这些，英国摒弃了《欧盟商标条例》的程序设计。《英国商标法》第37条明确规定，商标审查员应当对商标申请案进行全面审查。所以，我国仍应坚持对商标申请案进行全面审查，以服务于我国超大规模统一大市场。

可见，通过缩减商标申请初步审查的内容而提高商标注册效率并不适合我国国情。对我国而言，真正的效率根源于商标注册的法律效力稳定。正确的变革方向是：综合考察商标初步审查程序，提升初步审查的质量。商标申请初步审查程序中，商标审查员所获信息受限，其虽然能对商标申请案是否符合各种绝对理由进行审查，但只能对商标申请案是否符合部分相对理由进行审查。商标申请初步审查阶段是典型的单方程序，由商标局依据商标申请人提交的商标申请文件，审查其是否违反商标法关于商标注册实质性条件的规定。在这一阶段，除开商标申请文件，商标审查员只能依赖商标数据库进行检索。所以，在初步审查阶段，商标审查员主要审查商标注册申请是否违反绝对条件。[2]对于相对条件的审查，商标审查员在初步审查阶段主要限定于是否"同他人在同一

1《中小微企业成为推动经济发展的重要力量——第四次全国经济普查系列报告之十二》，载国家统计局网，http：//www. stats. gov. cn/tjsj/zxfb/201912/t20191218_1718313. html，2023年8月24日访问。

2 审查商标注册申请是否符合商标注册实质条件之中的绝对条件时，时常也需要商标申请书之外的证据材料。比如，《商标法》（2019年修正）第10条第1款第（2）、（3）、（4）项规定，第2款但书规定；《商标法》（2019年修正）第11条第2款经使用取得显著特征的规定；《商标法》（2019年修正）第15条被代理人或被代表人准予代理人或代表人申请商标的规定；《商标法》（2019年修正）第16条第1款商品来自地理标志所示地理区域的规定；《商标法》（2019年修正）第32条在先权利人允许申请人使用其权利对象的标志等规定。

种商品或者类似商品上已经注册的或者初步审定的商标相同或者近似”，以及是否有他人在同一种商品或者类似商品上以相同或者近似的商标已经在先申请注册。商标审查员通常难以获知市场上已经使用并具有一定知名度的商标，包括未注册的驰名商标，毕竟驰名商标并不要求为全体民众所知晓。其通常也难以知道商标申请日之前全部的在先权利。所以，对商标申请是否违反《商标法》第13条第2、3款和第32条，商标审查员在客观上难以作出判断。商标审查员也不太可能知道商标申请人是否属于代理人/代表人抢注被代理人/被代表人的商标，或者因为特殊关系而明知是他人的商标。为此，对于商标申请是否违反《商标法》第15条，商标审查员在客观上也难以作出判断。

要提高商标申请的初步审查质量，解决方案就是开放“言路”。具体来说，初步审查阶段应否允许第三方就商标申请案是否符合注册条件发表意见？既然商标申请案在受理后即日公开，第三方就有可能关注到。就商标申请案是否符合绝对理由而言，应该允许第三方提供书面意见，供商标审查员参考。比如，就“城隍”文字商标注册是否容易导致“其他不良影响”，[1] 违背《商标法》第10条第1款第（8）项，应允许道教协会在初步审查程序阶段及时提供书面意见，有利于商标审查员作出正确的决定。但是，就商标申请案是否符合相对理由而言，则不应该允许。相对理由涉及两造利益，通常需要大量证据，涉及质证和法律论辩，这更适合通过商标异议程序予以处理。

为此，笔者建议，我国《商标法》（2019年修正）第30条可以增加如下条款：任何人认为商标申请不符合本法第10条、第11条、第12条、第19条第4款，或者认为商标申请涉嫌欺诈的，可以在商标申请提出后90天内向商标局提供书面意见，供商标审查员参考。

五、商标异议程序改革：缩短异议期间并限定于相对理由

为提高商标审查效率，我国不少学者认为，应该废除商标异议程序。主要理由是2004—2006年《中国商标工作年度报告》显示，异议成立量占全部商标审定比例不到1%，使得99%初步审定的商标为1%的商标申请而延迟注册3个月。[2] 他们认为，应将商标异议程序取消，或是将其同注册商标无效宣告程序合并，

1 参见上海城隍珠宝有限公司与原国家工商行政管理总局商标评审委员会、上海豫园旅游商城股份有限公司商标争议行政纠纷上诉案，北京市高级人民法院行政判决书（2014）高行终字第485号。

2 周俊强：《商标异议程序立法研究——兼论我国商标异议程序的改革》，载《知识产权》2010 年第2期，第71页；李雷、梁平：《论我国商标确权授权程序的优化》，载《知识产权》2017年第7期，第77页。

或是将其改为商标审查意见听取程序。

然而，仅根据几年的统计数据就废除商标异议程序而不考察深层原因，过于莽撞。不错，我国《专利法》（1984年）第41条曾经设立异议程序，1992年第一次修正时即取消。但是，我国商标审查程序之所以保留异议程序，是因为注册商标专用权与专利权性质截然不同。专利权错误授权，对全国市场影响有限。但商标核准注册不当，特别是损害到在先权利人（包括未注册驰名商标、在先使用并具有一定影响的商标等），可能对其造成难以弥补的损害。由于我国商标申请数量庞大，如果其中1%可能因为异议成立而不应予以注册，其绝对数已经非常之大，以上损害就难以估计。事实上，近年来商标异议申请迅速上升，远非2004—2006年的情形可比。据统计，2017年商标局共收到异议申请72 559件，同比增长26.9%，其中异议成立1.7万件，部分成立4489件，异议成立率（包括部分成立）为34.25%。[1] 2015年至今，增长速度很快。仅2022年商标异议审查量为16.9万件，商标异议成立率为45.1%，部分成立率为 11.8%（见图11）。[2]

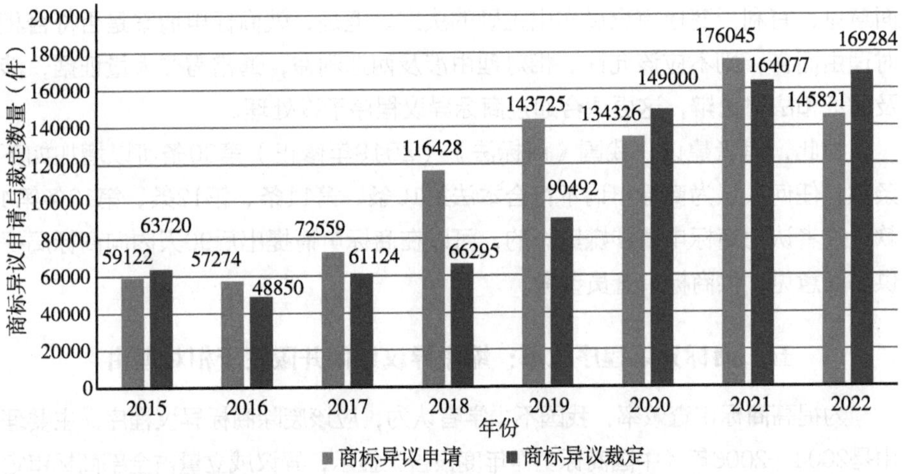

图11 2015—2022年商标异议申请与裁定统计

资料来源：国家知识产权局《知识产权统计年报》，载国家知识产权局网，https://www.cnipa.gov.cn/col/col61/。

---

1 《中国商标品牌战略年度发展报告（2017）》，载中国商标网，http://sbj.cnipa.gov.cn/sbtj/201805/W020180513829986812509.pdf，2023年8月24日访问。

2 《国家知识产权局2022年度报告》，载国家知识产权局网，https://www.cnipa.gov.cn/module/download/down.jsp?i_ID=185538&colID=3249。

我国商标异议程序不是要取消，而是应改革增效。第一，异议期间应该缩短。如果商标申请案受理后就即日公开，因商标注册可能受到利益损害的利益相关方就有足够的时间获取信息。一旦商标初步审定公告，他们就可以及时提出商标异议。压减商标异议提起期限可以实质性地缩短商标注册时间，同时维护商标异议程序的制度功能。2023年1月国家知识产权局《中华人民共和国商标法修订草案（征求意见稿）》第36条已经向这个方向迈进，将商标异议期间定为2个月。

第二，商标异议的理由应当限定相对理由。就商标申请案是否符合绝对理由，商标审查员在初步审查程序之中已经可以充分审查；如果审查员所获信息不足，可以要求当事人补充，也可以在商标审查的整个过程之中准予单位或个人提供参考意见。此外，即便商标申请案不符合绝对条件而错误核准，还有无效宣告程序可以纠正。事实上，我国《商标法》过于强调商标核准注册是否符合绝对理由，初步审查、异议程序和无效程序都包括绝对理由的审查。异议程序中审查绝对理由去除也不会造成实质影响。准许任何人以绝对理由为基础提出商标异议，容易被投机分子利用，妨碍商标申请的顺利注册。事实上，公认成熟的商标审查程序都是如此。比如，《美国兰汉姆法案》只准许因美国联邦商标注册可能遭受损害的单位或个人提出商标异议；[1]《欧盟商标条例》第46条将商标异议理由限定为“相对理由”；《英国商标法》第38条和《德国商标法》第42条也有相同的法律规定。遗憾的是，2023年1月国家知识产权局《中华人民共和国商标法修订草案（征求意见稿）》第36条还未关注到异议理由应限制的重要问题。

为此，笔者建议，我国《商标法》（2019年修正）第33条可以考虑修改如下：“对初步审定公告的商标，自公告之日起60日内，在先权利人、利害关系人认为违反本法第13条第2款和第3款、第15条、第16条第1款、第30条、第31条、第32条规定的，可以向国务院知识产权行政部门提出异议；任何人认为违反本法第4条、第10条、第11条、第12条、第19条第4款规定的，可以向国务院知识产权行政部门提出书面意见。公告期满无异议的，予以核准注册，发给商标注册证，并予公告。”

六、商标撤销程序改革：商标实际使用年度备案制

闲置注册商标清理有利于商标法运行成本控制和释放商标资源之外，还可

---

1 See 15 U. S. Code § 1063.

以降低企业选择和使用商业标识的成本。当前，我国商标注册闲置多，注册商标撤销申请量增长迅速。2017年，商标局受理连续三年不使用的撤销申请5.7万件，同比增长43.19%，当年即据此撤销2.8万件注册商标。[1] 然而，2019年仅上半年商标局受理连续三年不使用的注册撤销申请就近4.8万件，同比增长36.2%。[2]《系统治理商标恶意注册促进高质量发展工作方案（2023—2025年）》再次强调，“加快释放闲置商标资源”。[3]

如何才能更有效地清除闲置注册商标呢？第四次修正《商标法》后，我国商标制度更加强调商标注册是为实际使用，加强打击商标囤积行为。2019年以来，商标局在审查、异议、评审等环节加大对商标恶意抢注和囤积行为的监测和打击力度，仅第二季度就驳回非正常商标申请24 145件。[4] 然而，现行商标法之下，商标局依照申请撤销商标并不能解决根本问题，难以清除过往的注册商标囤积，也难以预防未来的注册商标囤积。

对此，我国应该建立注册商标人提交商标实际使用证据的备案制度，实现闲置商标自动清除的机制。我国现行商标法实际上已经明确注册商标专用权人具有实际使用商标的法律义务。《商标法》第4条强调商标注册是为在生产经营活动之中实际使用，不以使用为目的的恶意商标申请应当驳回；第49条又规定注册商标连续三年无正当理由不使用应予撤销。商标注册后，商标注册人就应该履行商标申请提出时的承诺，将注册商标实际用于商业活动中以识别商品和服务来源。商标局依照职权应当监控和督促注册商标人履行上述义务，这是商标审查程序的正当延伸。为此，一旦商标核准注册，注册商标专用权人就应定期提交注册商标实际使用的证据，用于备案，并开放给公众查询。如果没有提交，则应视为该期间之内没有进行实际使用。如果连续三年不提交，除非商标注册人提供证据表明存在正当理由，否则商标局就应该依据职权撤销注册商标。同时，如果涉及侵权诉讼，被告即可以调用备案信息，用于证明原告没有实际损失，从而根据《商标法》第64条免除赔偿责任。

---

1 《中国商标品牌战略年度发展报告（2017）》，载中国商标网，http://www.iprchn.com/cipnews/news_content.aspx?newsId=108217，2023年8月24日访问。

2 《2019年上半年商标注册工作情况分析》，载中国商标网，https://sbj.cnipa.gov.cn/sbj/sbsj/201910/W020191021371345959639.pdf，2023年8月24日访问。

3 国家知识产权局：《系统治理商标恶意注册促进高质量发展工作方案（2023—2025年）》第9页。

4 《2019年上半年商标注册工作情况分析》，载中国商标网，https://sbj.cnipa.gov.cn/sbj/sbsj/201910/W020191021371345959639.pdf，2023年8月24日访问。

如果我国采取类似的制度安排，则能十分有效地降低商标撤销的申请数，控制闲置注册商标的规模，进而促进商标资源的高效利用。美国为有效控制闲置注册商标，20世纪50年代开始就采取类似的制度。《美国兰汉姆法案》要求美国商标申请基于商标实际使用或真实的使用意图。一旦商标取得注册，商标注册人就必须在规定的时间内持续提交商标实际使用的证据，否则就会丧失注册商标权。[1]

我国商标法改革正在朝这个方向进行，但注册商标专用权人要说明商标使用情况的周期过长，难以有效降低商标法的运行成本。2023年1月国家知识产权局《中华人民共和国商标法修订草案（征求意见稿）》第61条规定："商标注册人应当自商标核准注册之日起每满五年之后的十二个月内，向国务院知识产权行政部门说明该商标在核定商品上的使用情况或者不使用的正当理由……期满未说明的，由国务院知识产权行政部门通知商标注册人，商标注册人自收到通知之日起六个月内仍未说明的，视为放弃该注册商标，由国务院知识产权行政部门注销该注册商标。"本条规定之"每五年"提交商标使用情况的说明，其周期过长，比撤销理由之"连续三年不使用"的三年期间还长，也就难以有效清除闲置的注册商标。之所以设定"每五年"，或许是考虑到国家知识产权局的审查资源的限制。截至2022年年底，我国有效注册商标高达4000多万件；[2] 并且当年国家知识产权局又完成商标注册审查705.6万件。[3] 数目如此庞大的注册商标还在快速增长，国家知识产权局的审查力量毕竟有限。但是，这个理由也难以成立。本条第3款已经规定，"国务院知识产权行政部门应当对说明的真实性进行随机抽查"。此外，只要"商标使用情况说明"公开可查并建立举报机制，这项制度的运行成本就能够控制在合理水平，就能有效发挥其清理闲置注册商标的作用。

为此，笔者建议，我国《商标法》第49条可以增加如下条款："从商标申请日起算三年内，商标注册人应当每年向国务院知识产权行政部门提交注册商标实际使用的证据，以方便公众查询。商标注册人不提供的，视为当年没有实际使用且无正当理由。商标局依照职权应当对连续三年无正当理由不使用的注册商标予以撤销。"

---

1 15 U. S. Code § 1051（d）.

2 《国家知识产权局2022年度报告》，载国家知识产权局网，https：//www. cnipa. gov. cn/module/download/down. jsp? i_ID=185538&colID=3249。

3 《国家知识产权局2022年度报告》，载国家知识产权局网，https：//www. cnipa. gov. cn/module/download/down. jsp? i_ID=185538&colID=3249。

第二节 注册商标专用权保护范围之确定成本的制度优化

商标法的运行成本在很大程度上取决于商标权保护范围的确定成本。本章所称“商标权保护范围”包括两个方面：①商标权的内容，即依照商标权可以禁止未经许可之行为类型；②商标权之客体范围，即依照商标权可以禁止未经许可之商标及商品和服务的范围。商标权保护范围不清，公众申请商标和使用商标就容易陷入法律纠纷，商标法的运行成本自然就处于高位。

我国商标法调整多种商标，并给予不同的法律保护：注册商标；注册驰名商标；未注册驰名商标；“已经使用并具有一定影响的商标”（《商标法》第32条后半句，以下简称“一定影响的商标”）。其中，前三种都属于“商标权”。注册商标依照《商标法》第56条和第57条而享有注册商标专用权；而注册驰名商标和未注册驰名商标分别依照《商标法》第13条第3款和第2款，以及相应的司法解释而享有驰名商标权。“一定影响的商标”则依法只应称为“权益”，依照《商标法》第32条和《反不正当竞争法》第6条受到法律保护。

就注册商标专用权而言，其保护范围问题集中于商标权的内容，是本节讨论的中心任务。本章第三节和第四节将围绕注册驰名商标权和未注册驰名商标权的保护范围分别进行讨论。

一、现状与问题

我国商标法主要围绕注册商标展开，但是注册商标专用权的权利内容却不甚清楚。问题的根源在于《商标法》第57条规定之“侵犯注册商标专用权的行为”。其第（1）项和第（2）项调整在同一种或类似商品上“使用”相同或近似商标而容易导致混淆的行为，第（3）项调整“销售”侵犯注册商标专用权的商品的行为；第（4）项是调整“伪造、擅自制造他人注册商标标识或者销售伪造、擅自制造的注册商标标识”；第（5）项调整“反向假冒”；第（6）项调整帮助他人实施侵犯注册商标专用权的行为。第（7）项却是一个开放性的规定，即“给他人的注册商标专用权造成其他损害的”行为。尽管《商标法》第56条已经规定，“注册商标的专用权，以核准注册的商标和核定使用的商品为限”，但这只是注册商标专用权之客体范围。公众据此无法确定“给他人的注册商标专用权造成其他损害的行为”的内涵和外延。

更糟糕的是，《商标法》第58条还要求区分侵犯注册商标专用权与针对注册商标的不正当竞争行为，后者并不属于《商标法》第57条第（7）项调整的范围。《最高人民法院关于审理商标民事纠纷案件适用法律若干问题的解释》（法释〔2020〕19号）第1条第（2）项规定，“将与他人注册商标相同或者相近似的文字作为企业的字号在相同或者类似商品上突出使用，容易使相关公众产生误认的”，属于《商标法》第57条第（7）项；另一方面，根据《商标法》第58条规定，“将他人注册商标……作为企业名称中的字号使用，误导公众”不属于侵犯注册商标专用权的行为，而是构成不正当竞争行为。然而，就如何区分“容易使相关公众产生误认”与“误导公众”，最高人民法院并没有给出任何法律标准。且让问题更复杂的是，《最高人民法院关于适用〈中华人民共和国反不正当竞争法〉若干问题的解释》（法释〔2022〕9号）第13条第（2）项规定，“将他人注册商标、未注册的驰名商标作为企业名称中的字号使用，误导公众”，“足以引人误认为是他人商品或者与他人存在特定联系的，人民法院可以依照反不正当竞争法第6条第（4）项予以认定”。这表明，将他人注册商标、未注册的驰名商标作为企业名称中的字号使用，足以引人误认为是他人商品或者与他人存在特定联系，是属于反不正当竞争法规制的“混淆行为”。但是，“将他人注册商标、未注册的驰名商标作为企业名称中的字号使用，误导公众”这一行为，根据《反不正当竞争法》第2条也可能构成不正当竞争行为。

最高人民法院的司法解释不仅未能澄清注册商标专用权的性质和权利内容，反而引入注册驰名商标的特别法律保护，让问题更加复杂。2002年，《最高人民法院关于审理商标民事纠纷案件适用法律若干问题的解释》（法释〔2002〕32号）第1条列举了3种“属于2001年商标法第52条第（5）项规定的给他人注册商标专用权造成其他损害的行为”，其中第1款和第3款都是规制“容易导致相关公众误认”的行为，其中第2款调整为“复制、摹仿、翻译他人注册的驰名商标或其主要部分在不相同或者不相类似商品上作为商标使用，误导公众，致使该驰名商标注册人的利益可能受到损害的”行为。此时，注册驰名商标据此享有“跨类反混淆保护”。但是，《最高人民法院关于审理涉及驰名商标保护的民事纠纷案件应用法律若干问题的解释》（法释〔2009〕3号）第9条第2款明确注册驰名商标享有之权利超越反混淆保护：“足以使相关公众认为被诉商标与驰名商标具有相当程度的联系，而减弱驰名商标的显著性、贬损驰名商标的市场声誉，或者不正当利用驰名商标的市场声誉的，属于商标法第12条第3款规定的'误导公众，致使该驰名商标注册人的利益可能受到损害'"。于是，就注册驰名商标享有的法律保护，我国法院的意见出现严重分歧。有法院认为，本条司法解释将注册驰名商标保护从"跨类混淆保护"扩张到"淡化保护"；减弱驰名商标显著性的行为（即弱化行为）及贬损驰名商标的市场声誉的行为（即丑化行为）均属于"误导公众"的情形，统称为淡化行为。[1] 但也有法院认为，2001年《商标法》第13条第2款未采取纯粹的反淡化思路，而是加大驰名商标的保护力度。[2] 至于加大驰名商标保护力度到何种程度，却没有进行阐释。2020年末，上述两个司法解释都因应《商标法》修正而修订，但内容并未发生改变，[3] 注册驰名商标保护范围的争议也将持续：注册驰名商标根据《商标法》第57条第（7）项和相应的司法解释是享有"跨类反混淆保护"，还是享有"反淡化保护"，抑或二者之外享有"加大力度的驰名商标保护"？

从《商标法》修订来看，这个问题不仅会持续，而且可能会更严重。2023年1月国家知识产权局《中华人民共和国商标法修订草案（征求意见稿）》第18条第1款引入新概念，对未注册驰名商标承认"类似商标的反混淆保护"，第2款对驰名注册商标承认"不相类似商品的反误导保护"，第3款对广为人知

----

1 原国家工商行政管理总局商标评审委员会与柳州两面针股份有限公司商标异议复审行政纠纷案，北京市第一中级人民法院行政判决书（2011）一中知行初字第1858号。

2 原国家工商行政管理总局商标评审委员会等与埃尔梅斯国际（爱马仕国际）商标异议复审行政纠纷上诉案，北京市高级人民法院行政判决书（2013）高行终字第1992号。

3《最高人民法院关于审理商标民事纠纷案件适用法律若干问题的解释》（法释〔2020〕19号）第1条规定："下列行为属于商标法第57条第（7）项规定的给他人注册商标专用权造成其他损害的行为：（一）将与他人注册商标相同或者相近似的文字作为企业的字号在相同或者类似商品上突出使用，容易使相关公众产生误认的；（二）复制、摹仿、翻译他人注册的驰名商标或其主要部分在不相同或者不相类似商品上作为商标使用，误导公众，致使该驰名商标注册人的利益可能受到损害的；（三）将与他人注册商标相同或者相近似的文字注册为域名，并且通过该域名进行相关商品交易的电子商务，容易使相关公众产生误认的。"

《最高人民法院关于审理涉及驰名商标保护的民事纠纷案件应用法律若干问题的解释》（法释〔2020〕19号）第9条规定："足以使相关公众对使用驰名商标和被诉商标的商品来源产生误认，或者足以使相关公众认为使用驰名商标和被诉商标的经营者之间具有许可使用、关联企业关系等特定联系的，属于商标法第13条第2款规定的'容易导致混淆'。足以使相关公众认为被诉商标与驰名商标具有相当程度的联系，而减弱驰名商标的显著性、贬损驰名商标的市场声誉，或者不正当利用驰名商标的市场声誉的，属于商标法第13条第3款规定的'误导公众，致使该驰名商标注册人的利益可能受到损害'。"

的驰名商标承认“反淡化保护”。[1]

另一方面，作为注册商标专用权的一个重要侧面，注册商标使用抗辩的适用范围也不清楚。学理上，“注册商标使用抗辩”是指被告主张其在核定商品上使用核准的注册标志而不侵犯原告之注册商标专用权或不属于不正当竞争行为。即对注册商标专用权而言，我国现行法律承认注册商标使用抗辩。《最高人民法院关于审理注册商标、企业名称与在先权利冲突的民事纠纷案件若干问题的规定》（法释〔2008〕3号，2020年修正，法释〔2020〕19号）第1条第2款规定：“原告以他人使用在核定商品上的注册商标与其在先的注册商标相同或者近似为由提起诉讼的，人民法院应当根据民事诉讼法第124条第（3）项的规定，告知原告向有关行政主管机关申请解决。”对于驰名商标权和在先权利，我国现行法律并不承认注册商标使用抗辩。上述司法解释第1条第1款规定：“原告以他人注册商标使用的文字、图形等侵犯其著作权、外观设计专利权、企业名称权等在先权利为由提起诉讼，符合民事诉讼法第119条规定的，人民法院应当受理。”此外，《最高人民法院关于审理涉及驰名商标保护的民事纠纷案件应用法律若干问题的解释》（法释〔2009〕3号，2020年修正，法释〔2020〕19号）第11条规定：“被告使用的注册商标违反商标法第13条的规定，复制、摹仿或者翻译原告驰名商标，构成侵犯商标权的，人民法院应当根据原告的请求，依法判决禁止被告使用该商标……”

但是，对于在先使用并具有一定影响的未注册商标对注册商标人提起反仿冒之诉，被告是否可以主张注册商标使用抗辩，则存在争议。逻辑上，未注册商标受到的法律保护比注册商标弱，既然被告可以基于使用注册商标而对抗注册商标专用权的侵权之诉，依照《最高人民法院关于审理注册商标、企业名称与在先权利冲突的民事纠纷案件若干问题的规定》（法释〔2008〕3号，2020年修正，法释〔2020〕19号）第1条第2款而要求法院不予受理，逻辑上也就应该可以对抗未注册商标的反仿冒之诉，类推前述司法解释而要求法院驳回起

---

1 《中华人民共和国商标法修订草案（征求意见稿）》第18条规定：“在相同或者类似商品上使用、申请注册的商标是复制、摹仿或者翻译他人未在中国注册的驰名商标，容易导致混淆的，禁止使用并不予注册。

在不相类似商品上使用、申请注册的商标是复制、摹仿或者翻译他人驰名商标，误导公众，致使该驰名商标持有人的利益可能受到损害的，禁止使用并不予注册。

使用、申请注册的商标是复制、摹仿或者翻译他人为广大公众所熟知的驰名商标，足以使相关公众认为该商标与该驰名商标具有相当程度的联系，而减弱驰名商标的显著特征、贬损驰名商标的市场声誉，或者不正当利用驰名商标的市场声誉的，禁止使用并不予注册。”

诉。但是，有观点认为，注册商标只是权利外观，注册身份并非从事不正当竞争行为的“守护神”与“挡箭牌”，在未注册商标持有人已建立起商誉影响之领地，也不应允许注册商标权人胡作非为。《商标法》与《反不正当竞争法》是平行保护的法律关系，我国《反不正当竞争法》应对未注册商标——无论是否取得一定影响——给以一般性保护，引入《德国反不正当竞争法》第4条第4项“阻碍竞争条款”，准许对商标抢注人提起反仿冒之诉。[1] 还有观点更为直接，认为“没有必要在侵权诉讼中一定要求在先的普通未注册商标使用人于在后注册被宣告无效之后才能实现其禁止在后注册商标使用的目的而徒增诉累”。[2]

二、注册商标专用权的保护范围：围绕反混淆保护的规范重整

在我国现行《商标法》之下，注册商标专用权的保护范围之所以规范混乱，根源在于《最高人民法院关于审理商标民事纠纷案件适用法律若干问题的解释》（法释〔2002〕32号，2020年修正，法释〔2020〕19号）第1条、《商标法》第58条和第57条第（7）项。因为新的司法解释出现和司法实践发展，它们应当予以废止，《商标法》第57条就不会杂糅，而注册商标专用权的保护范围就会明晰：①《商标法》第57条只调整侵犯注册商标专用权的行为，而不涉及《商标法》第13条规定之驰名商标权；②凡是未经许可在同一种或类似商品上使用与他人注册商标相同或近似的商业标识，容易导致相关公众混淆的，都属于侵犯注册商标专用权的行为，未落入反不正当竞争法的调整范围。

（一）商标民事案件司法解释的重整

《最高人民法院关于审理商标民事纠纷案件适用法律若干问题的解释》（法释〔2002〕32号，2020年修正，法释〔2020〕19号）第1条整体都应该予以废止。

首先，本条司法解释第（2）项应当予以废止，因为与《最高人民法院关于审理涉及驰名商标保护的民事纠纷案件应用法律若干问题的解释》（法释〔2009〕3号，2020年修正，法释〔2020〕19号）之间存在法律冲突。这种冲突来源于历史和2020年年底司法解释批量修订时的疏忽。2001年《商标法》第13条第2款（同《商标法》第13条第3款）只规定“就不相同或者不相

1 黄汇：《反不正当竞争法对未注册商标的有效保护及其制度重塑》，载《中国法学》2022年第5期，第98–99页。

2 王太平：《我国普通未注册商标与注册商标冲突之处理》，载《知识产权》2020年第6期，第42页。

类似商品申请注册的商标是复制、摹仿或者翻译他人已经在中国注册的驰名商标……”的确没有针对“复制、摹仿、翻译他人注册的驰名商标或其主要部分在不相同或者不相类似商品上作为商标使用”。而且，当时强调注册驰名商标享有跨类反混淆保护。为此，《最高人民法院关于审理商标民事纠纷案件适用法律若干问题的解释》（法释〔2002〕32号）第1条将其作为侵犯注册商标专用权的行为之一，并无不妥。但是，《最高人民法院关于审理涉及驰名商标保护的民事纠纷案件应用法律若干问题的解释》（法释〔2009〕3号）第2条已经承认违反2001年《商标法》第13条可以提起侵犯商标权之诉，同时第9条第2款按照反淡化保护的思路重新解释2001年《商标法》第13条第2款，宣告此前不一致的司法解释废止，[1] 包括《最高人民法院关于审理商标民事纠纷案件适用法律若干问题的解释》（法释〔2002〕32号）第1条第（2）项。可惜，2020年年底最高人民法院根据各部新修知识产权法批量修订司法解释时没有注意到这个具体情况。

其次，该条司法解释第（1）项和第（3）项也应该予以废止，因为相关侵权行为已经为《商标法》第57条第（1）项和第（2）项所涵盖。当前，对将他人注册商标作为商品名称、装潢、[2] 企业字号、[3] 域名[4]等使用的行为，我国商标法和司法解释通过列举方式分别进行处理。但是，司法实践已经打破“商标”与“非商标商业标识”的人为界限，将他人注册商标作为企业字号、商品名称等使用认定为“视为商标性使用”。比如广东省高级人民法院在审理“皇马”案时指出，在商品或者服务上突出使用企业名称中的字号，实际赋予了字号特殊的标识意义，将字号从企业名称的整体中剥离出来进行强化，作商标化使用，在我国法律上视为商标性使用。[5] 山东省高级人民法院在审理“张裕”

1 《最高人民法院关于审理涉及驰名商标保护的民事纠纷案件应用法律若干问题的解释》（法释〔2009〕3号）第14条规定：“本院以前有关司法解释与本解释不一致的，以本解释为准。”

2 《商标法实施条例》（2014）第76条规定：“在同一种商品或者类似商品上将与他人注册商标相同或者近似的标志作为商品名称或者商品装潢使用，误导公众的，属于商标法第57条第（2）项规定的侵犯注册商标专用权的行为。”

3 《商标法》第58条；《最高人民法院关于审理商标民事纠纷案件适用法律若干问题的解释》（法释〔2020〕19号）第1条第（1）项。

4 《最高人民法院关于审理商标民事纠纷案件适用法律若干问题的解释》（法释〔2020〕19号）第1条第（3）项。

5 杨汉卿、北京新范文化有限公司与恒大足球学校等侵害商标权及不正当竞争纠纷上诉案，广东省高级人民法院民事判决书（2013）粤高法民三终字第630号。

案时也指出，在产品上突出使用企业字号，实际起到标识商品来源的作用，构成商标法意义上的使用。[1] 而且，“商标性使用”认定的法律标准已经作为“容易导致混淆”认定的组成部分。湖南省高级人民法院在审理Levi's牛仔裤后兜双弧线图形商标案时就指出，判断被诉侵权标识是否属于商标性使用，应以相关公众是否通过相应标识的使用方式来区分商品来源为判断标准，而这与诉请保护标识的知名度、商品特点及商标标注惯例等因素相关。该案还强调，诉请保护商标的知名度越高，在相同或类似商品或服务领域，与其相近似的标识对相关公众会产生更大影响；若该相近似标识被突出使用，往往更容易起到指示商品来源的作用。[2] 再如，广东省高级人民法院在审理“五谷丰登”案时指出，是否属于商标使用应当从客观意义上进行判断，商品名称是否具有识别商品来源意义，不以使用人的主观认识或者称谓上的差异为转移，而是要根据其客观上是否具有了识别商品来源意义来进行判断。[3]

（二）《商标法》第58条应予以废止

《商标法》第58条应该废止，在反混淆保护之外不应再给予注册商标以反不正当竞争的保护。《商标法》第58条原本只是为弥补《最高人民法院关于审理商标民事纠纷案件适用法律若干问题的解释》（法释〔2002〕32号）第1条第（1）项的不足，新出台的《反不正当竞争法》的司法解释已经使其丧失存在的意义。该项司法解释规定，“将与他人注册商标相同或者相近似的文字作为企业的字号在相同或者类似商品上突出使用，容易使相关公众产生误认的”，属于2001年《商标法》第52条第（5）项规定的给他人注册商标专用权造成其他损害的行为。但是，在最高人民法院审理的“正野”案中，被告虽然使用他人注册商标相同或者相近似的文字作为企业的字号在相同或者类似商品上使用，但使用并不突出。于是，最高人民法院创新地提出，根据《反不正当竞争法》（1993年）第2条、第5条第（3）项的规定，将他人注册商标中相同的文字作为企业名称中的字号使用在类似商品上，致使相关公众对商品或者

---

1 烟台张裕卡斯特酒庄有限公司与上海卡斯特酒业有限公司、李道之确认不侵犯商标权纠纷案，山东省高级人民法院民事判决书（2013）鲁民三终字第155号。

2 利惠公司与湖南康星连锁百货有限公司侵害商标权纠纷上诉案，湖南省高级人民法院民事判决书（2019）湘知民终566号。

3 珠海格力电器股份有限公司与广东美的制冷设备有限公司等侵害商标权纠纷上诉案，广东省高级人民法院民事判决书（2015）粤高法民三终字第145号。

服务的来源产生混淆，虽不突出使用，但仍构成不正当竞争行为。[1] 本案的裁判意见后来上升为2013年《商标法》第58条并延续存在。但是，《最高人民法院关于适用〈中华人民共和国反不正当竞争法〉若干问题的解释》（法释〔2022〕9号）第13条第（2）项将此种定性为“混淆行为”，“将他人注册商标、未注册的驰名商标作为企业名称中的字号使用，误导公众”，“足以引人误认为是他人商品或者与他人存在特定联系的，人民法院可以依照反不正当竞争法第6条第（4）项予以认定”。同时，司法实践表明，将他人注册商标相同或近似的文字只是作为企业字号注册，不构成不正当竞争，还必须实际使用并具有攀附商誉的主观故意。最高人民法院在审理“瑞和如家”案时就强调，在他人文字注册商标具有较高知名度后，登记的企业字号包含相同的文字标识并在实际使用时予以突出，具有攀附他人注册商标商誉的主观故意，违反了诚实信用原则，容易导致混淆，构成不正当竞争。[2] 简言之，现行司法解释和司法实践表明，《商标法》第58条就注册商标所调整的“不正当竞争行为”实则是“容易导致混淆”的行为，可以纳入《商标法》第57条第（1）项或第（2）项规范的行为。

另外，如果《商标法》第58条所调整的不正当竞争行为还可根据反不正当竞争一般条款认定，等于超越反混淆保护和反淡化而给予普通注册商标另外未被定义的法律保护，势必扰乱整个商标法体系。的确，有些案例根据《反不正当竞争法》第2条保护注册商标专用权，但它们本可以适用《商标法》第57条

----

1 广东伟雄集团有限公司、佛山市高明区正野电器实业有限公司、广东正野电器有限公司诉佛山市顺德区正野电器有限公司、佛山市顺德区光大企业集团有限公司不正当竞争纠纷再审案，最高人民法院民事判决书（2008）民提字第36号，载《中华人民共和国最高人民法院公报》2012年第3期，第38-44页。

2 天津市静海县瑞和如家快捷宾馆与和美酒店管理（上海）有限公司侵害商标权及不正当竞争纠纷再审申请案，最高人民法院民事裁定书（2017）最高法民申4517号。类似裁判意见参见：成都同德福合川桃片有限公司诉重庆市合川区同德福桃片有限公司、余晓华侵害商标权及不正当竞争纠纷上诉案，重庆市高级人民法院民事判决书（2013）渝高法民终字00292号，载入最高人民法院审判委员会讨论通过2016年5月20日发布指导案例第58号、2013年中国法院50件典型知识产权案例；天津科艺隆装饰工程有限公司与天津科艺隆科技有限公司侵害商标权、不正当竞争纠纷案，天津市高级人民法院民事判决书（2016）津民终400号；天津万科金钻装饰设计工程有限公司与万科企业股份有限公司侵害商标权及不正当竞争纠纷案，天津市高级人民法院民事判决书（2015）津高民三终字第0005号；众信旅游集团股份有限公司与福建省众信国际旅行社有限公司商标权权属、侵权纠纷案，福建省福州市中级人民法院民事判决书（2018）闽01民初1126号，福州市中级人民法院发布2018—2019年福州法院知识产权司法保护十大案例之五。

第（1）项或第（2）项。只是因为不熟悉商标法，法院“逃避”到反不正当竞争法领域。比如，“非五常大米案”涉及注册商标“五常大米”，被告在天猫开设“谷堆坡旗舰店”并销售大米，商品标题内容为“谷堆坡稻香东北大米10斤装新米5kg玛瑙米晚优米长粒香非五常大米”。[1] 网络用户在天猫网站上搜索“五常”，即可搜索到这一商品。而且，评论显示，部分消费者在购买时误认为该商品为五常大米。[2] 本案法院认为，被诉商品描述虽载明“非五常大米”，但客观上以“五常”作为关键词搜索实现“关键词引流”，不合理地获取涉案店铺中商品点击、浏览及交易的机会，切实增加其商业机会而减少他人商业机会，实质上是一种“搭便车”的攀附行为，即表面上以“非五常大米”进行区别，实则进行“区别式攀附”，构成不正当竞争。[3] 但是，本案法院为何舍弃“混淆”的基本概念？既然消费者搜索“五常大米”时会显示被诉商品，又有证据表明消费者确有混淆来源，即表明使用“非五常大米”容易导致相关公众混淆来源，至少在购买之前容易导致混淆。一旦证明“初始混淆”，即便购买之时或购买之后混淆可以被消除，也属于容易导致混淆，违反《商标法》第57条第（1）项。所谓“区别式攀附”还是“攀附”，因为可能导致混淆，并没有实现来源区别。本案并没有必要创造“区别式攀附”的伪概念。

再如，在“罗浮宫案”中，原告起诉被告将与自己的注册商标“罗浮宫”相同的文字“罗浮宫家具”设置为网络关键词。法院审理认为，虽然被告不构成商标性使用，不宜认定为商标侵权，但该行为不正当地利用了他人商标的知名度，使用户产生了不恰当的联想，不合理地窃取了他人的商业机会，属于违背诚信原则和商业伦理的不正当竞争行为。[4] 但是，注册商标专用权本来就不及于“不恰当的联想”。“联想”是正常的认知现象，常见的市场现象，并不会妨碍注册商标权人的利益。多家企业竞争向消费者销售同一种商品，消费者

1 福建省高级人民法院发布2021年知识产权司法保护十大案例之六：五常市大米协会诉沈阳谷堆坡电子商务有限公司（原宁德市创微天下电子商务有限公司）、浙江天猫网络有限公司侵害商标权及不正当竞争纠纷案。

2 福建省高级人民法院发布2021年知识产权司法保护十大案例之六：五常市大米协会诉沈阳谷堆坡电子商务有限公司（原宁德市创微天下电子商务有限公司）、浙江天猫网络有限公司侵害商标权及不正当竞争纠纷案。

3 福建省高级人民法院发布2021年知识产权司法保护十大案例之六：五常市大米协会诉沈阳谷堆坡电子商务有限公司（原宁德市创微天下电子商务有限公司）、浙江天猫网络有限公司侵害商标权及不正当竞争纠纷案。

4 福建高院判决罗浮宫公司诉连天红家具公司等不正当竞争纠纷上诉案，福建省高级人民法院民事判决书（2015）闽民终字第1266号。

看到一家驰名品牌的商品，自然容易联想到具有相当市场地位的另一个品牌。比如，看到“苹果”手机，想到“华为”手机。另外，将他人注册商标作为搜索关键词的行为本身就构成商标性使用。比如，广东省高级人民法院在审理“精英商标”案时认为，行为人所提供的服务与他人注册商标的核定服务属于同一种服务，明知他人注册商标，仍将该注册商标设置为搜索关键词，使得每一条搜索该注册商标的结果与行为人提供的服务连接在一起并链接到自己公司网站，极易使相关公众以为其提供的商品或服务来源于注册商标权人或得到该权利人的授权，或与该权利人具有特定联系，导致相关公众的混淆和误认，此种将他人注册商标设置为搜索关键词的行为属于在同一种商品或服务上使用与其注册商标近似的商标，容易导致混淆，依法构成商标侵权。[1] 再如，江苏省高级人民法院在审理“梅思泰克”案时认为，购买他人注册商标作为关键词进行竞价排名，使得该品牌的潜在客户访问自己的网站并由此增加自己的交易机会，就是利用他人商标的声誉吸引消费者，此种行为构成商标性使用。[2]

再如，在“Parada案”之中，[3] 被告为推介房产项目和推销店铺的招租，未经许可在相关广告中使用了“PRADA”“PRADAMILANO”的文字和图案商标。审理法院认为，被告故意利用普拉达公司的商誉，借用“PRADA”的知名度，推介自己东方国际中心房产项目和推销店铺，以此吸引相关公众的视线，提升其店铺的品位和形象，将自己的店铺与时尚、高端商品密切联系，提高自己的商品推广交易机会，不正当地获取了比其他竞争者更为有利的地位和利益，违背《反不正当竞争法》第2条。法院还强调，被告的广告不可避免

1 深圳市精英商标事务所与重庆猪八戒网络有限公司等侵害商标权纠纷上诉案，广东省高级人民法院民事判决书（2018）粤民终2352号，列为2020年广东法院互联网领域反不正当竞争和反垄断十大案例之一。

2 上海梅思泰克生态科技有限公司与无锡安固斯建筑科技有限公司侵犯商标专用权纠纷上诉案，江苏省高级人民法院民事判决书（2011）苏知民终字第33号，列为最高人民法院公布2011年中国法院知识产权司法保护50件典型案例之二十。

类似案例参见：重庆聚焦人才服务有限公司与前锦网络信息技术有限公司等侵害商标权纠纷案，重庆市第五中级人民法院民事判决书（2017）渝05民初377号；东莞市以纯集团有限公司诉朱邓彬侵害商标权纠纷上诉案，四川省高级人民法院（2015）川知民终字第135号；杭州盘古自动化系统有限公司与杭州盟控仪表技术有限公司等侵犯商标专用权纠纷案，杭州市滨江区人民法院民事判决书（2011）杭滨知初字第11号；八百客（北京）软件技术有限公司与北京沃力森信息技术有限公司侵犯注册商标专用权纠纷上诉案，北京市第一中级人民法院民事判决书（2010）一中民终字第2779号。

3 普拉达有限公司与陕西东方源投资发展有限公司、华商报社侵害商标权及不正当竞争纠纷案，陕西省西安市中级人民法院民事判决书（2013）西民四初字第227号。

地给消费者造成普拉达公司商铺与中低端餐饮品牌混同在一起经营的印象，将有可能损害普拉达公司的品牌形象和商标声誉。然而，被诉广告宣传行为并不是针对“注册商标”的不正当竞争行为。本案是典型的虚假宣传行为，即没有与普拉达公司合作而宣称即将与其达成商事合作，法院本应行使释明权而适用《反不正当竞争法》第9条。如果一定要讨论普拉达品牌形象和商标声誉是否受到损害，则需要置于注册驰名商标的反淡化保护框架之下。

（三）《商标法》第57条第（7）项应予以废止

既然《最高人民法院关于审理商标民事纠纷案件适用法律若干问题的解释》（法释〔2020〕19号）第1条和《商标法》第58条都应当予以废止，由此必须要回答的问题是，《商标法》第57条第（7）项“给他人的注册商标专用权造成其他损害的”应否废止？答案是应该予以废止。

第一，本项规定没有任何法理基础。《民法典》第1165条规定：“行为人因过错侵害他人民事权益造成损害的，应当承担侵权责任。”可见，“过错侵害他人民事权益”与“造成损害”是侵权责任的两项独立的条件。《商标法》第57条规定了“侵犯注册商标专用权的行为”，就不应该以“造成其他损害”作为侵权行为认定的构成 条件。注册商标专用权被侵害，并不会给注册商标专用权“造成损害”，而只能给注册商标专用权人“造成损害”。给注册商标专用权人“造成损害”的行为多种多样，并不都应对其给予法律救济。正当使用不同商标通过市场竞争而给注册商标专用权人造成损害，即便是严重或致命损害，都不需要承担侵权责任。比如，大家看到“可口可乐”的碳酸饮料就会想到“百事可乐”，即便因此给“百事可乐”的注册商标权人造成严重损害，也不应认定前者侵犯后者的注册商标专用权。只有侵犯注册商标专用权的行为给注册商标专用权人造成损害，即便损害不大，也仍然要承担侵权责任。

第二，《商标法》第57条第（7）项可能误导法院，而将注册商标专用权看作“类物权”。我国曾有法院根据“给他人的注册商标专用权造成其他损害的”条款，禁止他人从商品上去除商标。最高人民法院有公报案例认为，“商品商标与商品具有不可分离的属性……在商品流通过程中拆除原有商标的行为，显然割断了商标权人和商品购买使用者的联系，不仅使其无从知道商品的实际生产者，剥夺公众认知商品生产者和商品商标的机会，还终结了该商品所具有的市场扩张属性，直接侵犯了商标权人所享有的商标专用权，并最终损害商标权人的经济利益。”[1] 然而，注册商标专用权的核心是保护商标识别商品

1 如皋市印刷机械厂与如皋市铁德物资有限责任公司侵犯商标专用权纠纷案，南通市中级人民法院民事判决书（2003）通中民三初字第15号，载《中华人民共和国最高人民法院公报》2004年第10期，第35-37页。

来源的功能，而不是保护商标对商品的固着关系。在最高人民法院审理的“多米诺”案中，被告改装原告喷码机后没有去除原告在喷码机上的注册商标。最高人民法院指出，如果商品在转售前发生实质性改变，导致商品与来源之间的联系发生改变，在该商品上继续使用原有商标且未对消费者履行合理告知义务的情况下，容易导致混淆并损害商标权人的利益，构成商标侵权。[1] 实际上，强调商标与商品之间的固着关系，反而损害商标权人的经济利益。比如，翻新后保留原商标并以原装产品出售。比如，未经注册商标权人许可，对废旧硒鼓翻新、灌装碳粉、粘标和包装，假冒兄弟、联想、富士、佳能、理光及美能达等品牌的打印机耗材后，以原装正品代理商销售正品耗材的方式在其开设的淘宝网店销售，被判“假冒注册商标罪”。[2]

第三，去除《商标法》第57条第（7）项之后，本条规定反而更妥当，规范更加清晰。就反混淆保护而言，《商标法》第57条第（1）项到第（6）项规定已经有过之而无不及。除开《商标法》第57条第（4）项“反向假冒”，其他项目规定都围绕反混淆保护展开。本条第（1）项、第（2）项是反混淆保护的核心条款。第（3）项“销售侵犯注册商标专用权的商品的”行为和第（4）项“伪造、擅自制造他人注册商标标识或者销售伪造、擅自制造的注册商标标识的”行为可能是第（1）项和第（2）项行为的组成部分，也可能属于第（6）项“为侵犯他人商标专用权行为提供便利条件”。总之，至少理论上它们都能纳入反混淆保护的总体框架之下。总之，对反混淆保护而言，没有必要保留《商标法》第57条第（7）项。

或有不同意见认为，《商标法》第57条第（4）项“反向假冒”是针对注册商标的不正当竞争行为，[3] 但显然本条没有列入全部针对注册商标专用权的不正当竞争行为，应该保留本条第（7）项予以“兜底”。然而，商标法的历

1 广州市杜高精密机电有限公司与多米诺印刷科学有限公司等侵害商标权纠纷再审申请案，最高人民法院民事裁定书（2019）最高法民申4241号。

2 李某甲假冒注册商标刑事纠纷案，广东省中山市第一人民法院刑事判决书（2015）中一法知刑初字第41号。

3 反向假冒不涉及来源混淆。假设注册商标M1识别商品g，中间商购买之后，去除注册商标M1而更换上商标M2转售。一方面，如果中间商未曾改变商品品质，消费者会误以为M2商标权人控制商品品质，是商品g的真实来源。然而，商品g品质的实际控制人却是M1商标权人。即便商标M1和M2完全不相同，消费者看似也已经经历“混淆”。另一方面，相关公众的这种“混淆”不是混淆商标M1和M2所识别的商品来源，也不是误认为两商标权人之间存在特定经济联系。这种“混淆”本质上是一种“欺诈”，即中间商用商标M2对商品的品质和生产者作出引人误解的虚假宣传。

史却走向了截然相反的方向。《商标法》第57条第（4）项“反向假冒”是一种特殊的“虚假宣传”，属于不正当竞争行为，根据《反不正当竞争法》“虚假宣传”条款即可以规制，本没有必要在《商标法》之中另行规定。[1]“反向假冒”的经典案例北京市第一中级人民法院审理的“卡帝乐”案就是如此判决。1994年5月，新加坡鳄鱼公司的经销商以单价230元购进北京市服装厂制作的“枫叶”牌西服，去除“枫叶”注册商标后换成“鳄鱼”商标，然后在北京市百盛购物中心的鳄鱼服装专柜上以单价560元售出。经审判委员会讨论决定，法院最终依照1991年《反不正当竞争法》第2条判定构成不正当竞争。[2]“反向假冒”之所以被认定为“侵犯注册商标专用权的行为”是历史巧合。在北京市第一中级人民法院审理“卡帝乐”案之后，有专家学者认为，这种行为可以认定为侵犯注册商标专用权。这种观点后来影响到2001年《商标法》修正，它被作为侵犯注册商标专用权的行为规定在2001年《商标法》第52条第（4）项，一直延续至今。但是，除开反向假冒之外，其他涉及注册商标的不正当竞争行为都没有作为“侵犯注册商标专用权的行为”。比如，1993年《商标法》第38条第（2）项曾经规定，“销售明知是假冒注册商标的商品的”，侵犯注册商标专用权。但是，1993年《反不正当竞争法》第5条第（1）项规定，“假冒他人的注册商标”，属于“不正当手段从事市场交易，损害竞争对手。”此外，2001年《商标法》修订，将1993年《商标法》第38条第（2）项规定改为“销售明知是侵犯注册商标专用权的商品的”。2013年《商标法》修正时，对于“将他人注册商标、未注册的驰名商标作为企业名称中的字号使用，误导公众，构成不正当竞争”的行为，没有直接纳入《商标法》第57条之下，而是另行设置第58条。可见，立法者有意区分侵犯注册商标专用权与对注册商标的不正当竞争行为。既然《商标法》第58条都应被废除，不应以《反不正当竞争法》保护注册商标，就更没有必要通过《商标法》第57条第（7）项“兜底”而对注册商标予以反不正当竞争法保护。道理很简单，一旦承认注册商标可以享受反不正当竞争法保护，方便之门就会由此打开，法院径直适用《反不正当竞争法》一般条款就好，没有必要再评判是否构成混淆或淡化。商标权的保护范围由此将彻底丧失法

1 郑成思：《知识产权法》，法律出版社1997年版，第206-208页。

2 北京市京工服装工业集团服装一厂与北京百盛轻工发展有限公司、香港鳄鱼国际机构有限公司等侵犯商业信誉及不正当竞争纠纷案，北京市第一中级人民法院民事判决书（1994）中经知初字第566号。

律确定性，商标法难以再保护公众的合理信赖利益。

就反淡化保护而言，更不需要通过本项规定予以“兜底”。反淡化保护的法律性质区别于反混淆保护，限定于驰名商标。就此，本章第三节和第四节还将详细讨论。既然《商标法》第57条主要是注册商标的反混淆保护，也就不应通过该条第（7）项开后门，再杂糅法律性质迥然的反淡化保护。

此外，司法实践之中，《商标法》第57条第（7）项并没有真实的适用空间。个别案例的裁判观点不过是错误适用法律而已，已经得到最高人民法院纠正。例如，浙江省高级人民法院在审理“科罗娜”案时认为，英文注册商标（“Coronita Extra”）经使用与特定的中文注册商标（“科罗娜”）形成紧密的对应关系，指向同一商品来源，进口的正品商品上带有相同的英文商标但同时带有不同的中文标志（“卡罗莱”），则会破坏该英文注册商标与对应中文注册商标的对应关系，属于《商标法》第57条第（7）项规定的给他人的注册商标专用权造成其他损害的情形。[1] 然而，这种观点不能成立。被诉中文标志“卡罗莱”与中文注册商标“科罗娜”使用在同一种商品之上，二者商品装潢相同并且都配合英文注册商标“Coronita Extra”，容易导致混淆，所以应认定违反《商标法》第57条第（2）项。实际上，最高人民法院在审理“鲁沃夫”清洁剂案时指出，对于外文商标的中文译名，既可能，也可以存在多个不同的中文译名，包括不同的中文音译，当其中一个或者多个中文译名在相关公众中已经产生了指向该外文商标的作用时，即应认为二者间已经产生了对应关系，将该中文译名作为商标使用即构成使用与该外文商标近似的商标。[2] 可见，浙江省高级人民法院审理“科罗娜”案时的裁判意见似乎并不可靠。

再如，在平行进口和商标权用尽的纠纷之中，法院时常适用“给他人的注册商标专用权造成其他损害的”条款。《天津市高级人民法院关于涉平行进口商标侵权纠纷案件的审判指引（试行）》（2018）即规定：“进口商品与国内商标权利人销售的商品存在‘实质性差异’，主要指进口商品在投放市场后，其商品信息、包装装潢、商标标识等原有状态被改变，使消费者无法获知进口商品的真实来源，足以影响消费者购买商品的意愿或者对商标权益造成其他损害的，依法认定构成商标侵权。”但是，这种观点没有法律根据，已经被最高

1　福建省土产畜产进出口有限公司与百威投资（中国）有限公司侵害商标权纠纷上诉案，浙江省高级人民法院民事判决书（2021）浙民终331号。

2　北京鹊翔医疗科技有限责任公司诉鲁沃夫公司（The Ruhof Corporation）侵犯商标专用权和不正当竞争纠纷再审申请案，最高人民法院民事判决书（2010）民申字第1468号。

人民法院否定。最高人民法院在审理"多米诺"案时指出，如果商品在转售过程中进行了实质性改变，导致商品与来源之间的联系发生改变，在该商品上继续使用原有商标且未对消费者履行合理告知义务的情况下，容易导致混淆并损害商标权人的利益，构成商标侵权。[1] 值得注意的是，最高人民法院在本案之中援引2013年《商标法》第（1）项和第（2）项（同现行《商标法》第57条第（1）项和第（2）项），而不是本条最后一项。道理很简单，在改装之后的商品之上使用原装商品所用商标，是未经许可在同一种或类似商品上使用相同商标的行为，如果容易导致混淆，则违反《商标法》第57条第（1）项或第（2）项。

又如，苏州市中级人民法院在审理"绝对"伏特加案时认为，当商标注册人及许可使用人将标有该商标的商品投放市场后，产品本身与注册商标、包装装潢等多种要素发生紧密联系，并与商标权人的商誉形成了专属的对应关系，未经许可添加标志破坏原商品的完整性和美观感受，足以导致消费者对商品的生产、销售来源产生合理怀疑，从而对商标权利人的认可度和信赖度降低，致使商标权人的利益遭受损害，属于"对他人的注册商标专用权造成其他损害的"情形。[2] 审理该案的法官还认为，经营者磨去产品识别码不仅破坏了商品的整体性，导致商品关键信息丢失，而且实质上给消费者和商标权利人造成了双重损害：一是影响了商标的识别功能，侵害了消费者对商品来源及产品信息的知情权，导致消费者对真实商品来源及销售渠道产生疑惑、误认或混淆；二是妨碍了商标权利人对产品质量的追踪管理，干扰了商标权利人控制产品质量的权利，致使商标权人的商标权益受损，属于"对他人的注册商标专用权造成其他损害的"情形。[3] 本案理由看似充分，然而却将注册商标专用权泛化为绝对的商誉保护，甚至成为"商品的整体性"保护，严重扭曲注册商标专用权，已经被最高人民法院纠正。实际上，本案涉及商标权用尽，应适用最高人民法院审理"多米诺"案时的裁判规则。无论是添加标志，还是磨去产品识别码，都可认定其实质性改变原商品而未以合理方式告知相关公众，容易导致混淆并损害商标权人的利益，违反现行《商标法》第57条第（1）项或第（2）项。

1 广州市杜高精密机电有限公司与多米诺印刷科学有限公司等侵害商标权纠纷再审申请案，最高人民法院民事裁定书（2019）最高法民申4241号。

2 绝对有限公司、保乐力加贸易有限公司与苏州隆鑫源酒业有限公司不正当竞争、垄断纠纷案，江苏省苏州市中级人民法院民事判决书（2013）苏中知民初字第0175号。

3 绝对有限公司、保乐力加贸易有限公司与苏州隆鑫源酒业有限公司不正当竞争、垄断纠纷案，江苏省苏州市中级人民法院民事判决书（2013）苏中知民初字第0175号。

三、注册商标使用抗辩的适用范围：基于注册商标效力稳定程度的规范重整

无论原告是基于在先使用并具有一定影响的商标，还是基于“在先权益”而对使用注册商标的行为提起反不正当竞争之诉，法院都不应该简单地适用“注册商标使用抗辩”，而应该初步审查涉案注册商标的效力稳定程度，并据此作出是否中止审理的决定。

（一）基于在先使用并具有一定影响的商标而对注册商标使用行为提起反不正当竞争之诉

如果在先使用并具有一定影响的商标的持有人对注册商标使用行为提起反不正当竞争之诉，法院应该予以驳回。有学者认为，我国应提升未注册商标的保护水平，承认《商标法》与《反不正当竞争法》是平行保护的法律关系，对未注册商标——无论是否取得一定影响——给以一般性保护，引入《德国反不正当竞争法》第4条第4项“阻碍竞争条款”，准许对商标抢注人提起反仿冒之诉。[1] 但是，我国与德国国情不同。我国幅员辽阔，具有超大规模统一大市场，实行商标注册制才有利于企业充分实现规模经济。实际上，市场规模小如日本，该国学者都深刻地认识到，给予未注册商标以强保护，就会削弱注册商标保护，妨碍经营者申请注册商标并在全国范围之内经营，徒增交易困难。[2] 此外，“阻碍竞争条款”还会制造新的法律问题——让商标无效宣告的五年除斥期间成为摆设。[3] 如果未注册商标持有人是在五年期间之外提起此类反仿冒之诉，根据《商标法》第45条，他此时已经无权提起注册商标无效的宣告请求，涉案注册商标已经不可争议。抢注商标注册后五年通常已经形成稳定秩序

----

1 黄汇：《反不正当竞争法对未注册商标的有效保护及其制度重塑》，载《中国法学》2022年第5期，第98-99页。

2 王太平：《我国普通未注册商标与注册商标冲突之处理》，载《知识产权》2020年第6期，第41-42页。

3 就《商标法》第45条第1款规定的五年期限的法律性质，曾有司法意见认为，此期限不适用诉讼时效或除斥期间（成昌行粮食有限公司诉商标评审委员会注册商标纠纷案，北京市第一中级人民法院行政判决书（2005）一中行初字第1090号；（香港）成昌行粮食有限公司与商标评审委员会商标行政纠纷上诉案，北京市高级人民法院行政判决书（2006）高行终字第185号），现在已经达成共识，此五年期限是除斥期限（参见例如博内特里塞文奥勒有限公司与商标评审委员会商标争议行政纠纷上诉案，北京市高级人民法院行政判决书（2010）高行终字第1124号；埃尔梅斯国际与商标评审委员会商标异议复审行政纠纷上诉案，北京市高级人民法院行政判决书（2012）高行终字第705号）。

而值得法律保护。如果未注册商标人还可以对注册商标权人提起反仿冒之诉，等于纵容未注册商标人拖延行使权利。综上，我国基于国情需要，在制度上就要鼓励企业先注册商标而后使用。为此，《商标法》第59条第3款只承认普通未注册商标持有人对其商誉所及地域享有消极的防御权，而没有承认其具有积极的进攻效力。

法院不受理“一定影响的商标”持有人对注册商标人提起的反不正当竞争之诉，并不等于其不能得到法律救济。一旦涉案注册商标因为违反《商标法》第32条后半句而被最终宣告无效，“一定影响的商标”持有人即可向注册商标人提起侵权之诉。最高人民法院在审理“TELEMATRIX”案时指出，以不正当手段抢先注册他人在先使用并具有一定影响的商标之后，对在先使用人发动诉讼，是为恶意知识产权诉讼，应当承担法律责任。[1]

真正应该关注的问题是，这种法律救济可能因不及时而让“一定影响的商标”持有人遭受难以弥补的损失，由此可能纵容恶意抢注商标的不正当行为。如果“一定影响的商标”持有人就涉案注册商标提起无效宣告请求，我国法院目前并不应该推定其效力稳定。根据《国家知识产权局2022年年度报告》，审结的商标无效宣告案件中，全部无效占62.1%，部分无效占12.9%，维持有效的不过25%。[2] 注册商标与其相同或近似，侵入“一定影响的商标”的商誉所及范围，不可避免造成混淆。根据《商标法》第59条第3款的规定，“一定影响的商标”持有人无权要求注册商标权人添加区别标识，反而依法应自行添加区别标识。如果注册商标确系“以不正当手段抢先注册”，“一定影响的商标”持有人很可能因为他人抢注商标并在其商誉所及范围内的持续使用而遭受难以弥补的损害，包括商誉损害或市场份额丢失。的确，其可以对不正当手段抢先注册的商标提起无效宣告请求，但要获得终审判决确认该商标无效则可能要花费两三年甚至更长的时间。如在广东省高级人民法院审理的“ONLY案”中，法院认为该案的审理须以第2001293号“ONLY”商标在第18类上的注册是否有效的审理结果为依据，裁定该案中止诉讼，但后来该案诉讼已经中止近

1 山东比特智能科技股份有限公司与江苏中讯数码电子有限公司因恶意提起知识产权诉讼损害责任纠纷再审申请案，最高人民法院民事裁定书（2019）最高法民申366号。同时参见深圳歌力思服饰股份有限公司与王碎永等银泰世纪百货有限公司侵害商标权纠纷再审案，最高人民法院民事判决书（2014）民提字第24号，指导案例第82号。

2《国家知识产权局2022年度报告》，第31页，载国家知识产权局网，https：//www. cnipa. gov. cn/module/download/down. jsp? i_ID=185538&colID=3249。

三年零三个月，该无效宣告程序仍未有审理结果。[1]

其实上述问题可以得到合理解决。法院既不应不承认注册商标使用抗辩也不应完全承认它，而应审查注册商标的效力稳定程度以决定是否适用它。法院对此类反不正当竞争之诉应该予以受理并进行初步审查，根据案情决定是否应予以中止审理、等待国家知识产权局的商标无效宣告决定。就此，应该区分两种情况分别讨论。第一种情况，“一定影响的商标”持有人对注册商标权人提起反不正当竞争之诉时，已经超过5年期限（从注册日起算）。此时，该持有人已经不能根据《商标法》第45条通过无效宣告程序而将涉案注册商标宣告无效，注册商标的效力稳定，法院应驳回其诉讼请求。

第二种情况，“一定影响的商标”持有人对注册商标权人提起反不正当竞争之诉时，没有超过5年期限（从注册日起算）。此时，法院应该向其释明，可根据《商标法》第32条后半句和第45条就涉案注册商标及时向国家知识产权局提起无效宣告请求，并请求法院对本案中止审理。如果原告能举证证明未注册商标构成“在先使用并具有一定影响”，被告实质上可能“以不正当手段抢先注册”，在案证据总体上表明涉案注册商标实质上可能被宣告无效，则法院可以根据《民事诉讼法》第150条第1款第（5）项“本案必须以另一案的审理结果为依据，而另一案尚未审结的”，裁定中止审理本案。如果“一定影响的商标”持有人同时能够证明可能遭受难以弥补的损害并提供担保，法院可以裁定诉前行为保全，禁止涉案注册商标在指定期间和指定地域范围内使用。

法院裁定中止审理的期间不必过长，等到国家知识产权局作出决定就可以进行相应的裁判。即便当事人就国家知识产权局的决定提起行政诉讼，后续法院作出不同判决，也不会在总体上危害公平和正义。通常情况下，国家知识产权局商标无效案件的审理周期[2]为10个月。[3] 如果国家知识产权局宣告涉案注册商标无效，与反不正当竞争之诉的审理法院初步审理的判断一致，则法院应据此判决仿冒成立。如此，涉案注册商标权利人不过是不能进入指定区域的市场而已。之后，如果终审判决认定涉案注册商标有效，他还可以请求执

---

1 北京时尚汇百货有限公司、绫致时装（天津）有限公司侵害商标权纠纷上诉案，广东省高级人民法院民事裁定书（2015）粤高法民三终字第38号。

2 从收到无效请求之日至案件签发完成之日的平均审理用时。

3《专利和商标审查“十四五”规划》，第6页，载国家知识产权局网，https：//www. cnipa. gov. cn/art/2022/1/20/art_65_172866. html。

行回转。相反，如果国家知识产权局宣告涉案注册商标有效，与反不正当竞争之诉的审理法院的初步判断相左——这种情况应该少见——其据此判决不正当竞争的诉请不成立，“一定影响的商标”持有人还可以依照《商标法》第59条第3款在原有范围之内继续使用，并采用纠正性的广告宣传（corrective advertising）。之后，如果最终判决认定涉案注册商标无效，他还可以再次启动不正当竞争之诉。无论如何，北京知识产权法院、北京市高级人民法院和最高人民法院推翻国家知识产权局决定的案件比例并不高。如果当事人对国家知识产权局的决定不服，反不正当竞争之诉的审理法院都不必等待终审判决。该法院据此作出的判决即便可能错误，概率也低，并且还有补救的机会，总体的公平正义不会受到实质性损害。

（二）基于“在先权益”而对注册商标使用行为提起侵权之诉

基于“在先权益”而对注册商标使用行为提起侵权之诉实际上就是反仿冒之诉。

“在先权益”属于《商标法》第32条前半句所称的“在先权利”，尽管确切范围不清晰，但不应包括所有“应予保护的合法权益”，而是限于商业标识的合法权益。《最高人民法院关于审理商标授权确权行政案件若干问题的规定》（法释〔2017〕2号，2020年修正，法释〔2020〕19号）第18条规定：“商标法第32条规定的在先权利，包括当事人在诉争商标申请日之前享有的民事权利或者其他应予保护的合法权益。”“民事权利”可以根据《民法典》予以确定，但“应予保护的合法权益”（以下简称“在先权益”）却没有制定法限定。该司法解释明确的“在先权益”包括两个：①当事人主张的字号具有一定的市场知名度，他人未经许可申请注册与该字号相同或者近似的商标，容易导致相关公众对商品来源产生混淆，当事人以此主张构成在先权益的，当事人应以具有一定市场知名度并已与企业建立稳定对应关系的企业名称的简称为依据提出主张；[1] ②对于著作权保护期限内的作品，如果作品名称、作品中的角色名称等具有较高知名度，将其作为商标使用在相关商品上容易导致相关公众误认为其经过权利人的许可或者与权利人存在特定联系，当事人以此主张构成在先权益的。[2] 无论是字号、企业简称，还是作品名称、作品中的角色名称，

1《最高人民法院关于审理商标授权确权行政案件若干问题的规定》（法释〔2017〕2号，2020年修正，法释〔2020〕19号）第21条。

2《最高人民法院关于审理商标授权确权行政案件若干问题的规定》（法释〔2017〕2号，2020年修正，法释〔2020〕19号）第22条。

它们都是作为商标标识而要求保护，此司法解释都强调要具有市场知名度，未经许可且容易引起直接混淆或间接混淆。[1]

《商标法》第32条前半句所能调整的“在先权益”不可能是非商业标识。如果在先权益的客体不是商业标识，他人将该客体进行实际使用又如何能够损害其利益呢？如果实际使用都不会损害所谓的“在先权益”，将该客体申请注册商标又如何“损害”它呢？而且，法院怎么能够基于商标法而创设非商业标识的民事权益呢？2011年北京市高级人民法院在审理“邦德007 BOND”案时曾认为，“007”“JAMES BOND”的知名度是创造性劳动的结晶，知名角色名称所带来的商业价值和商业机会源于投入的大量劳动和资本，为此应作为在先权益受《商标法》第32条保护。[2] 然而，现代知识产权法并未建构在劳动财产论的自然权利基础之上，而主要是出于功利主义目的，服务于大众福利。法院基于劳动财产论贸然承认知识产权性质的财产权，可能损害公众对法律秩序的合理信赖利益。而2018年北京市高级人民法院在审理“葵花宝典”案时转变了态度，明确指出，无论是就作品整体而言，还是对其构成元素而言，除非通过立法程序作出赋权性规定，否则不应当在具体个案中创设著作权法没有规定的新的排他性权利或权益。[3]

所以，基于“在先权益”而对注册商标使用行为提起侵权之诉实际上就是反仿冒之诉。如果“在先权益”的客体是商业标识，而且依照前述司法解释其应具有一定市场知名度，其范围也就应与《反不正当竞争法》第6条相匹配，即反仿冒保护。就作品名称权益或作品中的角色名称权益，北京市高级人民法院在审理“葵花宝典”案时指出，在作品名称、作品中的角色名称具有较高知名度的情况下，相关公众容易将使用该作品名称或作品中的角色名称的商品或者服务与该作品的著作权人联系在一起，认为使用人与作品的著作权人之间存

1 《商标审查审理指南》（2021年）也采用相同的思路。其列明的“在先权利”包括：（1）字号权；（2）著作权；（3）外观设计专利权；（4）姓名权；（5）肖像权；（6）地理标志；（7）有一定影响的商品或服务名称、包装、装潢；（8）其他应予保护的合法权益，如作品名称权益、作品中角色名称权益等。参见《商标审查审理指南》（2021年）（下编）第十四章，第351–358页。

2 原国家工商行政管理总局商标评审委员会等与丹乔有限公司商标异议复审行政纠纷上诉案，北京市高级人民法院行政判决书（2011）高行终字第374 号。

3 完美世界（北京）数字科技有限公司等与上海游某网络有限公司商标权无效宣告请求行政纠纷上诉案，北京市高级人民法院行政判决书（2018）京行终6240号。

在特定联系，应采用反不正当竞争法予以规制。[1]

既然基于“在先权益”而对注册商标使用行为提起侵权之诉实际上就是反仿冒之诉，其法律规范也就应与上文讨论之“基于在先使用并具有一定影响的商标而对注册商标使用行为提起反不正当竞争之诉”的法律规范相同。既然在先权益并不是法定权利，而是等同于未注册商标，二者也就应该适用同样的法律规则。

或有不同意见认为，就涉案注册商标是否损害他人在先权益，并不要求在先权益人证明涉案注册商标权人“以不正当手段”取得注册，区别于在先使用的普通未注册商标的权益人却要证明这一点。表面上看的确如此。但实际上，“在先权益”与在先使用的商标只有知名度的差别。以“字号”为例，前述司法解释认为字号属于“权益”，而《商标审查审理指南》却将其作为“权利”。但是，后者仍然强调“一定知名度的字号”，并未将字号本身视作权利的客体。至于字号应归入“权益”而由《商标法》第32条前半句调整，还是应视作“未注册商标”而由该条后半句调整，取决于知名度。后半句要求证明“以不正当手段”，即表明知名度只是达到“一定影响”。超越“一定影响”，具有较高知名度，则可以作为在先权益。北京市高级人民法院在审理“孤星”案时指出，对于具有较高知名度企业的在先商号而言，由于其承载的商誉价值以及影响力已经超出其直接经营产品或服务的相应范围而延及相邻或关联产业，考虑到企业的“多元化”发展，如果消费者在看到诉争商标所指定使用的商品或服务时，易与该商号直接产生联系的，应认定申请注册诉争的商标损害该商号的在先权益。[2]

第三节　注册驰名商标权保护范围之确定成本的制度优化

一、现状与问题

注册驰名商标的保护范围让人费解。如前所述，2002年《最高人民法院关于审理商标民事纠纷案件适用法律若干问题的解释》（法释〔2002〕32号）第1条曾认为注册驰名商标享有“跨类反混淆保护”。但是，《最高人民法院

1 完美世界（北京）数字科技有限公司等与上海游某网络有限公司商标权无效宣告请求行政纠纷上诉案，北京市高级人民法院行政判决书（2018）京行终6240号。

2 孤星发行有限公司与原国家工商行政管理总局商标评审委员会、第三人华美集团（国际）有限公司商标异议复审行政纠纷上诉案，北京市高级人民法院行政判决书（2016）京行终633号。

关于审理涉及驰名商标保护的民事纠纷案件应用法律若干问题的解释》（法释〔2009〕3号，2020年修正，法释〔2020〕19号）第9条第2款明确注册驰名商标享有之权利超越反混淆保护。最高人民法院根据这个司法解释而承认商标反淡化保护。[1]

但是，对淡化行为种类的认识却发生严重司法分歧。本条司法解释认为，淡化行为包括减弱驰名商标的显著性、贬损驰名商标的市场声誉和不正当利用驰名商标的市场声誉等三种行为。但另有意见认为，“不正当利用驰名商标的市场声誉”不是淡化行为。本条司法解释是将注册驰名商标保护从“跨类混淆保护”扩张到“淡化保护”；减弱驰名商标显著性的行为（即弱化行为）及贬损驰名商标的市场声誉的行为（即丑化行为）均属于“误导公众”的情形，统称为淡化行为。[2] 在司法政策文件中，最高人民法院直言，“对于确实符合法律要求的驰名商标，要加大保护力度，坚决制止贬损或者淡化驰名商标的侵权行为，依法维护驰名商标的品牌价值”。[3] 也有法院认为，2001年《商标法》第13条第2款没有采取纯粹的反淡化思路，而是借此加大驰名商标的保护力度，[4] 尽管没有言明加大驰名商标保护力度应到何种程度。无论如何，各级

----

1 孔祥俊：《以创新的理论推动创新的实践——关于知识产权审判理论创新的反思》，载最高人民法院编：《知识产权司法政策和精神》（1998—2012年），第329页，载中华人民共和国最高人民法院网，http：//www. court. gov. cn/zscq/sfzc/。一种意见认为，我国反淡化保护最早就见于1996年8月14 日原国家工商行政管理局发布的《驰名商标认定和管理暂行规定》第8条和第9条（参见杜颖：《商标淡化理论及其应用》，载《法学研究》2007年第6期，第44-54页；尹西明：《商标淡化侵权构成要件辨析——兼论我国商标淡化侵权的立法完善》，载《河北法学》2006年第3期，第38-42页）。另一种意见则认为，我国目前没有反淡化保护的制度基础，理论薄弱，反淡化保护应该缓行（参见邓宏光：《我国驰名商标反淡化制度应当缓行》，载《法学》2010年第2期，第97-105页）；或者认为我国经济发展水平，不应该移植反淡化保护（参见王思敏：《商标淡化的法律移植问题探析——从我国〈商标法〉第三次修订切入》，载《法律适用》2013年第8期，第41-44页；北京市第一中级人民法院知识产权庭：《驰名商标司法保护中存在的问题及解决对策》，载《中国专利与商标》2008年第1期，第60-61页）。

2 原国家工商行政管理总局商标评审委员会与柳州两面针股份有限公司商标异议复审行政纠纷案，北京市第一中级人民法院行政判决书（2011）一中知行初字第1858号。

3《最高人民法院关于当前经济形势下知识产权审判服务大局若干问题的意见》（2009年4月21日印发 法发〔2009〕23号）。

4 原国家工商行政管理总局商标评审委员会等与埃尔梅斯国际（爱马仕国际）商标异议复审行政纠纷上诉案，北京市高级人民法院行政判决书（2013）高行终字第1992号。

各地法院也经常采用反淡化理论裁判商标纠纷。[1] 2020年年末，上述两个司法解释都因应《商标法》的修正而修改，但上述两条司法解释的内容并未发生改变，[2] 故而既有争议还将继续。

此外，对注册驰名商标所享法律保护的性质的争议也还将持续下去。根据《最高人民法院关于审理涉及驰名商标保护的民事纠纷案件应用法律若干问题的解释》第2条第（1）项规定，注册驰名商标享有“商标权”，而根据同条第（2）项规定，注册驰名商标享有“商标权”或反不正当竞争保护。[3] 此外，有法院采用“驰名商标专用权”的新概念，认为在不相同或者不类似商品上使用商标，减弱驰名商标显著性、贬损驰名商标的市场声誉以及不当利用驰名商标的市场声誉是损害他人已注册的驰名商标专用权的三种情形。[4] 在“注册商

1 参见陈文煊：《反淡化理论司法适用的新发展——评“伊利”商标异议复审行政纠纷案》，载《知识产权》2010年第6期，第49-53页；芮松艳：《驰名商标反淡化保护规则的细化——以〈驰名商标司法解释〉及司法实践为基础》，载《中华商标》2012年第10期，第49-53页；李友根：《“淡化理论”在商标案件裁判中的影响分析——对100份驰名商标案件判决书的整理与研究》，载《法商研究》2008年第3期，第134-145页。

2《最高人民法院关于审理商标民事纠纷案件适用法律若干问题的解释》（法释〔2020〕19号）第1条规定：“下列行为属于商标法第57条第（7）项规定的给他人注册商标专用权造成其他损害的行为：（一）将与他人注册商标相同或者相近似的文字作为企业的字号在相同或者类似商品上突出使用，容易使相关公众产生误认的；（二）复制、摹仿、翻译他人注册的驰名商标或其主要部分在不相同或者不相类似商品上作为商标使用，误导公众，致使该驰名商标注册人的利益可能受到损害的；（三）将与他人注册商标相同或者相近似的文字注册为域名，并且通过该域名进行相关商品交易的电子商务，容易使相关公众产生误认的。”《最高人民法院关于审理涉及驰名商标保护的民事纠纷案件应用法律若干问题的解释》（法释〔2020〕19号）第9条规定：“足以使相关公众对使用驰名商标和被诉商标的商品来源产生误认，或者足以使相关公众认为使用驰名商标和被诉商标的经营者之间具有许可使用、关联企业关系等特定联系的，属于商标法第13条第2款规定的‘容易导致混淆’。足以使相关公众认为被诉商标与驰名商标具有相当程度的联系，而减弱驰名商标的显著性、贬损驰名商标的市场声誉，或者不正当利用驰名商标的市场声誉的，属于商标法第13条第3款规定的‘误导公众，致使该驰名商标注册人的利益可能受到损害’。”

3《最高人民法院关于审理涉及驰名商标保护的民事纠纷案件应用法律若干问题的解释》第2条规定，“在下列民事纠纷案件中，当事人以商标驰名作为事实根据，人民法院根据案件具体情况，认为确有必要的，对所涉商标是否驰名作出认定：（一）以违反商标法第十三条的规定为由，提起的侵犯商标权诉讼；（二）以企业名称与其驰名商标相同或者近似为由，提起的侵犯商标权或者不正当竞争诉讼……”

4 北京北农国信科技发展有限公司等与埃克森美孚公司（EXXONMOBILCORPORATION）公司侵犯注册商标专用权纠纷上诉案，北京市高级人民法院民事判决书（2016）京民终544号。

标专用权”之外，注册驰名商标如果享有“驰名商标专用权”，是否仍以“核准的商标和核定的商品为限”？如果注册驰名商标依照《商标法》第13条第3款只是享有“商标权”，其保护范围与核准的商标和核定的商品又是何种关系？让问题更复杂的是，2023年1月国家知识产权局发布的《中华人民共和国商标法修订草案（征求意见稿）》引入了未界定的“跨类保护”。具体来说，该草案第18条第2款规定：“在不相类似商品上使用、申请注册的商标是复制、摹仿或者翻译他人驰名商标，误导公众，致使该驰名商标持有人的利益可能受到损害的，禁止使用并不予注册。”然而“跨类保护”的法律性质、保护范围，根本无法确定。

二、注册驰名商标权的保护范围：围绕反淡化保护的规范重整

鉴于我国超大规模统一大市场的发展优势，鉴于反淡化保护比反混淆保护更难形成社会共识，为有效控制运行成本，注册驰名商标的反淡化保护应该合理保护注册驰名商标权人的利益，兼顾公众的合理信赖利益。因此，注册驰名商标权的保护范围应该围绕反淡化保护进行规范重整，即首先废止“跨类保护”，同时将反淡化保护限于“驰誉商标”（即为广大公众所熟知的商标），限定于减弱其显著性和贬损其市场声誉的两种淡化行为，但并不限于“非类似商品”。

（一）“跨类保护”应予以废除

对于驰名注册商标，“跨类保护”只会导致混乱，应该予以废止。由商标法整体观之，2023年1月国家知识产权局发布的《中华人民共和国商标法修订草案（征求意见稿）》第18条第2款规定的“跨类保护”既不是反淡化保护，也不是反混淆保护，而是从未界定的第三种保护。一方面，“跨类保护”并不是反混淆保护。首先，该征求意见稿第18条第1款对未注册驰名商标直接规定“容易导致混淆”的行为才予以禁止，而不是“误导公众，致使该驰名商标持有人的利益可能受到损害的”。其次，就注册商标的反混淆保护，该征求意见稿第72条与现行《商标法》第57条保持一致，即限定于“同一种或类似商品”使用相同或近似商标，即不“跨类”。

另一方面，“跨类保护”与反淡化保护又不兼容。该征求意见稿第18条第3款规定，“广为公众所熟知的驰名商标”享有反淡化保护，即可以禁止“足以使相关公众认为该商标与该驰名商标具有相当程度的联系，而减弱驰名商标的显著特征、贬损驰名商标的市场声誉，或者不正当利用驰名商标的市场声誉的”三种行为。可见，反淡化保护限于“广为公众所熟知的驰名商标”，同时

不限于“类似商品”，也不限于“非类似商品”。但是问题在于，依照《最高人民法院关于审理涉及驰名商标保护的民事纠纷案件应用法律若干问题的解释》（法释〔2009〕3号，2020年修正，法释〔2020〕19号）第9条第2款，“误导公众，致使该驰名商标持有人的利益可能受到损害”的行为是涉及注册驰名商标用于“非类似商品”上的三种淡化行为。

可见，该征求意见稿第18条一旦通过成为商标法的规范，则会引入第三种商标权保护，而其法律性质和保护范围完全不清楚，势必会严重扰乱注册驰名商标的法律框架。实际上，反淡化保护不区分“类似商品”与“非类似商品”，如后文所述。反混淆保护也不作此区分。

根本原因在于，“类似商品”只适用于商标注册申请的行政审查程序，商品与商品之间并没有绝对固定的类似或非类似关系。判断“类似商品”是从相关消费者选购商品的角度，不是评价其物理属性，而是考评其社会法律属性——是否易使相关公众混淆。在最高人民法院审理的“啄木鸟商标案”中，最高人民法院判决指出，“进行商标法意义上相关商品是否类似的判断，并非作相关商品物理属性的比较，而主要考虑商标能否共存或者决定商标保护范围的大小。避免来源混淆是商品类似关系判断时要坚持的一项基本原则……审查判断相关商品是否类似，应当考虑商品的功能、用途、生产部门、销售渠道、消费群体等是否相同或者具有较大的关联性，两个商标共存是否容易使相关公众认为商品或者服务是同一主体提供的，或者其提供者之间存在特定联系。”[1] 可见，在最高人民法院看来，“类似商品”评判的最终依据不是功能、用途、生产部门、销售渠道、消费对象等方面相同或类似，而是相关公众是否容易混淆。

（二）反淡化保护应只限于“驰誉商标”

注册商标要享受反淡化保护，其知名度应该达到普通公众所熟知的程度，即成为“驰誉商标”。

首先，我国具备超大规模统一大市场的发展优势，这要求保护公众的合理信赖利益，反淡化保护的权利客体因此要充分公开。然而，对于注册驰名商标而言，反淡化保护不限于注册商标核定的商品，但广泛影响社会公众的行为自由。既然反淡化保护取决于知名度，不要求额外的注册登记和公告程序，要让广大公众都知道特定商标享有反淡化保护，也就只能在法律上要求其广为公众

---

1 杭州啄木鸟鞋业与商标评审委员会、七好（集团）有限公司商标争议行政纠纷案，最高人民法院驳回再审申请通知书（2011）知行字第37号。

所熟知。否则，怎么要求公众采取回避措施，避免从事淡化行为？此外，如果知名度要求不高，过多注册商标享有反淡化保护，则保护范围过宽、强度过大，容易妨碍我国市场竞争秩序。须知，截至2022年年底，我国有效注册商标高达4000万件；[1] 当年国家知识产权局又完成商标注册审查705.6万件。[2] 数量如此庞大的注册商标，即便1%享有反淡化保护，鉴于其模糊的保护边界，都会严重增加商标法的运行成本。

其次，发生淡化就需要很高的知名度。虽然淡化与联想相关，但不是所有联想和所有强度的联想都产生淡化的效果。在1947年美国马萨诸塞州率先制定反淡化法之后，美国不少学者和法院曾一度以为反淡化保护就是禁止“联想”到驰名商标。[3] 这种疑惑如今已被荡涤一清。在2003年*Moseley v. V Secret Catalogue, Inc.* 案中，美国联邦最高法院明确指出，消费者易产生联想并非必然减弱驰誉商标的显著性，嫌疑商标可与权利商标发生联想还不足以证明嫌疑商标使用行为构成淡化。[4] 在2009年*Intel v. Intelmark*案中，欧洲法院也指出，要证明他人使用嫌疑商标可能损害权利商标的显著性，权利商标权人应当证明权利商标核定商品的普通消费者的经济行为因为嫌疑商标使用行为已经或者很可能会发生转变。[5]在2013年*Environmental Manufacturing LLP v. Société Elmar Wolf*案中，欧洲法院进一步指出，普通消费者经济行为转变是成立淡化的客观条件之一，不能仅凭消费者感知之类的主观因素就推测消费者的经济行为会发生转变。消费者看到嫌疑商标可以联想到在先注册的权利商标还不足以证明嫌疑商标使用即可能损害在先注册且驰名的权利商标的显著性。[6]

嫌疑商标与权利商标之间存在上行联想和下行联想之分，前者会增强权利商标的显著性而不会发生淡化，后者才可能减弱权利商标的显著性而导致淡

---

1 《国家知识产权局2022年度报告》，载国家知识产权局网，https：//www. cnipa. gov. cn/module/download/down. jsp？ i_ID=185538&colID=3249。

2 《国家知识产权局2022年度报告》，载国家知识产权局网，https：//www. cnipa. gov. cn/module/download/down. jsp？ i_ID=185538&colID=3249。

3 See 1 J. Thomas McCarthy，McCarthy on Trademarks and Unfair Competition s 24. 13 1 b（3d ed. 1996）；Fruit of the Loom，Inc. v. Girouard，994 F. 2d 1359，1363（9th Cir. 1993）；Restatement（Third）of Unfair Competition s 25 cmt. f（1995）.

4 Moseley v. V Secret Catalogue，Inc.，537 U. S. 418，434（2003）.

5 See Case C-252/07，para. 77（European Court of Justice，2009）.

6 See Case C-383/12 P，para. 37（European Court of Justice，2013）.

化。“上行联想”（upstream mental association）是指消费者见到嫌疑商标时联想到权利商标及其识别的商品。传统商标反淡化保护主要关注上行联想，并假定全部上行联想都会不正当利用到权利商标的市场声誉。然而，嫌疑商标通过上行联想只是“可能”沾染权利商标的美誉。假如消费者此时可能混淆商品来源，发生“正向混淆”，则被告的确能够攀附到原告商誉。然而，如果消费者不会混淆商品来源，则被告并非当然可以利用到原告商标的商誉。此时情况相当复杂，取决于多种市场因素。无论如何，单纯的上行联想都不会损害到权利商标权人的利益。[1] 欧盟法院2011年在*Interflora v. M&S*案中就明确指出，所谓“不正当利用驰名商标声誉”与损害驰名商标利益无关。[2] 更重要的是，上行联想不会减弱权利商标的显著性，其仍然可以识别原本商品的来源。因为嫌疑商标的使用反而增加了权利商标的公众曝光度，权利商标的显著性反而还可能增强。

不同于“上行联想”，“下行联想”（downstream mental association）是指消费者看到权利商标后即联想到嫌疑商标及其识别的商品。假如消费者此时可能混淆商品来源，发生“反向混淆”，[3] 则反而是权利商标从嫌疑商标处沾光。如果消费者不会混淆商品来源，因为消费者同时将权利商标联系到权利商标和嫌疑商标所识别的商品或服务，权利商标的显著程度因此而可能减弱。[4] 可见，“下行联想”才可能损害权利商标的显著性。在2013年*Starbucks Corp. v. Wolfe's Borough Coffee, Inc.*（*Starbucks Ⅱ*）案中，美国联邦第二巡回上诉法院就指出，由于消费者抽样调查表明消费者看到原告驰誉商标“Starbucks”时难以联想到被诉商标“Charbucks”，这有利于证明被诉商标“Charbucks”不会减弱驰誉商标“Starbucks”的显著性。[5]

尽管“下行联想”都由“上行联想”发展而来，但并非所有“上行联想”都能够发展成为有害于权利商标显著性的“下行联想”。比如，在*Ringling*

---

1 See Richard Posner, When Is Parody Fair Use? 21 Journal of Legal Studies 67, 75（1992）.

2 See Case C–323/09, para. 74（EU Court of Justice, 2011）.

3 反向混淆的典型案例可以参见：浙江蓝野酒业有限公司与百事（中国）有限公司等商标侵权纠纷案，浙江省高级人民法院民事判决书（2007）浙民三终字第74号；深圳市优比速快递有限公司诉优比速包裹运送（广东）有限公司等商标侵权和不正当竞争纠纷案，广东省深圳市中级人民法院民事判决书（2010）深中法民三重字第1号；广东省高级人民法院民事判决书（2010）粤高民三终字第511号。

4 See Thomas Lee, Demystifying Dilution, 84 Boston University Law Review 859, 890（2004）.

5 736 F. 3d 198, 212（2d Cir. 2013）.

*Bros.-Barnum & Bailey Combined Shows, Inc. v. Utah Div. of Travel Development*案中，原告经营马戏团，拥有驰名商标“The Greatest Show on Earth”；被告犹他州旅游局为宣传滑雪等雪上运动而使用与该商标近似的广告语“The Greatest Snow on Earth”。[1] 对此，美国联邦最高法院指出：尽管犹他州的司机看到被告的广告“The Greatest Snow On Earth”容易联想到原告的马戏团，但并不等于说他们看到“The Greatest Show On Earth”时就会分神联想到被告提供的滑雪服务，不再首先联想到原告的马戏团。[2]又如，在商标评审委员会与四川绵竹剑南春酒厂有限公司商标异议复审行政纠纷上诉案中，“剑南春”是白酒上的驰名商标，第三人申请注册商标“涧楠春”，指定用于“茶、糕点”等商品。尽管一般消费者看到“涧楠春”容易联想到“剑南春”牌白酒，但因为“涧楠春”文字和含义明显区别于“剑南春”，二者所使用的商品（糕点与白酒）的用途和功能又迥然不同，消费者看到“剑南春”白酒却难以联想到“涧楠春”牌糕点等商品。为此，尽管一审法院认为“涧楠春”可能淡化驰名商标“剑南春”，但二审法院认为，“被异议商标（涧楠春）的注册使用并不损害剑南春公司的利益，被异议商标的注册不构成对‘剑南春’驰名商标的淡化”。[3]

从下行联想的角度来看，以相关公众所熟知——细分市场上知名的商标——难以胜任反淡化保护。以“长城”商标为例，其广泛用于各类商品，包括葡萄酒、润滑油、汽车、电脑、香烟等，且在各自细分市场上都相当知名，但分别属于不同的权利人。这些“长城”商标的品牌形象不一，各自识别的商品属性各异。在“长城”显著性本身不高的情况下，假设被告采用“长城”商标，任何一个“长城”商标的权利人都难以证明消费者见到被告商标“一般会联想”到自己的“长城”商标，更难以证明消费者看到自己“长城”商标时容易下行联想到被告“长城”商标而不是其他人所有的“长城”商标，也就难以证明成立淡化了。可见，细分市场上知名的商标不足以达到淡化成立要求的下行联想的强度和范围。

美国曾经给予细分市场上的驰名商标以反淡化保护。如在*Times Mirror Magazines Inc. v. Las Vegas Sports News, L. L. C.* 案中，美国联邦第三巡回上诉法院认为：“只要原告的商标在相关市场具有很高的知名度，其

1 See 170 F. 3d 449（4th Cir . 1999）.

2 See 537 U. S. 418，433（2003）.

3 北京市高级人民法院行政判决书（2012）高行终字第995号。

商标权人就可以主张反淡化保护，无论在一般公众中是否驰名。”[1] 但采用如此低的知名度标准让美国的商标反淡化保护遭遇重重矛盾。2006年，美国国会修改《美国兰汉姆法案》第43条，最终明确对驰名商标（well-known mark）不给予反淡化保护。[2] 同时，本条第1款规定“驰誉商标”（famous mark）——即为美国一般公众广泛知晓的商标——才能享受反淡化保护。在2012年*Coach Servs.，Inc.，v. Triumph Learning L. L. C.*案中，美国联邦巡回上诉法院明确指出，“对于商标反淡化保护而言，如果没有达到为一般公众所普遍知晓的临界知名度，则不得要求反淡化保护。商标反淡化保护要求任何语境下，一般公众见到权利商标首先就联想到商标权人”。[3]

我国反淡化保护制度也正在朝这个方向发展。曾有学者以为这是中国商标法的优势，认为放低反淡化保护要求的知名度水平可以促进我国民族产业发展。[4] 但是，现在代表性的观点认为，反淡化保护应采用普通受众作为评判标准，为普通受众所熟知才可以享有反淡化保护。[5] 北京市第一中级人民法院审理“前程无忧”动物训练案时指出：“反淡化保护并非适用于全部驰名商标，通常情况下仅适用于具有极高知名度，且为社会普通公众——而非仅仅是核定使用商品或服务的相关公众——广为知晓的商标”。2023年1月国家知识产权局发布的《中华人民共和国商标法修订草案（征求意见稿）》第18条第3款对反淡化保护就采用“为广大公众所熟知”的法律标准。

（三）反淡化保护不应限于“非类似商品”

反淡化保护应否限于“非类似商品”？根据《商标法》第13条第3款和相关司法解释，反淡化保护适用于“不相同或者不相类似商品”。我国法院认为类似商品尚不成立淡化，[6] 学界主流意见与此基本一致。[7] 但是，2023年

---

1 Times Mirror Magazines Inc. v. Las Vegas Sports News，L. L. C.，212 F. 3d 157（3rd Cir. 2000）.

2 驰名商标保护源自《巴黎公约》第6条之2和TRIPs协议第16条第2款。我国《商标法》第13条第3款即根源于此。在美国判例法下，这对应于所谓的“驰名商标法则”（well known mark doctrine），主要用于突破商标保护的地域限制。参见何怀文：《商标法：原理规则与案例讨论》，浙江大学出版社2015年版，第422-423页。

3 See Nissan Motor Co. v. Nissan Computer Corp.，378 F. 3d 1002，1012（9th Cir. 2004）

4 杜颖：《商标淡化理论及其应用》，载《法学研究》2007年第6期，第53页。

5 王太平：《论驰名商标认定的公众范围标准》，载《法学》2014 年第 11 期，第63页。

6 华润雪花啤酒（中国）有限公司与吴昌山等侵犯商标专用权纠纷上诉案安徽省高级人民法院民事判决书（2009）皖民三终字第00085号。

7 杜颖：《商标淡化理论及其应用》，载《法学研究》2007年第6期，第48页；王太平：《商标侵权的判断标准：相似性与混淆可能性之关系》，载《法学研究》2014年第6期，第174页。

1月国家知识产权局发布的《中华人民共和国商标法修订草案（征求意见稿）》第18条第3款却没有限定反淡化保护只适用于“非类似商品”。这是一个疏忽吗？

不是。如将反淡化保护局限于“非类似商品”，容易导致规范矛盾。在*Davidoff v. Gofkid*案中，欧洲法院就指出，尽管《欧盟协调成员国商标法指令》第5条第2款明文规定反淡化保护适用于“非类似商品”（non-similar goods），但对此不应依照文义作限制解释，否则会导致不合理的结果：“欧盟境内的驰名商标”在同种或类似商品上获得的法律保护反而比在非类似商品上获得的法律保护弱。[1] 我国《商标法》第13条第3款解释遇到完全相同的问题。《最高人民法院关于审理商标授权确权行政案件若干问题的规定》（2020年修正，法释〔2020〕19号）第14条规定：“当事人主张诉争商标构成对其已注册的驰名商标的复制、摹仿或者翻译而不应予以注册或者应予无效，国家知识产权局依据商标法第30条规定裁决支持其主张的，如果诉争商标注册未满五年，人民法院在当事人陈述意见之后，可以按照商标法第30条规定进行审理；如果诉争商标注册已满五年，应当适用商标法第13条第3款进行审理。”

那么，反淡化保护和反混淆保护是否可以交叠？就此，需要区分直接混淆和间接混淆两种情况。如果嫌疑标志使用行为易使相关公众误以为被告商品来源于原告（正向混淆），或者原告商品来源于被告（反向混淆），相关公众都可将原告商标联系到原告，原告商标的显著性因此并没有减弱，故不成立淡化。所以，在直接混淆的情形下，反淡化保护和反混淆保护不能并存。

然而，间接混淆却可以与淡化同时发生。所谓间接混淆，是指被诉标志使用行为易使相关公众误以为被告商品是经原告赞助或推荐的，但相关公众知道被告经营独立于原告控制，即被告商品不来源于原告，原告既不控制被告商品品质，也不控制被告商标的品牌形象。比如，被告将与原告注册商标相同或近似的文字作为企业字号，突出使用于同种或类似商品上，容易导致相关公众产生间接混淆，侵犯注册商标专用权。[2] 此时，相关公众可能误认为被告同原告存在特殊经济联系，但仍然准确地知道原被告是相互独立的民事主体，各自独立经营。如果相关公众看到原告商标时容易联想到被告，这种下行联想可能损

1 Davidoff v. Gofkid，Case C-292/00，para. 22（European Court of Justice，2003）.

2 《最高人民法院关于审理商标民事纠纷案件适用法律若干问题的解释》（法释（〔2002〕32号）第1条第（1）项。

害原告商标的显著性，由此还可同时成立淡化。[1] 可见，反淡化保护和反混淆保护居于两条不同的“理论轨道”，[2] 二者之间可有交叠部分。

接下来的问题是，当原被告商标属于同种或类似商品时，在上述交叠区域之外，应否承认淡化？答案应该是否定的。必须注意到，当原被告商品属于同种或类似商品时，驰名商标反混淆保护已经非常强，对原被告商标近似度要求已经很低。如果嫌疑商标与权利商标的近似程度不足以引起间接混淆，消费者由权利商标容易联想到嫌疑商标的主要原因很可能是二者识别的商品在功能用途上相同或协同，对消费者认知具有强烈的提示作用。为此，在该交叠区域外，不应再承认淡化。

对此，美国判例有正反两方面的支持。一方面，如果嫌疑商标与权利商标的近似程度不足以引起混淆，则不成立淡化。如在*Starbucks Corp. v. Wolfe's Borough Coffee, Inc.* 案中，被诉商标“Charbucks”用于咖啡产品，法院判定消费者不会将其与咖啡上的驰誉商标“Starbucks”混淆。尽管法律上不能仅凭商标“Charbucks”与商标“Starbucks”不构成实质性相似就否定淡化成立，[3] 但是美国联邦第二巡回上诉法院在综合考虑有关因素后，最终判定被诉商标“Charbucks”与驰誉商标“Starbucks”近似程度过低，不足以减弱后者的显著性。[4] 另一方面，如果嫌疑商标与权利商标近似程度足以引起混淆，则可以同时成立淡化。如在*Nike, Inc. v. Peter Maher and Patricia Hoyt Maher*案中，原告耐克公司拥有体育用品上的驰誉商标“Just Do It”，被告在体育用品上申请注册商标“Just Jesu It”。美国商标审理与上诉委员会（US Trademark Trial and Appeal Board，TTAB）经审理认为，“Just Jesu It”商标用于体育用品容易与“Just Do It”混淆，并且可能淡化“Just Do It”。[5] 尽管TTAB并没有明确“Just Jesu It”商标与“Just Do It”商标之间的混淆是否属于许可、赞助之类的间接混淆，但在案证据表明，耐克公司拒绝任何人为任何目的（包括宗教活动）使用“Just Do

---

1 See Thomas Lee, Demystifying Dilution, 84 Boston University Law Review 859, 894-95 (2004).

2 J. Thomas McCarthy, Proving A Trademark Has Been Diluted: Theories or Facts? 41 Houston Law Review 713, 730 (2004).

3 588 F. 3d 97 (2d Cir. 2009).

4 736 F. 3d 198, 212 (2d Cir. 2013).

5 100 U. S. P. Q. 2d 1018 (Trademark Tr. & App. Bd., 2011).

It”商标，[1] 也拒绝许可第三人使用“Just Ski It”，“Just Ride It”等商标。[2] 由此可知，TTAB认为“Just Jesu It”商标用于体育用品可能造成间接混淆。

综上，如果原被告商品不相类似，则原被告商标需要高度近似才可能成立淡化；如果原被告商标属于同种或类似商品，则被告商标要足以同原告商标发生间接混淆，才可能成立淡化。

（四）淡化行为应含“贬损驰名商标的市场声誉”

关于减弱驰名商标显著性与贬损驰名商标市场声誉的法律关系，《最高人民法院关于审理涉及驰名商标保护的民事纠纷案件应用法律若干问题的解释》（法释〔2009〕3号，2020年修正，法释〔2020〕19号）只字未提，其第10条视二者的法律性质相同而适用一样的法律规范。然而，这存在分歧，并直接影响其法律认定。一种意见认为，减弱驰名商标显著性是贬损其市场商誉的一种表现形式。[3] 消费者对商标的情感反应先于理性认知。嫌疑商标使用行为可能减弱驰名商标的显著性，也就容易使消费者对驰名商标产生负面情感，反射性地抵触驰名商标，[4] 由此而污损其市场声誉。另一种意见则认为，贬损驰名商标市场声誉是减弱驰名商标显著性的特殊形式。当嫌疑商标使用可能污损驰名商标的市场声誉时，尽管消费者明确知道驰名商标权人不会如此使用商标，不容易混淆商品来源，但容易由驰名商标联想到原告商品和被告商品，由此可使驰名商标显著性减弱。[5] 为此，二者仅有表现形式的差异：减弱驰名商标显著性是渐进性的，而贬损驰名商标声誉性是急进性的。[6]

第一种意见缺乏根据。营销科学研究表明，品牌扩展活动失败并不会动摇品牌在消费者心目中的地位。[7] 第二种意见更具有说服力。驰名商标的市场声

1　“Jesu”在德语中是指基督耶稣，同英语基督耶稣“Jesus”相似。

2　See 100 U. S. P. Q. 2d 1018（Trademark Tr. & App. Bd.，2011）n. 41.

3　Laura Bradford，Emotion，Dilution，and the Trademark Consumer，23 Berkeley Technology Law Journal 1227，1278–1279（2008）.

4　See id.

5　See Clarisa Long，Dilution，106 Columbia Law Review 1029，1059（2006）.

6　See Jerre Swann，Dilution Redefined for the Year 2002，92 The Trademark Reporter 585，622（2002）.

7　See Henrik Sjödin & Fredrik Törn，When Communication Challenges Brand Associations：A Framework for Understanding Consumer Responses to Brand Image Incongruity，5 Journal of Consumer Behavior 32，38（2006）；Barbara Loken & Deborah John，Diluting Brand Beliefs：When Do Brand Extensions Have a Negative Impact? 57 Journal of Marketing 71，84（1993）.

誉受污损是指消费者可能由驰名商标联想到嫌疑商标，而嫌疑商标与恶名商品相关联，或者与色情、淫秽、违法等阴暗事物相联系，由此易使驰名商标形象降低，让消费者产生抵触情绪。[1] 相较于同等强度的正面或中性刺激而言，负面刺激对心理的冲击力更大，强烈影响注意力、记忆、认知评价和决策，此即“消极信息认知偏见”（Negativity Bias）。[2] 中国民谚“一粒老鼠屎，坏了一锅粥”，就是此理。为此，如果嫌疑商标使用行为容易污损驰名商标声誉，这足以证明嫌疑商标与驰名商标之间存在相当强的实际联想，这一事实有利于证明成立淡化。

既然贬损驰名商标市场声誉是特殊形式的减弱驰名商标显著性，就不能只基于容易联想到观念上的不洁商品而当然判定成立此种淡化。长期以来，嫌疑商标所使用的商品本身，无论品质是否低劣，只要消费者在使用驰名商标所识别的商品时容易联想到它，由此可能产生些许消极情绪，法院就会判定为污损驰名商标的市场声誉。比如，将杜松子酒上的驰名商标使用到去污剂上，[3] 巧克力上的驰名商标申请注册到泻药上，[4] 都因可能使消费者在品尝松子酒或巧克力时产生不快而被判定为贬损驰名商标声誉。然而，这些负面情绪只能证明嫌疑商标与驰名商标之间容易形成稳定的联想，可能减弱驰名商标的显著性。但是任何商品和服务都可以品质一流，品牌形象卓越，此种负面情绪本身并不足以证明驰名商标的市场声誉会遭污损。

举例而言，嫌疑商标用于计生用品上，常被认为当然污损驰名商标的市场声誉。在商标评审委员会与百度在线网络技术（北京）有限公司商标行政纠纷案中，法院就认为，避孕套与私密生活相关，难登大雅之堂，第三人将“百度”商标使用在避孕套等商品上会贬损“百度”驰名商标的市场声誉。[5] 然而，对我国消费者而言，避孕套是日用品，早已不再讳莫如深。为控制人口和性传播疾病，我国政府早已公开宣传推广使用避孕套。而且，本案没有证据表明，第三人所制售的“百度”避孕套的品质低劣。为此，即便消费者使用“百

----

1 See Deere & Co. v. MTD Prods.，Inc.，41 F. 3d 39，43（2d Cir. 1994）.

2 Paul Rozin & Edward Royzman，Negativity Bias，Negativity Dominance，and Contagion，5 Personality and Social Psychology Review 296–320（2001）.

3 British Sugar pic v. James Robertson & Sons Ltd（TREAT）［1996］. P. C. 281 at 295）.

4 Hack's Application（1914）58 R. P. C. 91.

5 本案上诉后，二审法院没有采纳这一观点，也没有说明任何理由（参见北京市高级人民法院行政判决书（2012）高行终字第1081号）。

度”搜索引擎时会联想到“百度”牌避孕套，通常也只会付之一笑，远不至于因此就抵触“百度”搜索服务。在英国“EVEREADY案”中，英国商标审查员就指出，对于避孕套，社会公众曾经难以启齿，但现代社会已经公开谈论其社会健康价值，为此将“EVEREADY”注册到避孕套等计生用品上不会损害电池上驰名商标“EVER READY”的市场声誉。[1] 所以，不能因为被告商品种类的本身属性与驰名商标形象不合就推定其必然贬损驰名商标商誉。对此，原告应当举证证明。[2]

事实上，驰名商标的市场声誉相当独立和稳定，不易遭受污损。除非新产品与原产品的属性高度类似，即便品牌推销新产品不成功，消费者对品牌的总体评价也不会因此而降低。[3] 即使是在同种商品上进行品牌扩展，只要子品牌与母品牌的商标有所区分，消费者就不会因为子品牌之故而负面评价母品牌，[4] 母品牌的市场地位反而可能更加突出。[5]

为此，从规范的角度来说，要构成贬损驰名商标市场声誉的行为如，需要满足以下条件：嫌疑商标感染恶名，其与驰名商标高度近似，且二者用于识别同种或类似商品。此时，间接混淆与贬损商誉性淡化可能并存。比如，佛山市海天调味食品股份有限公司（以下简称“海天公司”）拥有“威极”注册商标，而佛山市高明威极调味食品有限公司（以下简称“威极公司”）将“威极”二字用作企业字号，在其广告牌和厂牌上突出使用。经记者曝光，公众获知该公司违法使用工业盐水生产酱油产品，这使得“威极”标志臭名昭著。法院审理认为，威极公司侵犯“威极”商标专用权，并因实际损害海天公司商誉而同时构成不正当竞争行为。[6] 假设“威极”是注册驰名商标，消费者看到海天

----

1 See Oasis Stores Ltd's Trade Mark Application 1998 R. P. C. 631，651.

2 See Louis Vuitton Malletier S. A. v. Haute Diggity Dog，LLC.，507 F. 3d 252，268（4th Cir. 2007）；前程无忧网络信息技术（北京）有限公司等诉商标评审委员会商标异议复审行政纠纷案，北京市第一中级人民法院行政判决书（2013）一中知行初字第1349号。

3 See Kevin Keller & David Aaker，The Effects of Sequential Introduction of Brand Extensions，29 Journal of Marketing Research 35，47（1992）.

4 See Amna Kirmani，Sanjay Sood & Sheri Bridges，The Ownership Effect in Consumer Responses to Brand Line Stretches，63 Journal of Marketing 88，90–95（1999）.

5 See Kevin Keller & Donald Lehmann，Brands and Branding：Research Findings and Future Priorities，25 Marketing Science 740，749（2006）.

6 佛山市海天调味食品股份有限公司与佛山市高明威极调味食品有限公司侵害商标权及不正当竞争纠纷案，广东省佛山市中级人民法院民事判决书（2012）佛中法知民初字第352号，列为最高人民法院公布的2013年十大知识产权案件之一。

公司的“威极”牌调味品时，如若容易联想到臭名昭著的工业盐酱油，则被告行为可能污损调味品上“威极”商标的市场声誉。另一方面，消费者也可能误认为威极公司与“威极”注册商标的权利人存在特定经济联系，从而发生间接混淆。

（五）淡化行为不应含“不正当利用驰名商标的市场声誉”

“不正当利用驰名商标的市场声誉”应否作为一种淡化行为？我国主流意见认为，反淡化保护就是为保护“驰名商标”与其“所有人”在特定商品或服务上的“唯一对应关系”免遭破坏。[1] 反淡化保护本质上是反不正当竞争，制止“搭便车”。[2] 单纯的联想就可以损害驰名商标权人的利益。[3] 司法实践中，尤其是在商标异议的行政纠纷案中，只要争议商标与注册驰名商标的标志在感知上相同或近似，容易引发联想，法院通常就认定为“搭便车”，[4] 并由此适用《商标法》第13条第3款。可见，我国主流的商标反淡化保护意见认为，嫌疑商标使用人未付出代价，擅自使用与驰名商标相同或近似的商标而“搭便车”获利，这属于不正当获利。《中华人民共和国商标法修订草案（征

---

1 参见商标评审委员会等与可口可乐公司商标异议复审行政纠纷案，北京市第一中级人民法院（2011）一中知行初字第541号行政判决书；商标评审委员会与柳州两面针股份有限公司商标异议复审行政纠纷案，北京市第一中级人民法院（2011）一中知行初字第1858号行政判决书；德士活有限公司与商标评审委员会商标异议复审行政纠纷案，北京市第一中级人民法院（2010）一中知行初字第2291号行政判决书；华光陶瓷集团有限公司诉无锡华光锅炉股份有限公司商标侵权纠纷案，江苏省无锡市中级人民法院民事调解书（2005）锡知初字第0046号。同时参见芮松艳：《驰名商标反淡化保护规则的细化——以〈驰名商标司法解释〉及司法实践为基础》，载《中华商标》2012年第10期，第49-53页；林山泉：《驰名商标与企业名称权冲突之解决——以“联想理论”为思考基准》，载《知识产权》2006年第3期，第49-50页。

2 参见冯晓青：《注册驰名商标反淡化保护之探讨》，载《湖南大学学报（社会科学版）》2012年第2期，第142页；周樨平：《混淆理论和淡化理论在驰名商标跨类保护中的适用》，载《河北大学学报（哲学社会科学版）》2011年第6期，第142页。

3 参见冯晓青：《注册驰名商标反淡化保护之探讨》，载《湖南大学学报（社会科学版）》2012年第2期，第141-142页；林山泉：《驰名商标与企业名称权冲突之解决——以“联想理论”为思考基准》，载《知识产权》2006年第3期，第50页；郑瑞琨，任越先：《驰名商标保护的混淆理论与联想理论探析》，载《北京科技大学学报（社会科学版）》2006年第2期，第85-86页。

4 参见商标评审委员会等与可口可乐公司商标异议复审行政纠纷案，北京市第一中级人民法院（2011）一中知行初字第541号行政判决书；商标评审委员会与柳州两面针股份有限公司商标异议复审行政纠纷案，北京市第一中级人民法院（2011）一中知行初字第1858号行政判决书；德士活有限公司与商标评审委员会商标异议复审行政纠纷案，北京市第一中级人民法院（2010）一中知行初字第2291号行政判决书；华光陶瓷集团有限公司诉无锡华光锅炉股份有限公司商标侵权纠纷案，江苏省无锡市中级人民法院民事调解书（2005）锡知初字第0046号。

求意见稿）》第18条第3款也采用这种观点，认为“不正当利用驰名商标的市场声誉的”，应该禁止使用并不予注册。

然而，法律规范上难以区分“正当利用驰名商标声誉”与“不正当利用驰名商标声誉”。无论是法律上，还是经济上，没有付出劳动而获利并不都是“不正当获利”。比如，在高速公路的中石油加油站旁开设小旅店，虽然利用了加油站招徕的顾客流，但不应视为不正当竞争的违法行为。因为这种行为没有侵害加油站经营者的任何权益。相反，小旅店还可以增强加油站的吸引力，为其带来商机。所以，法律上小旅店经营所得利益不属于不当，其店主也不必为此要向加油站经营者征求许可或者支付价款。一般而言，经济活动具有普遍的溢出效应。个体利用社会经济发展的机会而非自我劳动获取利益是十分普遍的现象。为此，法律制度构建遵循如下的普遍规律：不针对“获利”，而主要针对“损害”。[1] 无论美国各州法院还是联邦法院，都不曾判令纯粹的“搭便车”行为当然构成不正当竞争。[2] 我国《反不正当竞争法》第2条也明确规定，不正当竞争是指经营者违反规定，“损害”其他经营者的合法权益，扰乱社会经济秩序的行为。

未经许可使用与驰名商标相同的商标，即便因其声誉而获利，也不能简单归为“不正当获利”。如在“法国路易威登马利蒂公司诉上海鑫贵房地产开发公司等案”中（以下简称“LV案”），被告未经驰名商标权人许可，在楼盘销售广告牌突出女模特挎包的“LV”商标。尽管其为真品，法院仍认为被告不正当利用驰名商标声誉，构成不正当竞争。[3] 然而，尽管涉案楼盘广告突出女模特挎包“LV”标志，利用了“LV”商标的市场声誉来突出楼盘的高大上形象，但同时也是免费替“LV”打广告，其权利人也因此而受益。此外，被告是以“LV”商标识别来自“LV”商标权人的商品，根本不会减弱“LV”商标的显著性。这种行为可以构成“指示性正当使用”（normative use），[4] 既不侵犯商标权，也不算淡化。当然，如果这种行为向公众错误地显示被告与驰名商标权人达成合作，才应按照反不正当竞争法认定为虚假宣传。

1 See Wendy Gordon, Of Harm and Benefits: Torts, Restitution, and Intellectual Property, 21 The Journal of Legal Studies 449 (1992).

2 See Toho Co., Ltd. v. Sears, Roebuck & Co., 645 F. 2d 788, 794 (9th Cir. 1981).

3 法国路易威登马利蒂公司诉上海鑫贵房地产开发公司与上海国际丽都置业有限公司纠纷案，上海市第二中级人民法院（2004）沪二中民五（知）初字第242号民事判决书。

4 See Lanham Act, Sec. 43 (3) (A).

更为重要的是，在非类似商品上使用与驰名商标近似的商标常常不能利用到驰名商标的市场声誉，即便容易使消费者联想到驰名商标。关于品牌扩展（brand extension）的营销学研究表明，利用现有品牌推销新商品能否成功取决于三大因素：第一，现有品牌为消费者感知的品质水平；第二，现有品牌的可信程度；第三，新商品与现有品牌的匹配程度。[1]“匹配程度”取决于新商品与原商品的互补性（即商品功用互补，比如钢笔与墨水是互补商品）；新商品与原商品的可替代性（即商品功用替代，比如钢笔与圆珠笔是可替代商品）以及商品品质控制能力的可迁移性（即原商品的品质控制能力可否迁移到新商品上）。[2]

目前，美国和欧洲已经明确区分反淡化保护与声誉保护。《美国兰汉姆法案》第43条明确将不正当利用驰名商标市场声誉排除于“淡化”之外。欧洲司法实践也持类似观点。早在1998年，欧洲“Audi-Med商标案”就拒绝只因被异议商标容易联想到驰名商标就判定其“不正当利用驰名商标声誉”。该案中，德国奥迪（Audi）牌轿车制造商提出商标异议，请求英国商标局拒绝核准“Audi-Med”商标注册用于助听器等商品上。奥迪商标权人主张奥迪汽车以高科技闻名，被异议商标核准注册用于商业活动会不正当利用这一市场声誉。但是，本案主审员认为，“Audi”商标上的这一特定市场声誉难以迁移到使用“Audi-Med”商标的助听器设备上。[3]就此，原因有三：其一，被异议商标所含“Audi”表征“声音”，可描述助听器商品；其二，助听器设备的销售渠道完全不同于汽车，二者消费群体交集小，被异议商标客观上难以攀附到奥迪汽车的高科技声誉；其三，助听器与汽车功用完全不同，要求截然不同的品质管控能力。欧洲法院2011年在*Interflora v. M&S*案中更明确指出，“不正当利用商标声誉”与是否损害驰名商标权人利益无关，这种行为不同于“淡化”。[4]到2015年，在*Iron & Smith Kft v. Unilever NV*案中，欧洲法院又强调，在判定争议商标是否可能不正当利用驰名商标取得市场优势时，应该

---

1 See C. Whan Park, Sandra Milberg and Robert Lawson, Evaluation of Brand Extensions: The Role of Product Feature Similarity and Brand Concept Consistency, 18 Journal of Consumer Research 185（1991）; Kevin Keller & David Aaker, The Effects of Sequential Introduction of Brand Extensions, 29 Journal of Marketing Research 35, 47（1992）.

2 See David Aaker, Kevin Keller, Consumer Evaluations of Brand Extensions, 54 Journal of Marketing 27, 30（1990）.

3 See Audi-Med Trade Mark［1998］R. P. C. 863, 874, para. 50.

4 See Case C-323/09, para. 74（European Court of Justice, 2011）.

考虑权利商标的知名度和传递的商业形象，具体审查权利商标的市场优势是否可能迁移到争议商标之上。[1] 对同种或类似商品而言，市场优势迁移容易，但对非类似商品而言，市场优势迁移难以证明。[2]

第四节　未注册驰名商标权保护范围之确定成本的制度优化

一、现状与问题

未注册驰名商标的保护范围同样令人费解，其究竟是“商标权”还是“商标权益”？《商标法》第13条第2款规定：“就相同或者类似商品申请注册的商标是复制、摹仿或者翻译他人未在中国注册的驰名商标，容易导致混淆的，不予注册并禁止使用。”就此，《最高人民法院关于审理涉及驰名商标保护的民事纠纷案件应用法律若干问题的解释》》（法释〔2009〕3号，2020年修正，法释〔2020〕19号）第9条第1款规定：“足以使相关公众对使用驰名商标和被诉商标的商品来源产生误认，或者足以使相关公众认为使用驰名商标和被诉商标的经营者之间具有许可使用、关联企业关系等特定联系的，属于《商标法》第13条第2款规定的‘容易导致混淆’。”但问题是，未注册驰名商标究竟享有何种性质的法律保护？《商标法》第58条规定，将他人未注册的驰名商标作为企业名称中的字号使用，误导公众，构成不正当竞争行为的，依照《反不正当竞争法》处理。这表明未注册驰名商标只是作为权益而受《反不正当竞争法》保护。但是，根据前述司法解释第2条，以违反《商标法》第13条的规定为由，可提起的侵犯商标权诉讼，而以企业名称与驰名商标相同或者近似为由，可以提起侵犯商标权或者不正当竞争的诉讼。这意味着，未注册驰名商标既享有“商标权”，还根据《反不正当竞争法》而享有商标权益。

如果未注册驰名商标享有商标权，可否类推注册商标专用权的法律规定，包括类推《商标法》第57条确定侵权行为？除开《商标法》第57条第（1）项和第（2）项，以下行为是否侵犯未注册驰名商标权？①销售侵犯未注册驰名商标的商品；②伪造、擅自制造他人驰名的未注册商标标识或者销售伪造、擅自制造的他人驰名的未注册商标标识；③不经未注册驰名商标的权利人同意，更换其商标并将该更换商标的商品又投入市场；④故意为侵犯他人商标权行为提供便利条件，帮助他人实施侵犯商标权行为的；⑤给他人的未注册驰名商标

---

1 See Case C−125/14，para. 48（European Court of Justice，2015）.

2 See id.

权造成其他损害的行为。

此外，我国应否承认为国内相关公众熟知的他国驰名商标，即便其未在中国使用？商标在中国未使用并不等于国内相关公众就对其不知晓。现今，信息技术发达，相关公众跨境流动频繁。相关公众（特别是消费者）完全可能知晓未在中国市场出现的他国品牌的商品和服务。比如，即便Google、Yahoo已退出中国市场，但中国公众普遍知晓它们。即便哈佛大学、牛津大学等世界一流大学在中国不提供教育服务，但中国普通公众都对其耳熟能详。简而言之，他国享有“声誉”的品牌可能为中国相关公众所熟知，即便它们未在中国实际使用而建立“商誉”。毕竟，“声誉可以脱离营业而存在，商誉则须以具有当地营业为前提”。[1] 如果不给予此类商标予以法律保护，不仅放纵不正当竞争行为，还可能妨碍我国建立国内国际双循环的新发展格局。特别的，边境人员流动频繁，边民往返穿梭，往往熟悉国境线对面的品牌。“十四五”规划提出“加快边境贸易创新发展”，也要求我们重新审视此类商标的保护问题。

最后，未注册驰名商标如果未经许可而被使用到不相同不类似的商品之上，可否类推对其适用注册驰名商标的“反淡化保护”？这个问题已经解决。2023年1月国家知识产权局发布的《中华人民共和国商标法修订草案（征求意见稿）》第18条第3款对“广大公众所熟知”的商标——无论注册商标还是未注册商标——都承认反淡化保护。为此，本书对此不进行讨论。

二、未注册驰名商标权的保护范围：围绕反攀附商誉的混淆行为的规范重整

就未注册驰名商标权的保护范围，只应根据《商标法》第13条第2款规定对攀附商誉的混淆行为予以规制，既不应类推适用《商标法》第57条，也不应补充适用反不正当竞争法，由此廓清未注册驰名商标权的权利内容。

（一）禁止攀附商誉的混淆行为

就未注册驰名商标的反混淆保护而言，首要的问题是，可否类推适用注册商标专用权？

表面上，《商标法》第13条第2款与其第57条第（1）项和第（2）项毫无二致。但是，未注册驰名商标保护与注册商标保护具有本质区别。注册商标专用权之反混淆保护，是保护市场主体利用注册商标建立市场声誉的排他权。无论他人是否攀附其商誉，只要未经许可使用注册商标或与之近似之标识而容易

---

1 See Anherser-Busch Inc. v. Budejuvicky Budvar, PN (1984) F. S. R. 413.

导致混淆，都属于侵犯注册商标专用权的行为。即便原告攀附到被告商誉，也构成所谓的“反向混淆”，原告得依据注册商标专用权而排除被告的混淆行为。浙江省高级人民法院在审理“蓝色风暴”案时指出，如果被诉标志经宣传使用后具有很强的显著性和市场声誉，当商标注册人在自己商品上使用其注册商标时，消费者会因被诉标志与该注册商标近似而将其与被告产生联系，误认为商标注册人生产经营的商品与被告相关，导致商标注册人与其注册商标的联系被割裂，该注册商标将失去其基本的识别功能，其注册人寄予其注册商标来谋求市场声誉、拓展企业发展空间、塑造良好企业品牌的价值将受到抑制，所受到的利益损失显而易见，这种情况应判定为商标侵权行为。[1] 简言之，《商标法》第57条第（2）项“容易导致混淆”有两种情形：第一，误认为嫌疑标志识别之商品来源于注册商标权人，即正向混淆；第二，误认为注册商标识别之商品来源于嫌疑标志持有人，即“反向混淆”（reverse confusion）。特定案件中，何者具有主导地位，取决于注册商标与嫌疑标志的知名度对比情况。如果注册商标知名度高而嫌疑标志知名度低，正向混淆居主导地位，注册商标人可因客户流失而遭受损失；反之，如果注册商标知名度低而嫌疑标志知名度高，注册商标人遭受的损害不在于客户流失，而在于独立建立品牌形象的商业机会减少。

不同于注册商标，未注册驰名商标权之反混淆保护则不应涵盖“反向混淆”，只应包括攀附商誉的混淆行为。反向混淆只适用于市场声誉尚未建立的商标。未注册驰名商标是已经建立市场声誉的商标，不存在独立建立品牌形象的商业机会被窃夺的情况。他人仿冒、攀附未注册驰名商标之商誉，即便获得更高知名度，即便由此可能出现反向混淆的市场现象，但这是正向混淆长期持续的侵权后果，被诉侵权行为的法律性质还是应该认定为攀附商誉的正向混淆。反之，如果被告不知道也没有理由知道原告之未注册驰名商标，被诉标识的知名度反而高于原告之未注册驰名商标，则只能是以下两种情况：（1）原告之未注册商标知名度不够高，不应认定为驰名商标，因为其尚不足以让同行广泛知晓；（2）原被告商标长期在各自独立的地域范围之内使用而相互不干扰，二者因为商业活动发展而出现经营范围交叠。无论哪一种情况，都不应认定为侵犯未注册驰名商标权。

（二）不应类推适用《商标法》第57条

未注册驰名商标的反混淆保护不应类推适用《商标法》第57条。首先，如

1　浙江蓝野酒业有限公司与杭州联华华商集团有限公司等商标侵权纠纷案，浙江省高级人民法院民事判决书（2007）浙民三终字第74号。

前所述，未注册驰名商标的保护局限于反攀附商誉的混淆行为，不应类推适用《商标法》第57条第（1）项和第（2）项。特别是，即便将他人未注册驰名商标使用到其驰名的同一种商品之上，同样应要求“容易导致混淆”。对于在相同商品上使用与注册商标相同标志的“重同使用”（double identity）的情况，我国《商标法》第57条第（1）项和《欧盟成员国商标法协调指令》第5条第1款（a）项都明确规定是侵犯注册商标权，而未要求“容易导致混淆”。然而，这种立法方式过于机械。通常情况下，“重同使用”容易导致混淆，但不尽然。例如，真车等比例模型玩具车，带有真车注册商标，相关公众也完全可能不认为模型玩具来自该注册商标人，即便该注册商标同时也指定用于儿童玩具类商品[1]。法院最终仍应该以是否容易导致混淆作为判断准绳，而不应直接认定为构成侵犯注册商标权。为此，TRIPs协定第16条第1款仅规定，“重同使用”应当推定（shall be presumed）为容易导致混淆，但允许相反证据予以推翻。就未注册驰名商标的反混淆保护而言，完全没有必要重复《商标法》第57条第（1）项的僵硬规则。

就《商标法》第57条第（3）项而言，看似可以类推适用于未注册驰名商标权。就销售侵犯未注册驰名商标的商品而言，关键的问题在于，销售者有无攀附未注册驰名商标声誉的故意？商标知名度处于持续的变动之中。销售者购进相关商品时，其商标可能尚不构成“未注册驰名商标”，甚至可能不具有一定影响。待其销售相关商品时，其商标才符合“未注册驰名商标”的法律要求。这种情况之下，就购入商品的初衷而言，销售者并没有攀附他人商标声誉的故意。就出售相关商品而言，销售者是否有攀附商誉的故意，取决于其是否知道或应知道所售商品侵犯未注册驰名商标？未注册驰名商标并不因为驰名而可以推定社会公众已经知道或应当知道它。毕竟，“驰名商标”只是“相关公众所熟知”。按照《商标法》第13条第1款的规定，驰名商标实行个案按需认定原则。具体案件之中的销售者完全可能不知道也不应当知道特定的未注册驰名商标，也就难以认定其攀附未注册驰名商标商誉。可见，不应一律认定“销售侵犯未注册驰名商标的商品”属于侵犯未注册驰名商标权。

就《商标法》第57条第（4）项而言，不应类推未注册驰名商标权。就伪造、擅自制造他人驰名的未注册商标标识或者销售伪造、擅自制造的他人驰名的未注册商标标识的行为而言，未注册驰名商标的标识本身，如果没有使用到商品或服务之上，不过是一个标识，不能识别商品来源，更谈不上攀附声誉，

1 See EU Court of Justice，C-48/05-Opel / Autec.

故不应认定为侵犯未注册驰名商标权。

就《商标法》第57条第（5）项而言，也不应类推未注册驰名商标权。如前所述，本项规定之“反向假冒”是典型的虚假宣传行为，应认定为不正当竞争行为而适用反不正当竞争法。不经未注册驰名商标的权利人同意，更换其商标并将该更换商标的商品又投入市场，的确构成“反向假冒”，但不容易导致来源混淆，故而也不应认定为侵犯未注册驰名商标权。更重要的是，这种行为不涉及攀附商誉。反向假冒要能盈利，被更换的商标通常市场地位比换上的商标要弱，更换“未注册驰名商标”而营利，只有两种可能：①原告未注册商标的知名度并不高，本不应认定驰名商标；②被告换上的商标的知名度远高于原告未注册商标，不涉及攀附原告商誉。

就《商标法》第57条第（6）项而言，本身是侵权行为法之下帮助侵权的一般概念在注册商标侵权的具体应用。为此，不存在类推适用于未注册驰名商标权的问题，而是帮助侵权的一般概念应否适用于未注册驰名商标权的侵权行为的问题。

最后，《商标法》第57条第（7）项不应类推适用于未注册驰名商标权。如本章第二节所述，本项规定应予以废止，也就没有必要将如此宽泛的法律规定再进行类推而适用于未注册驰名商标。

（三）不应适用反不正当竞争法

就未注册驰名商标的反混淆保护而言，不应适用反不正当竞争法。特别的，《商标法》第58条就“未注册驰名商标”的规定应该废止。尽管本条规定“将他人……未注册驰名商标作为企业名称中的字号使用，误导公众”可构成不正当竞争行为，但《最高人民法院关于适用〈中华人民共和国反不正当竞争法〉若干问题的解释》（法释〔2022〕9号）第13条第（2）项规定，“将他人……未注册的驰名商标作为企业名称中的字号使用，误导公众”，“足以引人误认为是他人商品或者与他人存在特定联系的，人民法院可以依照反不正当竞争法第6条第（4）项予以认定”，即“混淆行为”。本条司法解释表明，《商标法》第58条就未注册驰名商标所调整的“不正当竞争行为”实则是“容易导致混淆”的行为，可以纳入《商标法》第13条第2款之下。另一方面，如果“将他人……未注册的驰名商标作为企业名称中的字号使用，误导公众”可以根据反不正当竞争法一般条款而予以禁止，未注册驰名商标据此可以根据反不正当竞争法一般条款而取得法律保护，包括反淡化保护和反淡化保护之外未被定义的法律保护，容易扰乱整个商标法体系。

此外，借助未注册驰名商标实现的不正当竞争行为仍属于不正当竞争行为，而不应认定为侵犯未注册驰名商标。更换未注册驰名商标的“反向假冒”属于虚假宣传行为，不容易导致商品来源混淆，并不因为涉及未注册驰名商标而属于商标侵权行为。借助未注册驰名商标进行商业诋毁（比如不恰当的比较广告）还是应判定为商业诋毁，因为不容易导致商品来源混淆，也就不应判定为商标侵权行为。

有不同意见认为，可以通过反不正当竞争法之反仿冒规定来保护“未注册驰名商标”。[1] 这种意见值得商榷。商业标识为相关公众所熟知，其持有人要求认定为未注册驰名商标而依照《商标法》第13条第2款予以保护是一回事，其持有人依照《反不正当竞争法》第6条要求反仿冒保护，而该商业标识知名度只作为仿冒认定的因素之一是另外一回事。应区分这两种情况，区别反仿冒保护与“未注册驰名商标权”。

有不同意见认为，即便《商标法》第13条第2款规定了未注册驰名商标的法律保护，商标法优先使用的原则也不应适用，而应平行适用商标法和反不正当竞争法。[2] 这种意见的出发点在于，注册商标之表观权利可能干扰正当市场竞争秩序，如此则应受反不正当竞争法规制。就普通未注册商标而言，的确存在这个问题，其持有人无法根据我国商标法阻止抢注人行使注册商标专用权。但是，就未注册驰名商标而言，并不存在这个问题。即便被告抢先将他人未注册驰名商标申请并取得注册商标，未注册驰名商标权人不仅可以依照商标法提起商标异议或无效宣告请求，还可以根据有关司法解释对其注册商标使用行为提起民事诉讼。《最高人民法院关于审理涉及驰名商标保护的民事纠纷案件应用法律若干问题的解释》（法释〔2009〕3号，2020年修正，法释〔2020〕19号）第11条规定：“被告使用的注册商标违反商标法第13条的规定，复制、摹仿或者翻译原告驰名商标，构成侵犯商标权的，人民法院应当根据原告的请求，依法判决禁止被告使用该商标……”

更重要的是，未注册驰名商标是依照商标法而享有商标权，在法律性质上不同于未注册商标所享有的反仿冒保护。我国《商标法》第13条第2款可以追溯到《巴黎公约》第6条之2。如下文所述，“未注册驰名商标”的法律保护覆盖未注册商标的跨国“声誉”（reputation），而未注册商标的反仿冒保护覆

1 冯晓青：《未注册驰名商标保护及制度完善》，载《法学家》2012年第4期，第121-122页。

2 黄汇：《反不正当竞争法对未注册商标的有效保护及其制度重塑》，载《中国法学》2022年第5期，第91-96页；张伟君、庄雨晴：《“〈商标法〉优先适用论”辨析》，载《知识产权》2020年第6期，第54-57页。

盖“商誉”（goodwill），后者具有主权国家的地域限制。例如，在英国，反仿冒之诉的法律依据在于普通法判例，而未注册驰名商标之诉的法律依据则是制定法——《英国商标法》第56条。该条因此排除反仿冒的判例规则。

（四）在中国未使用但为相关公众所熟知的商标应作为“未注册驰名商标”

最高人民法院的司法解释几乎否认外国品牌在中国被给予“未注册驰名商标”的法律保护。《最高人民法院关于审理涉及驰名商标保护的民事纠纷案件应用法律若干问题的解释》（法释〔2009〕3号，2020年修正，法释〔2020〕19号）第5条是围绕商标使用情况来认定驰名商标，要求考虑：①使用该商标的商品的市场份额、销售区域、利税等；②该商标的持续使用时间；③该商标的宣传或者促销活动的方式、持续时间、程度、资金投入和地域范围；④该商标曾被作为驰名商标受保护的记录。至于商标的市场“声誉”，则作为第五项因素。如果某一商标的“声誉”源自外国而在中国并没有取得“商誉”，其在认定未注册驰名商标时应否予以考虑，就并不清楚了。

最高人民法院的判例更为直接，认为未在中国使用的商标不得作为“未注册驰名商标”予以保护。最高人民法院在审理“iPhone”钱包案时认为，产品概念公布和媒体报道不能证明商标知名度，投放广告、销售商品等经营行为才能用于证明商标的知名度。[1] 最高人民法院在审理“伟哥”案时认为，标志未在中国大陆使用过，媒体报道不能作为当事人真实使用商标的证据，更不能证明其构成未注册驰名商标。[2]

如果因循中国经济核心地带的惯性思维，最高人民法院的上述观点并无原则性问题；但如果关注到边境贸易，则情况并非如此。须知，仅2023年第一季度，我国边民互市和边境小额贸易合计进出口额就达897亿元。[3] 边民频繁往来边境线，对边境线对面国家驰名的品牌通常熟知。要推进国内国际双循环新发展格局，我国就需要转换思维方式，考察已经实现国内国际双循环发展格局

1 苹果公司（Apple Inc）诉原国家工商行政管理总局商标评审委员会公司商标异议复审行政纠纷再审案，最高人民法院行政裁定书（2016）最高法行申3386号。

2 辉瑞有限公司等诉上海东方制药有限公司破产清算组、广州威尔曼药业有限公司等不正当竞争及侵害未注册驰名商标权纠纷再审申请案，最高人民法院民事裁定书（2009）民申字第313号。

3 “一季度，边民互市和边境小额贸易合计进出口897亿元，增长111% 边贸活力持续涌现”，载人民网2023年5月9日，https://www.gov.cn/yaowen/2023-05/09/content_5754653.htm，2023年5月9日访问。

的发达国家的相关制度。

早在大约20年前，为推进北美自由贸易区、推进全球化，美国法院就借助实施《巴黎公约》第6条之2的“驰名商标”条款而在2004年*Grupo Gigante v. Dallo & Co.* 案确立所谓的“驰名商标法则”（well known mark doctrine），突破商标保护的地域性限制。本案原告1962年即开始在墨西哥以商标“Gigante”开设杂货店。到1991年，他已经开设100多家分店，其中两家位于美国墨西哥边界。被告于1991年在美国加州圣地亚哥（临近美国与墨西哥边界）开设杂货店，取名“Gigante Market”；且于1996年开设第二家。1999年，原告在美国加州洛杉矶开设“Gigante”杂货店，并以驰名商标起诉被告侵权。依照《美国商标法》，被告首先在美国境内使用争议商标，反而应享受商标权。由于美国和墨西哥同处于北美自由贸易区，两国边境贸易和人员往来频繁，判定被告享有商标权很可能导致相关消费者混淆。本案中，美国联邦第九巡回上诉法院指出，驰名商标保护法则同商标保护地域性原则有冲突。根据商标保护地域性原则，在美国境内在先使用商标是获得法律保护的前提条件。但是，绝对适用地域性原则只能纵容欺诈消费者的行为，因此，法院认为，不应当准许行为人基于商标法教条愚弄移民消费者，让他们误以为自己所购买的商品同在母国购买的商品一致，而实际上却是由完全不同的经营主体提供的。为此，法院判决认为，如果涉嫌侵权商标使用在相关美国市场之上，实质比例的消费者熟悉外国商标，则该外国商标具有“附加第二含义”（secondary meaning plus），则被诉行为导致混淆应该予以禁止。[1]

英国法院比美国法院更早采用如上商标法规范。1994年《英国商标法案》第56条即规定，英国或《巴黎公约》成员方的国民，或在英国或在《巴黎公约》成员方具有真实有效住所的居民，无论是否在英国开展商业活动或享有“商誉”（goodwill），都可以就驰名商标享有法律保护。在2015年*Starbucks (HK) Limited and another v British Sky Broadcasting Group PLC and others*案中，英国最高法院重申，未注册商标具有“声誉”（reputation）而未从英国公众处取得“商誉”并不能获得反仿冒保护，但具有“声誉”（reputation）而构成驰名商标就足以在英国获得《巴黎公约》第6条之2规定的“驰名商标”法律保护。[2]

---

1 Grupo Gigante S. A. de C. V. v. Dallo & Co.，391 F. 3d 1088（9th Cir. 2004）.

2 Starbucks（HK）Ltd & Anor v British Sky Broadcasting Group PLC & Ors（Rev 1）［2015］UKSC 31（13 May 2015），para. 64，at：http：//www. bailii. org/uk/cases/UKSC/2015/31. html.

或有不同意见认为，在中国未使用但为相关公众所熟知的商标不应认定为商标法之下的“未注册驰名商标”，而应该根据我国反不正当竞争法予以保护。这并非明智的选择。《巴黎公约》第6条之2之所以只对驰名商标予以保护，就是承认商誉保护具有主权性和地域性，也就是承认各国商标法和反不正当竞争法相差迥异，具有不同的诉求。如果基于《反不正当竞争法》第2条的一般条款或者第6条的反混淆行为规定而给予此类商标以反仿冒保护，我国法院就不得不一般性地基于声誉而非商誉给予反仿冒保护。在国外使用而具有一定影响的商标，虽然不是驰名商标，但他人利用其声誉，也就应该认定为仿冒而给予该外国商标法律保护。这样，则会导致制度运行成本过高。毕竟，当下随着现代跨境电商以及数字传播技术的不断发展，企业之声誉完全可以在极短的时间迅速在全球范围内获得传播与扩散。这意味着我国反不正当竞争法要对全球企业的声誉提供法律保护，而无论相关企业在中国现在或未来是否具有一个顾客。美英尽管曾经积极推进全球化浪潮，但都强调反仿冒保护局限于本国形成之商誉。[1] 当前，我国并没有将反仿冒保护推进到如此极致的现实需要。

最高人民法院只要调整法律适用方式，不必出台新的司法解释，就可以基于《巴黎公约》第6条之2的“驰名商标”条款而实现改变。就现行商标法而言，他国享有声誉的商标如果为国内相关公众所熟知，就也可以认定为“未注册驰名商标”。《商标法》第13条第1款规定：“为相关公众所熟知的商标，持有人认为其权利受到侵害时，可以依照本法规定请求驰名商标保护”。本条款并没有要求该商标必须在中国境内使用。另一方面，根据《商标法》第14条又不能解释为必须在中国境内使用方构成“驰名商标”的结论。不错，《商标法》第14条要求认定驰名商标时考虑“商标使用的持续时间”；“商标的任何宣传工作的持续时间、程度和地理范围”；“商标作为驰名商标受保护的记录”，但并没有要求每一个案件都必须考虑这几项因素。而且，《商标法》第14条将“相关公众知晓程度”作为认定驰名商标时考虑的首要因素；《最高人民法院关于审理涉及驰名商标保护的民事纠纷案件应用法律若干问题的解释》（2020年修正，法释〔2020〕19号）第5条第（5）项强调“该商标享有的市场声誉”。该条司法解释并没有禁止只根据本项规定而认定驰名商标。可见，

----

1 Starbucks（HK）Ltd & Anor v. British Sky Broadcasting Group PLC & Ors（Rev 1）［2015］UKSC 31（13 May 2015），para 50，at：http：//www. bailii. org/uk/cases/UKSC/2015/31. html.

我国法院可以根据既有法律规范和司法解释，对在他国享有声誉而为中国境内相关公众所熟知的商标给予“未注册驰名商标”的法律保护。

第五节 注册商标无效宣告程序与注册商标侵权诉讼程序之衔接成本的制度优化

一、现状与问题

相较于专利无效宣告程序与专利侵权程序之衔接，注册商标无效宣告程序与注册商标侵权诉讼之间的衔接更为复杂，且没有司法解释予以明确。如果被诉侵犯注册商标专用权，被告提起注册商标无效宣告请求，法院并非都裁定中止审理。实践中，法院有多种做法。

第一种做法，法院直接裁定中止审理注册商标侵权纠纷。[1] 问题在于，其一，商标申请经过实质审查而核准注册，理论上效力稳定；其二，商标无效宣告程序及后续行政诉讼程序漫长，容易导致侵权诉讼冗长。广东省高级人民法院曾在ONLY注册商标侵权案中感慨：“本案诉讼已经中止近三年三个月，该无效宣告程序仍未有审理结果。”[2]

第二种做法，法院不裁定中止审理。理由在于，注册商标在有效期内是一项有效的法定权利，应受法律保护，以注册商标现处于无效宣告请求审查中为由而要求中止审理，无事实和法律依据。[3] 无效宣告在商标注册成功之后都可以提起，但并不能因此否认商标有效事实，法院在认定涉案商标有效的前提下，对是否构成商标侵权、是否承担侵权的民事责任进行审理、判决并无不当。[4] 即便注册商标系恶意抢注亚运会吉祥物，并已被提出无效宣告，一审法

1 深圳市四海伞业有限公司与深圳泽时雨科技有限公司侵害商标权纠纷案，广东省深圳市龙岗区人民法院民事裁定书（2019）粤0307民初23982号。

2 北京时尚汇百货有限公司、绫致时装（天津）有限公司侵害商标权纠纷上诉案，广东省高级人民法院民事裁定书（2015）粤高法民三终字第38号。

3 参见温州周游记户外拓展有限公司诉巨室文创（昆山）投资有限公司、北京精湛文创文化经纪有限公司侵害商标权纠纷案，浙江省温州市中级人民法院（2020）浙03民初423号民事判决；任丘市台数机械配件厂、任丘市天赢机床附件有限责任公司、聊城环众商贸有限公司商标权权属、侵权纠纷上诉案，河北省高级人民法院民事裁定书（2020）冀知民终241号。

4 成都小龙坎品牌管理有限公司、四川仁众投资管理有限公司侵害商标权纠纷上诉案，四川省高级人民法院民事裁定书（2019）川民申3952号。

院都可能径直判决侵犯注册商标权；[1] 等到二审期间注册商标被宣告无效，再由二审法院撤销一审判决。[2] 如果涉案注册商标在案件审理期间被国家知识产权局宣告无效，则驳回注册商标权人全部诉讼请求，不论注册商标权人是否就无效宣告决定提起行政诉讼。[3] 就此，主流的裁判意见认为，对于商标评审委员会作出的裁定，当事人有权提起行政诉讼，如果中止侵权案件的审理，等待商标确权行政诉讼的结果，将会导致循环诉讼和程序空转，并且不利于社会关系的稳定。[4] 故而，在商标评审委员会已经裁定争议商标无效的情况下，可以裁定驳回起诉，无需等待行政诉讼的最终结果；且允许权利人在无效决定被行政裁判推翻时另行起诉，亦不影响其可以获得的司法救济。[5]

但问题在于，第二种做法的前提假设缺乏现实支持，其可能让制度运行成本高昂，甚至导致不公平。一审法院基于注册商标有效而直接审理的基本前提是，我国注册商标的效力总体稳定。但是，据《国家知识产权局2022年度报告》统计表明，在审结的商标无效宣告案件中，全部无效占62.1%，部分无效占12.9%。[6] 虽然这并不能说明我国注册商标总体效力不稳定，但至少说明被提起无效宣告请求的注册商标总体效力很不稳定。一方面，被诉侵犯注册商标权之后，被告即刻对涉案注册商标提起无效宣告请求，国家知识产权局的"审理周期"[7] 为10个月。[8] 另一方面，普通民事诉讼程序的一审审理期限是6个月，[9]

1 邓辰龙诉佛山市顺德区欧德宝电器制造有限公司侵害商标权纠纷案，广东省佛山市禅城区人民法院民事判决书（2016）粤0604民初13046号。

2 参见佛山市顺德区欧德宝电器制造有限公司、邓辰龙侵害商标权纠纷上诉案，广东省佛山市中级人民法院民事裁定书（2017）粤06民终12866号之一。

3 温州周游记户外拓展有限公司、巨室文创（昆山）投资有限公司等侵害商标权纠纷上诉案，浙江省高级人民法院民事裁定书（2021）浙民终1336号。

4 天津市天磁净水机械有限公司、天津市天磁万国物资有限公司侵害商标权纠纷上诉案，天津市第一中级人民法院民事裁定书（2018）津01民终9050号。

5 天津市天磁净水机械有限公司、天津市天磁万国物资有限公司侵害商标权纠纷上诉案，天津市第一中级人民法院民事裁定书（2018）津01民终9050号。

6《国家知识产权局2022年度报告》，第31页，载国家知识产权局网，https：//www. cnipa. gov. cn/module/download/down. jsp？i_ID=185538&colID=3249。

7 从收到无效请求之日至案件签发完成之日的平均审理用时。

8《专利和商标审查"十四五"规划》，第6页，载国家知识产权局网，https：//www. cnipa. gov. cn/art/2022/1/20/art_65_172866. html。

9《民事诉讼法》（2021年修正）第152条规定："人民法院适用普通程序审理的案件，应当在立案之日起六个月内审结。有特殊情况需要延长的，经本院院长批准，可以延长六个月；还需要延长的，报请上级人民法院批准。"

二审是3个月。[1] 所以，在第二种做法之下，即便法院根据国家知识产权局的商标无效宣告裁定即迳行判决，被告也必须就一审判决提起上诉，甚至要提起再审，才可能从注册商标无效宣告的裁定之中获利。由此可能导致巨大的诉讼资源浪费。

第三种做法，法院根据被告提供的证据评判涉案注册商标是否可能被宣告无效。如果被告未提交有效证据以证明涉案商标将被宣告无效的可能性较大或者存在其他应当中止审理的情形，则法院以不符合《民事诉讼法》第150条第1款第（5）项、第（6）项规定的情形为由，不支持中止审理的请求。[2] 但问题在于，法院并不能就涉案注册商标应否被宣告无效而进行审理，也就难以就此进行质证和辩论。考虑到我国幅员辽阔，法官商标法专业知识参差不齐，这种做法的实际效果并不清楚。

二、绝对理由的注册商标无效宣告请求应移送商标局处理

注册商标无效宣告程序与注册商标侵权诉讼程序的衔接成本，首先可以通过协调两种程序的审理期限予以解决。普通民事诉讼程序的一审审理期限是6个月，[3] 只要国家知识产权局能够在此期间之内审结绝大多数注册商标无效宣告案件，法院就可以据其决定来审理和裁判注册商标侵权纠纷。

就此，如果被告是基于《商标法》第44条规定的“绝对理由”而及时提起注册商标无效宣告请求，这个审理期限应该可以缩减到6个月。依照现行《商标法》，被告依据绝对理由而要求宣告注册商标无效，商标评审委员会的审理期限是9个月。[4] 之所以要求如此长的时间，原因在于，这是一个双方程序，类似于诉讼程序。但是，绝对理由类型的商标无效宣告程序不必采用双方程序，而可以采用单方程序。《商标法》第44条第1款即规定，如果注册商标违

1《民事诉讼法》（2021年修正）第183条规定：“人民法院审理对判决的上诉案件，应当在第二审立案之日起三个月内审结。有特殊情况需要延长的，由本院院长批准。

2 余姚市百利饼业有限公司、江西江中食疗科技有限公司侵害商标权纠纷再审申请案，最高人民法院民事裁定书（2020）最高法民申2528号；北京闪银奇异科技有限公司诉与武汉中郡校园服务有限公司侵害商标权纠纷案，北京市朝阳区人民法院民事判决书（2015）朝民（知）初字第46280号。

3《民事诉讼法》（2021年修正）第152条规定：“人民法院适用普通程序审理的案件，应当在立案之日起六个月内审结。有特殊情况需要延长的，经本院院长批准，可以延长六个月；还需要延长的，报请上级人民法院批准。”

4 《商标法》第44条第3款。

反《商标法》第4条、第10条、第11条、第12条、第19条第4款规定，或者是以欺骗手段或者其他不正当手段取得注册，商标局可以依照职权而宣告其无效。这个单方程序实际上是注册商标的授权后“再审”，类似于商标申请的单方审查程序。根据《国家知识产权局2022年年度报告》，商标注册申请平均审查周期稳定在 4 个月，一般情形商标注册周期稳定在 7 个月。[1] 对注册商标“再审”是否符合绝对理由，商标局就此所需时间应该不会超过商标申请的审查周期，特别是有人提供证据和论理的情况之下。

为此，如果注册商标侵权纠纷立案后，被告在答辩期间之内就涉案注册商标提起无效宣告请求，主张违反绝对理由而不应予以注册，其法律性质就是“举报”。就此，在征得被告作为请求人的同意的情况之下，应允许商标评审委员会移送案卷给商标局，由商标局在4个月内作出维持注册商标或者宣告注册商标无效的裁定。就此，只需要修订《商标评审规则》即可。

三、相对理由的注册商标无效宣告请求应由法院初步评估

就相对理由的注册商标无效宣告程序，并不能通过设定审理期限来实现其与注册商标侵权诉讼之间的良好衔接。目前，《商标法》第45条第2款规定的审结期限是12个月。《专利和商标审查“十四五”规划》表明，“商标无效案件”的“审理周期”[2] 为10个月。[3] 无论如何，审理期限都超过一审诉讼的审结期限，而且短时间内都不可能进一步压减。更何况，相对理由的注册商标无效宣告程序必须是双方程序，法律程序本身就要花费更多的时间，包括证据交换、质证、辩论等必经程序。

既然商标评审委员会方面难以找到出路，也就只能让法院基于无效宣告请求的成功可能性而决定应否中止审理侵权诉讼了。法院应否基于注册商标使用而驳回反仿冒之诉，与法院应否基于注册商标专用权而判决被告侵权，问题都在于应根据注册商标的权利外观直接判决，还是要等待国家知识产权局的商标评审决定？就此，本章第二节之“注册商标使用抗辩的适用范围”已经进行过充分讨论。

---

1 《国家知识产权局2022年度报告》，第29页，载国家知识产权局网，https：//www. cnipa. gov. cn/module/download/down. jsp？ i_ID=185538&colID=3249。

2 从收到无效请求之日至案件签发完成之日的平均审理用时。

3 《专利和商标审查“十四五”规划》，第6页，载国家知识产权局网，https：//www. cnipa. gov. cn/art/2022/1/20/art_65_172866. html。

第五章

著作权法之运行成本的**制度优化**

从形式逻辑上看，著作权法之运行成本包括授权/确权成本、交易成本、侵权避让成本、维权救济成本等方面。但是，著作权法是一个整体，每一项规范都不能独立于其他规范而发挥作用，它们相互作用而影响著作权法的运行成本。如果逐一分析我国《著作权法》每条规范对其运行成本的影响，不仅工作量浩大而难以完成，而且会丧失对著作权法运行成本的总体把握，迷失于各种细节之中，不能解决主要矛盾，也不能突出重点和关节点。

新时代著作权法变革首先要服务于超大规模统一大市场。因为著作权自动取得，著作权状态（包括著作人格权、著作财产权、著作权转让和许可、著作财产权继承人、著作财产权保护期限等情况）都不公示，公众合理信赖利益难以得到保护，致使著作权法的运行成本高昂，严重影响著作权在数字时代的使用、交易和保护。为此，本章第一节专门讨论“数字时代著作权之权利管理成本的制度优化”，第二节讨论“数字时代孤儿作品之利用成本的制度优化”。鉴于人工智能生成物看似人类创作之作品，且直接冲击现行著作权法的运行，本章最后讨论“人工智能生成物之使用成本的制度优化”，探析人工智能生成物的强制标识义务，讨论人工智能自动制造物的法律保护，以及人工智能辅助创作的法律认定标准。

第一节　数字时代著作权之权利管理成本的制度优化

一、现状与问题

如果权利管理制度能够有效运行，著作权法在数字时代的运行成本就可以有效控制：著作权人可以采用技术措施控制其作品的使用并通过“权利管理信息”在作品上公示其著作权和作品使用条件，实现著作权自主管理。《世界知识产权组织版权条约》第12条规定：“权利管理信息系指识别作品、作品的作者、对作品拥有任何权利的所有人的信息，或有关作品使用的条款和条件的信息，和代表此种信息的任何数字或代码，各该项信息均附于作品的每件复制品上或在作品向公众进行传播时出现。”按道理，公众可以根据作品所附“权利管理信息”知晓作品的著作权状况而及时停止线上侵害行为，或是根据权利管理信息而联系著作权人以寻求许可；网络服务提供商根据作品所附权利管理信息就可以主动制止侵权行为，或者联系著作权人确认有关传播行为是否经过其许可。简而言之，权利管理制度可以促进著作权人与作品使用者、传播者之间互动而实现作品合法使用，从而使得著作权人不必频繁地诉诸公权力来解决著作权纠纷，由此降低著作权制度的运行成本。

但是，自1991年颁行《著作权法》，我国并不重视著作权的权利管理。既没有成形的著作财产权标识制度，也没有健全的著作权登记制度，还没有著作权转让和许可备案制度。特别是对“权利管理信息”的法律保护局限于出版管制。究其原因，我国著作权立法主要借鉴作者权体系而不是版权体系。在作者权体系之下，诸如《德国著作权法》，著作权人与作者始终是一致，著作权不允许转移，作者民事主体身份之登记就已经足以满足权利管理所需。但问题是，我国并不是纯正的作者权体系，而是兼采版权体系的做法，特别是著作权的归属规则。同时，我国实行著作人格权与著作财产权二元制，《著作权法》第10条第（5）项到第（17）项规定的各项著作财产权依法可以单独或合并转让和许可。著作权的权利管理制度之缺陷也就影响深远。

尤其进入数字时代之后，这个制度缺陷越发显著地影响整个著作权法的运行成本，但我国还是没有健全的权利管理制度。我国2006年加入《世界知识产权组织版权条约》并颁行《信息网络传播权保护条例》，开始对“权利管理电子信息”予以保护，还从《美国版权法》移植著名的“通知-删除程序”以降低网上著作权侵权纠纷的解决成本。但是，《美国版权法》之下的权利管理制度并不限于“权利管理电子信息”的法律保护，还包括其他重要组成部分。我国现行《著作权法》之下，权利管理制度还存在四大缺陷：①权利管理信息的法律定性不清；②缺乏著作财产权标识制度；③缺乏健全的著作权登记制度；④缺乏著作权转让和许可备案制度。以下就此进行详细阐释。

（一）权利管理制度缺陷之一：缺乏权利管理信息保护的法律定性

1991年《著作权法》之下，根本没有“权利管理信息”的法律概念。但是，从出版管制的角度，国家要求音像制品和出版物载明出版信息，包括著作权相关的权利管理信息。1994年《音像制品管理条例》第12条就规定：“出版音像制品应当在音像制品及其包装的明显位置，标明出版单位的名称、地址和版号、发行许可证号、出版时间、著作权人姓名等事项。”该条例第13条规定：“音像出版单位不得向任何单位或者个人转让、出租、出售本单位的名称或者版号。”其第14条又规定：“任何单位和个人不得购买、伪造音像出版单位的名称或者版号，不得从事非法音像制品出版活动。”为此，市场主体禁止经营无版权标记及其他非法出版的图书报刊和音像制品。[1] 1997年《出版管理条例》第28条就规定：“出版物必须按照国家的有关规定载明有关作者、出版者、印刷者或者复制者、发行者的名称、地址，书号、刊号或者版号，出版日期、刊期以及其他有关事项。”该条例第29条同时规定：“任何单位和个人不得伪造、假冒出版单位或者报纸、期刊名称出版出版物。”

进入21世纪，面对故意去除或者改变著作权管理信息的行为，最高人民法院尚且把握不准。2000年年底颁行的《最高人民法院关于审理涉及计算机网络著作权纠纷案件适用法律若干问题的解释》认为，这种行为必须是“导致侵权后果的行为构成侵权”，才适用1991年《著作权法》第45条第（8）项的规定。因为强调“侵权后果”，则意味着权利管理信息并没有作为单独的保护对象。虽然这一司法解释已经废止，但时至今日，最高人民法院在一些案例中仍持这种观点，认为版权标记相当于“署名”。在2021年一起计算机软件著作权纠纷案之中，最高人民法院认为，去除版权标识应当认定其构成侵害著作权人的署名权，可判令其依法承担停止侵害、赔偿损失的责任，还可根据侵权人过错及侵权情节视情判令其赔礼道歉。[2]

经历曲折，我国虽然建立了权利管理信息保护制度，但并没有明确其法律性质。我国2006年加入的《世界知识产权组织版权条约》，为履行此条约，《信息网络传播权保护条例》才对“权利管理电子信息”予以保护。该条例第26条第3款规定：“权利管理电子信息，是指说明作品及其作者、表演及其表演者、录音录像制品及其制作者的信息，作品、表演、录音录像制品权利人的信息和使用条件的信息，以及表示上述信息的数字或者代码。”该条例第5条规定：“未经权利人许可，任何组织或者个人不得进行下列行为：（一）故意

---

1 《黑龙江省文化市场管理条例》第11条；《宁夏回族自治区文化市场管理暂行规定》第22条。

2 长沙米拓信息技术有限公司与河南省工程建设协会侵害计算机软件著作权纠纷上诉案，最高人民法院民事判决书（2021）最高法知民终1547号，载入《最高人民法院知识产权法庭裁判要旨摘要（2021）》。类似案件参见：北京融信合经济信息咨询有限公司诉北京搜狐互联网信息服务有限公司侵犯著作权纠纷案，北京市海淀区人民法院民事判决书（2008）海民初字第21519号；北京融信合经济信息咨询有限公司诉北京搜狐互联网信息服务有限公司侵犯著作权纠纷案，北京融信合经济信息咨询有限公司诉北京科文书业信息技术有限公司等侵犯著作权纠纷案，北京市第二中级人民法院民事判决书（2007）二中民初字第3960号；北京融信合经济信息咨询有限公司诉北京搜狐互联网信息服务有限公司侵犯著作权纠纷案，北京市海淀区人民法院民事判决书（2006）海民初字第22874号。

删除或者改变通过信息网络向公众提供的作品、表演、录音录像制品的权利管理电子信息，但由于技术上的原因无法避免删除或者改变的除外；（二）通过信息网络向公众提供明知或者应知未经权利人许可被删除或者改变权利管理电子信息的作品、表演、录音录像制品。”至于“权利管理电子信息”保护的法律性质，则完全不清楚。2010年《著作权法》修正之后，这种情况变得更糟糕。2010年修正《著作权法》第48条第（7）项只将《信息网络传播权保护条例》第5条第（1）项作为“侵权行为”，[1] 而所侵犯权利的法律性质又不清楚。同时，《信息网络传播权保护条例》第5条第（2）项又没有被列为“侵权行为”，似乎有意要区分二者。但是2020年《著作权法》再度修正，给予“权利管理信息”法律保护，其第51条规定：“未经权利人许可，不得进行下列行为：（一）故意删除或者改变作品、版式设计、表演、录音录像制品或者广播、电视上的权利管理信息，但由于技术上的原因无法避免的除外；（二）知道或者应当知道作品、版式设计、表演、录音录像制品或者广播、电视上的权利管理信息未经许可被删除或者改变，仍然向公众提供。”尴尬的是，该法居然对“权利管理信息”都没有界定，更没有明确其法律性质。该条只是规定“未经权利人许可，不得进行下列行为”，区别于《著作权法》第52条的“侵权行为”，似乎表明著作权人只得依据该条要求停止侵害的法律救济，而无权

1《著作权法》（2010年）第48条规定：“有下列侵权行为的，应当根据情况，承担停止侵害、消除影响、赔礼道歉、赔偿损失等民事责任；同时损害公共利益的，可以由著作权行政管理部门责令停止侵权行为，没收违法所得，没收、销毁侵权复制品，并可处以罚款；情节严重的，著作权行政管理部门还可以没收主要用于制作侵权复制品的材料、工具、设备等；构成犯罪的，依法追究刑事责任：

（一）未经著作权人许可，复制、发行、表演、放映、广播、汇编、通过信息网络向公众传播其作品的，本法另有规定的除外；

（二）出版他人享有专有出版权的图书的；

（三）未经表演者许可，复制、发行录有其表演的录音录像制品，或者通过信息网络向公众传播其表演的，本法另有规定的除外；

（四）未经录音录像制作者许可，复制、发行、通过信息网络向公众传播其制作的录音录像制品的，本法另有规定的除外；

（五）未经许可，播放或者复制广播、电视的，本法另有规定的除外；

（六）未经著作权人或者与著作权有关的权利人许可，故意避开或者破坏权利人为其作品、录音录像制品等采取的保护著作权或者与著作权有关的权利的技术措施的，法律、行政法规另有规定的除外；

（七）未经著作权人或者与著作权有关的权利人许可，故意删除或者改变作品、录音录像制品等的权利管理电子信息的，法律、行政法规另有规定的除外；

（八）制作、出售假冒他人署名的作品的。”

取得第52条规定之“消除影响、赔礼道歉、赔偿损失”等法律救济。

（二）权利管理制度缺陷之二：缺乏著作财产权标识制度

我国著作权法似乎“仇视”著作财产权标识制度，认为著作财产权标识制度是著作权取得原则，与著作权自动取得原则必然相互冲突。全国广泛使用的“马工程”《知识产权法》教材认为，1952年《世界版权公约》就采纳“加注标记取得原则”，即要求作品出版时须在每一复制件上加注著作财产权标识。[1]

然而，没有著作财产权标识制度，就难以实现权利管理。著作财产权标识是权利管理信息的基本内容。权利管理信息是著作财产权标识的扩展。《美国版权法》第1202条c款规定了“版权管理信息”特别提到了“版权标识”，同时规定版权管理信息包括版权局规定的其他信息。[2] 可见，版权标识与版权管理信息之间存在千丝万缕的联系，二者紧密相关。“版权管理信息”是标准化、规范化的权利信息，延伸而超过版权标识的信息。除开出版管制，我国《著作权法》对著作财产权标识没有任何规定。我国著作权人要利用“权利管理信息”进行权利管理，也就缺乏基本的法律遵循，更不用说可资参考的技术标准。

因为没有著作财产权标识制度，我国著作权法实务对于版权标识的法律性质出现严重分歧，至少存在三种不同的意见。一种意见认为，版权标记相当于“署名”。最高人民法院认为，去除版权标识应当认定其构成侵害著作权人的署名权，可以判令其依法承担停止侵害、赔偿损失的责任，还可以根据侵

1《知识产权法学》编写组：《知识产权法》（马克思主义理论研究和建设工程重点教材），高等教育出版社2019年版，第47页。

2《美国版权法》第1202条c款规定：“本条中所使用的‘版权管理信息’是指与作品的复制品、录音制品或作品的表演、展览一起传送的有关信息，包括数字化形式的有关信息。但是这一术语不包含有关作品、作品的复制品、录音制品或作品的表演、展览的使用者的任何个人标识性信息。具体包括：（1）作品的名称和识别作品的其他信息，包括版权标记指明的信息；（2）作品作者的姓名和识别作者的其他信息；（3）版权人的名称和识别版权人的其他信息，包括版权标记指明的信息；（4）表演固定在视听作品之外的作品之中的表演者姓名和识别该表演者的其他信息，但该作品为电台或电视台公开展现的除外；（5）视听作品的作者、表演者和导演的姓名和识别该作者、表演者和导演的其他信息，但是该视听作品为电台或电视台公开展现除外；（6）版权作品的使用要求和条件；（7）表明上述信息的数字、符号或链接；（8）以及版权局长通过行政法规规定的其他信息，但是版权局长不得要求提供有关版权作品使用者的任何信息。”

权人过错及侵权情节视情判令其赔礼道歉。[1] 然而，版权标识©并不同于“署名”。版权标识是著作权人用于表明著作权归属，而著作权人与作者并不总是一致。我国《著作权法》第10条第（2）项仅规定作者享有署名权，而没有规定著作权人享有署名权。实际作品上署名只代表“作者”，而不是著作权人。就此，我国《著作权法》第12条规定：“在作品上署名的自然人、法人或者非法人组织为作者，且该作品上存在相应权利，但有相反证明的除外。”值得注意的是，我国著作权法虽然接近作者权体系，但并不尽然，作者与著作权人之间并非始终都是同一的关系。为此，去掉版权标识只是删除著作权人信息，但并没有删除作品上的作者署名信息，故而并不侵犯作者享有的署名权。

另一种意见则认为，版权标识是权属的初步证据。《北京市高级人民法院知识产权民事诉讼证据规则指引》（2021年4月22日）第3.3条规定：“电影、电视剧上明确标示的权利归属信息可以作为认定权属的初步证据，但有相反证据的除外。”第3.9条规定：“原告主张录音制作者权的，应提供署名其为制作者、录制者或者其名称前加注有版权标识的录音制品出版物、录音制品出版物的封面、封底、歌单，或者提供其取得录音制作者权的合同。”

还有一种意见认为，版权标识可以用于证明被诉侵权人的主观过错。比如，2011年北京市版权局《信息网络传播权保护指导意见（试行）》第6条就规定：“为服务对象提供信息存储空间的网络服务提供者，应当履行合理注意义务，采取必要的技术措施，有效防止未经授权的下述作品上传：…（二）载有出版、版权标识和再版编目的作品。”再如，为保护电影产业，国家版权局充分利用权利管理信息。国家版权局出台了《关于开展院线电影版权保护专项工作的通知》《关于进一步加强互联网传播作品版权监管工作的意见》及版权重点监管工作计划，根据相关权利人上报的作品授权情况，定期就上映电影公布重点作品版权保护预警名单。据此，相关网络服务商应对版权保护预警名单

----

1 长沙米拓信息技术有限公司与河南省工程建设协会侵害计算机软件著作权纠纷上诉案，最高人民法院民事判决书（2021）最高法知民终1547号，载入《最高人民法院知识产权法庭裁判要旨摘要（2021）》。类似案件参见：北京融信合经济信息咨询有限公司诉北京搜狐互联网信息服务有限公司侵犯著作权纠纷案，北京市海淀区人民法院民事判决书（2008）海民初字第21519号；北京融信合经济信息咨询有限公司诉北京搜狐互联网信息服务有限公司侵犯著作权纠纷案，北京融信合经济信息咨询有限公司诉北京科文书业信息技术有限公司等侵犯著作权纠纷案，北京市第二中级人民法院民事判决书（2007）二中民初字第3960号；北京融信合经济信息咨询有限公司诉北京搜狐互联网信息服务有限公司侵犯著作权纠纷案，北京市海淀区人民法院民事判决书（2006）海民初字第22874号。

内的重点院线电影采取以下保护措施：直接提供内容的网络服务商在影片上映期内不得提供版权保护预警名单内的作品；提供存储空间的网络服务商应禁止用户上传版权保护预警名单内的作品；相关网络服务商应加快处理版权保护预警名单内作品权利人关于删除侵权内容或断开侵权链接的通知。各地版权行政执法监管部门应当对本地区主要网络服务商发出版权预警提示，以加大版权监测监管力度。对于未经授权通过信息网络非法传播版权保护预警重点作品的，应当依法从严从快予以查处。

（三）权利管理制度缺陷之三：缺乏健全的著作权登记制度

我国并不重视著作权登记制度，著作权登记的公信力严重不足。自1994年底《作品自愿登记试行办法》实行已经近30年，且《著作权法》经历2001年、2010年和2020年三次修正，但该办法仍旧是“试行办法”。作品登记本是著作权归属的“初步证据”，[1] 但作品登记竟然不要求提供权利归属的最佳证据，与出版物样本送交制度脱节，让“初步证据”的法律效力时常受到质疑。“样本”之送交国家图书馆、中国版本图书馆、国家档案馆或行政主管机关，都只是遵守出版管理的行政管理。比如，《出版管理条例》（2020年修订）第22条规定：“出版单位应当按照国家有关规定向国家图书馆、中国版本图书馆和国务院出版行政主管部门免费送交样本。”[2]《电子出版物出版管理条例》（2015年修订）第35条规定：“电子出版物发行前，出版单位应当向国家图书馆、中国版本图书馆和新闻出版总署免费送交样品。”《电影艺术档案管理规定》第12条规定：“影片类档案分别由电影制片单位和电影进

1 《作品自愿登记试行办法》第1条规定：“为维护作者或其他著作权人和作品使用者的合法权益，有助于解决因著作权归属造成的著作权纠纷，并为解决著作权纠纷提供初步证据，特制定本办法。”

2 《报纸出版管理规定》第45条规定：“报纸出版单位须按照国家有关规定向国家图书馆、中国版本图书馆和新闻出版总署以及所在地省、自治区、直辖市新闻出版行政部门缴送报纸样本。”

《期刊出版管理规定》（2017年修订）第43条规定：“期刊出版单位须在每期期刊出版30日内，分别向新闻出版总署、中国版本图书馆、国家图书馆以及所在地省、自治区、直辖市新闻出版行政部门缴送样刊3本。”

《图书出版管理规定》（2015年修订）第34条规定：“图书出版单位在图书出版30日内，应当按照国家有关规定向国家图书馆、中国版本图书馆、新闻出版总署免费送交样书。”

《音像制品出版管理规定》（2017年修订）第29条规定：“音像出版单位、经批准出版配合本版出版物音像制品的出版单位，应自音像制品出版之日起30日内，分别向国家图书馆、中国版本图书馆和新闻出版总署免费送交样本。”

口发行单位送缴国家电影档案馆，其中标准拷贝应在取得公映许可证后三个月内送缴；影片素材在二至三年内送缴。未获国家电影主管部门通过的影片素材及双片在半年内送缴。”鉴于出版管理规定强制要求载明版权信息，出版单位对作品之出版发行又要承担审查义务，[1] 出版物所载著作权信息通常证明效力相当高，是著作权归属证明的最佳证据之一。尽管《作品自愿登记试行办法》第8条要求作品登记申请人提供“权属证明”，[2] 但是没有规定“最佳证据”规则。如果作品、录音录像制品已经出版，申请人也不必提交出版物的封面和版权页作为权利归属证明。如果作品没有出版，在作品出版之后，申请人也没有义务及时提交出版物的封面和版权页作为权利归属证明，以对原作品登记信息补正。由此，作品登记信息与出版物或发行影视作品所载版权信息可能不一致，从而削弱作品登记的公信力。或许是这个原因，《最高人民法院关于审理著作权民事纠纷案件适用法律若干问题的解释》（2020年修订，法释〔2020〕19号）第7条第1款并不重视著作权登记证书，认为其证明力低于底稿、原件和合法出版物。

我国设立著作权登记制度时过分强调著作权登记是“初步证据”，却严重忽视其公信力。比如，2014年6月6日，《中华人民共和国著作权法（修订草案送审稿）》第8条第1款只强调著作权登记文书是登记事项属实的初步证明，并不关心公众对登记文书的信赖利益。

一旦著作权登记缺乏公信力，权利管理制度就难以运行。公众难以通过统一的渠道核实权利管理信息，就难以确定作品之上的权利管理信息是否已经删除或改变。权利人要根据《著作权法》第51条第（2）项追究法律责任就时常要面临证据困难：如何证明行为人“知道或者应当知道”作品、版式设计、表演、录音录像制品或者广播、电视上的权利管理信息未经许可被删除或者改变？

---

1 《最高人民法院关于审理著作权民事纠纷案件适用法律若干问题的解释》（法释〔2002〕31号，2020年修订，法释〔2020〕19号）第20条规定：“出版物侵害他人著作权的，出版者应当根据其过错、侵权程度及损害后果等承担赔偿损失的责任。出版者对其出版行为的授权、稿件来源和署名、所编辑出版物的内容等未尽到合理注意义务的，依据著作权法第四十九条的规定，承担赔偿损失的责任。出版者应对其已尽合理注意义务承担举证责任。”

2 《作品自愿登记试行办法》第8条规定：“作者或其他著作权人申请作品登记应出示身份证明或提供表明作品权利归属的证明（如：封面及版权页的复印件、部分手稿的复印件及照片、样本等）。”

著作权登记缺乏公信力，我国作品登记比例也就不可能高。以音乐作品为例，根据腾讯研究院所做初步估算，2022年华语新歌数量在101.9万首左右，[1] 而同年登记的音乐作品数量仅为33 212件，[2] 只占作品总数的3%。从2005年到2022年期间，其中2013年音乐作品登记数目最多，也不过62 119件。[3] 尽管我国网络版权产业发展蒸蒸日上，2013年以来基本上每年增长均在20%以上（见图12），但音乐作品的登记数却徘徊不前（见图13）。再比如文字作品，《2022中国网络文学发展研究报告》显示，2022年网络文学市场规模389.3亿元，同比实现8.8%的高速增长；网络文学用户规模达4.92亿；中国网络文学作家数量累计超2278万。但是，2016年之后，文字作品的登记数量反而呈现减少趋势（见图14）。尽管2013年到2022年期间美术作品和摄影作品登记数量增长很快，但相对于网上海量的图片而言，其比例并不高。

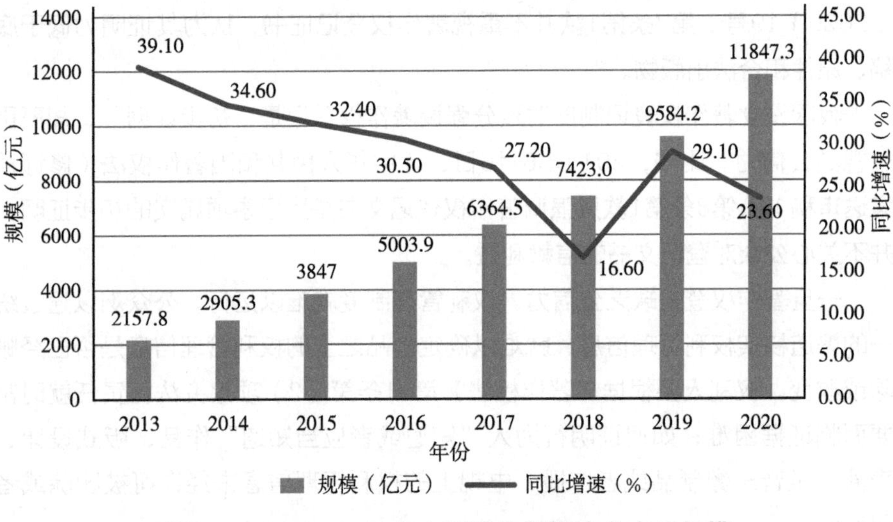

图12　2013—2020年中国网络版权产业市场规模

资料来源：《2020中国网络版权产业发展报告》，载国家版权局网，https：//www. ncac. gov. cn/chinacopyright/upload/files/2021/6/9205f5df4b67ed4. pdf。

1 腾讯研究院：《2022年华语数字音乐年度白皮书》，第5页。

2 《国家版权局关于2022年全国著作权登记情况的通报》，国版发函〔2023〕2号。

3 国家版权局《2013年全国作品自愿登记情况统计》，载国家版权局网，https：//www. ncac. gov. cn/chinacopyright/contents/12555/351408. shtml。

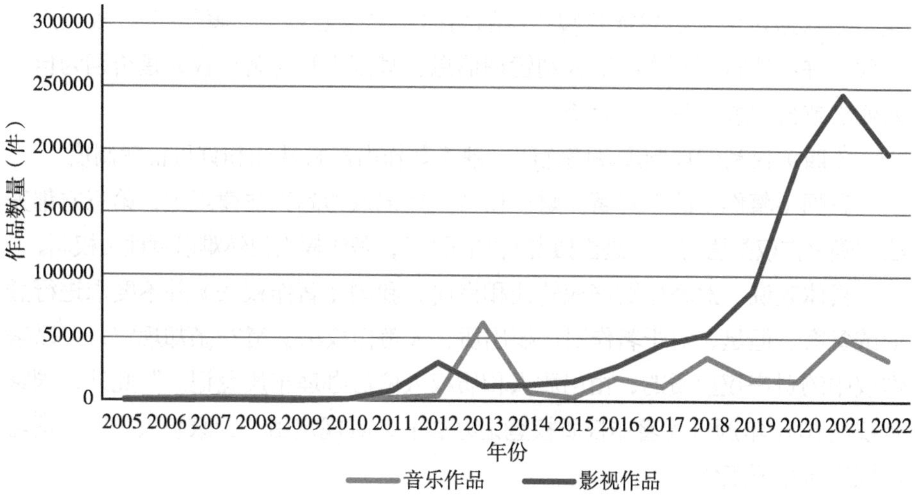

图13　2005—2022年我国音乐作品和影视作品登记情况

资料来源：国家版权局2016—2022年“全国著作权登记情况的通报”和2005—2014年“全国作品登记情况统计”。

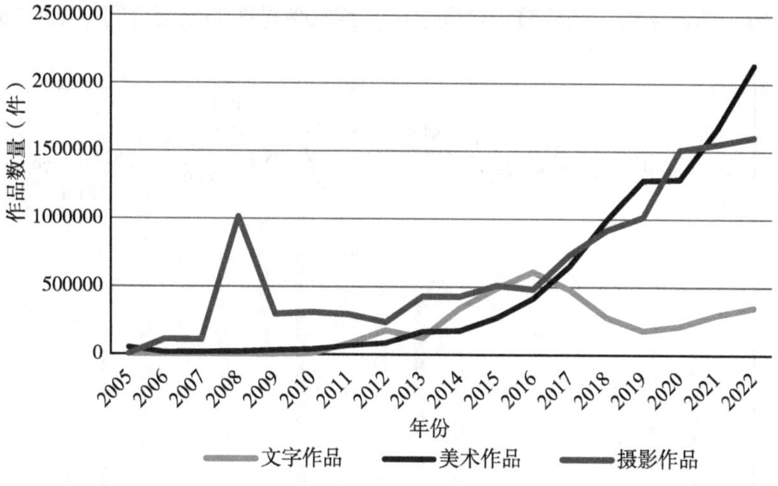

图14　2005—2022年我国文字作品、美术作品和摄影作品登记情况

资料来源：国家版权局2016—2022年“全国著作权登记情况的通报”和2005—2014年“全国作品登记情况统计”。

而且，即便作品已经自愿登记，公众也难以借此核实作品所附权利管理信息是否真实。实际上，“全国作品登记信息数据库管理平台”[1] 也是最近才上

1　http：//qgzpdj. ccopyright. com. cn/index. html。

线，公众通过该平台只能查阅“作品名称”“登记号”“著作权人/权利人”三项，并不能查阅到作品的权利管理信息，甚至不知道著作权人是否因为自然人死亡或公司解散等原因而变更。

（四）权利管理制度缺陷之四：缺乏著作财产权转让和许可备案制度

我国《著作权法》对著作财产权合同登记效力尚无法律规定，第三方都无法明确著作权是否转让、是否独占或排他许可，著作权人自然难以管理其权利。

具体来说，对著作财产权转让和许可，我国《著作权法》并不要求进行登记或备案。但是，对于著作财产权出质，《著作权法》第28条却规定：“以著作权中的财产权出质的，由出质人和质权人依法办理出质登记。”此外，国家版权局2010年颁行《著作权质权登记办法》，其规定由“国家版权局”负责著作权出质登记工作。

我国《著作权法》根本没有规定著作财产权合同登记的法律效力，著作财产权合同登记数量自然很少。从统计来看，我国版权合同登记数量相当少，以图书版权合同登记为主体。从国家版权局公布的“全国版权合同登记情况统计”数据来看，2001年到2019年，全国版权合同登记属2011年最多，也不过2万多份。总体来看，版权登记合同之中，约80%是图书出版合同（见图15）。

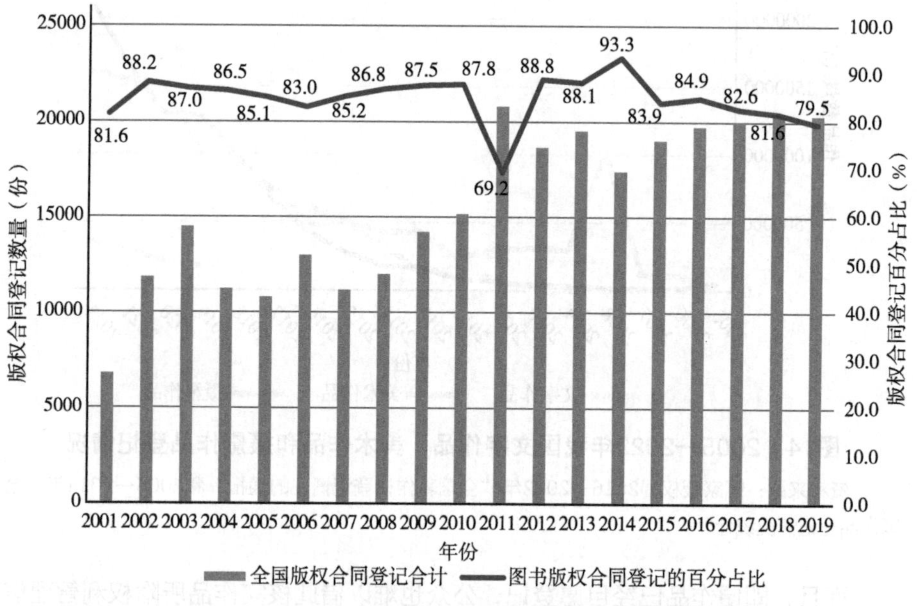

图15　2001—2019年全国版权合同登记情况统计

资料来源：国家版权局“全国版权合同登记情况统计”，载国家版权局网，https://www.ncac.gov.cn/chinacopyright/channels/12555.shtml。

更糟糕的是，这种制度安排导致重复转让著作财产权的法律纠纷难以解决。“老鼠爱大米”著作权案、“女子十二乐坊”著作权案、“别说我的眼泪你无所谓”著作权案等表明，[1] 著作财产权“一女二嫁”的法律纠纷并不罕见。就此，北京市高级人民法院曾经裁判认为，“著作权人对相同权利重复进行转让或许可的，在能够查清先后顺序的情况下，认定在先受让人或者被许可人取得著作权”（以下简称“在先受让或在先许可规则”）。[2] 这种观点或许可以追溯到《最高人民法院关于审理买卖合同纠纷案件适用法律问题的解释》（2020年修正，法释〔2020〕17号）就“多重买卖”的司法解释。[3] 但是，对于普通动产多重买卖，该司法解释根据“受领交付”“支付价款”和“合同成立时间”区分三种情况：（1）先行受领交付的买受人请求确认所有权已经转移；（2）均未受领交付，先行支付价款的买受人请求出卖人履行交付标的物等合同义务；（3）均未受领交付，也未支付价款，依法成立在先合同的买受人请求出卖人履行交付标的物等合同义务。[4] 对于特殊动产的多重买卖，该司法解释根据“受领交付”“办理所有权转移登记手续”“合同成立时间”等区分四种情况。[5] 但是，对于著作财产权的多重转让或许可，在先受让规则或

---

1 分别见北京市第一中级人民法院民事裁定书（2006）一中民终字第 2500 号；广州市中级人民法院民事判决书（2007）穗中法民三终字第2号和武汉市中级人民法院民事判决书（2008）武知初字第 179 号。

2 北京版中版文化传媒有限公司与北京新浪互联信息服务有限公司侵害著作权纠纷再审案，北京市高级人民法院民事判决书（2019）京民再16号。

3 包红光：《著作权转让登记对抗主义辩护及其改进——兼评〈著作权法修订草案（送审稿）〉第 59 条》，载《科技与法律》2019年第3期，第27页。

4 《最高人民法院关于审理买卖合同纠纷案件适用法律问题的解释》（2020年修正，法释〔2020〕17号）第6条。

5 《最高人民法院关于审理买卖合同纠纷案件适用法律问题的解释》（2020年修正，法释〔2020〕17号）第7条规定：“出卖人就同一船舶、航空器、机动车等特殊动产订立多重买卖合同，在买卖合同均有效的情况下，买受人均要求实际履行合同的，应当按照以下情形分别处理：

（一）先行受领交付的买受人请求出卖人履行办理所有权转移登记手续等合同义务的，人民法院应予支持；

（二）均未受领交付，先行办理所有权转移登记手续的买受人请求出卖人履行交付标的物等合同义务的，人民法院应予支持；

（三）均未受领交付，也未办理所有权转移登记手续，依法成立在先合同的买受人请求出卖人履行交付标的物和办理所有权转移登记手续等合同义务的，人民法院应予支持；

（四）出卖人将标的物交付给买受人之一，又为其他买受人办理所有权转移登记，已受领交付的买受人请求将标的物所有权登记在自己名下的，人民法院应予支持。”

在先许可规则过于简单和粗暴。要确定“在先受让”或“在先许可”，本身就是一个复杂的法律问题。就此，应该依据转让合同签订时间还是生效时间，抑或依照转让费或许可费支付的时间，还是依照合同约定的转让或许可生效时间？此外，《民法典》第113条规定：“民事主体的财产权利受法律平等保护。”无论是先受让人还是后受让人，都与著作权人签订著作权转让或许可合同，都依照合同平等地对著作权人享有债权。而且，后受让人或被许可人完全可能不知道在先的著作权转让或许可合同，其诚信行为并不应该受到惩罚。可见，在多重著作财产权转让或许可的情景之下，依照“先后顺序”确定著作财产权的受让人或被许可人，是把复杂问题过于简单化。

二、建构著作财产权标识制度

（一）建构本制度的正当性和合理性

或有不同意见认为，著作财产权标识制度就是著作权取得原则，与著作权自动取得原则必然相互冲突。全国广泛使用的“马工程”《知识产权法》教材认为，1952年《世界版权公约》就采纳“加注标记取得原则”，即要求作品出版时须在每一复制件上加注著作财产权标识。[1] 然而，现在的情况并非如此。依照《世界版权公约》第3条第1款规定，作品复制件加注版权标识只是替代各缔约国就版权保护的各种形式条件而已，[2] 即加注版权标识即视为满足缔约国就版权保护的形式条件。简言之，加注版权标识并不是版权取得之原则，而只是取得版权的一个国际公认的形式条件。而且，美国自1989年实施《伯尔尼公约》之后，版权也是自动取得，没有加注版权标识也不意味着版权丧失。但是，美国仍旧保留版权标识制度。根据《美国版权法》第401条规定，

1《知识产权法学》编写组：《知识产权法》（马克思主义理论研究和建设工程重点教材），高等教育出版社2019年版，第47页。

2《世界版权公约》第3条第1款规定：“任何缔约国依其国内法要求履行手续诸如缴送样本、注册登记、刊登启事、办理公证文件、偿付费用或在该国国内制作出版等作为版权保护的条件者，对于根据本公约加以保护并在该国领土以外首次出版而其作者又非该国国民的一切作品，应视为符合上述要求，只要经作者或版权所有者授权出版之作品的全部复制件，自首次出版之日起，标有©的符号，并注明版权所有者之姓名、首次出版年份等，其标注的方式和位置应使人注意到版权的要求。”

只要加注版权标识，则被告不得主张无过错侵权。[1] 可见，版权标识（notice of copyright）就是版权之公示，公众可以由此获知所附作品受版权保护的情况。所以，著作财产权标识制度与著作权自动取得原则并不必然矛盾。

或有不同意见认为，既然著作权是从作品完成即取得，根本就没有必要设立著作财产权标识制度。的确，著作人格权不需要标识制度，但我国应设立著作财产权标识制度，鼓励著作财产权公示，以便有效地降低著作权法的运行成本。在我国现行著作权法之下，公众时常难以知晓作品的著作权状况。由于作品登记完全自愿，缺乏基本的著作权公示制度，公众根本无法查知普通作品的著作权情况。以自然人作品为例，著作权保护期限超出作者生命，公众连作者生死都难以知晓，更难知道作品的财产权的继承人，根本无从知道其保护期间是否届满（即作者死亡后第五十年的12月31日）。[2] 再如，法人或者非法人组织的作品、著作权（署名权除外）由法人或者非法人组织享有的职务作品以及视听作品，其著作权全部或部分不归属于自然人作者。如果缺乏著作财产权标识，公众难以确定著作权归属，更难以根据《著作权法》第23条第2款和第3款确定其保护期限。公众连作品的著作权状况都难以查知，又如何要求其尊重著作权、寻求著作权许可呢？

美国实施《伯尔尼公约》之后，之所以继续保留版权标识制度，就是为降低版权制度的运行成本。美国版权局强烈鼓励附加版权标识：第一，可以让潜在使用者注意到作品受版权保护；第二，识别作品首次出版时的版权人，便于作品使用人寻求版权许可；第三，标明首次出版日期，便于公众确定作品的版权保护期限，特别是匿名作品、假名作品和雇佣作品；第四，标明版权人和版权期限，避免作品沦为“孤儿作品”。[3] 为此，《美国版权法》第401条规定，只要加注版权标识，则被告不得主张无过错侵权，不得借此主张侵权责任

----

1 See 17 USC § 401（d）：“If a notice of copyright in the form and position specified by this section appears on the published copy or copies to which a defendant in a copyright infringement suit had access，then no weight shall be given to such a defendant's interposition of a defense based on innocent infringement in mitigation of actual or statutory damages，except as provided in the last sentence of section 504（c）（2）”.

2 参见2020年《著作权法》第23条第1款。

3 See The Compendium of U. S. Copyright Office Practices，Third Edition，Chapter 2200. 2（A）“Advantages to Using Notice on Post-Berne Works”.

限制，包括禁令适用限制和侵权赔偿限制。[1]

为降低我国著作权法的运行成本，我国也应鼓励著作权公示，鼓励当事人采用著作财产权标识。著作财产权标识不应作为著作权取得之法律条件，但可以作为著作权侵权救济的法律条件之一，激励当事人采用。作品之上附有著作财产权标识，被诉侵权人接触作品就必然知晓其著作权状况，就不得再主张无过错侵权，也就可以按照故意侵权认定并判令侵权责任，包括惩罚赔偿责任。

（二）著作财产权标识制度的构成

完整的著作财产权标识制度应包括如下组成部分：①著作财产权标识的法律效力和公众信赖利益保护；②著作财产权标识的形式；③著作财产权标识的组成；④著作财产权标识使用的方式和位置；⑤著作财产权标识制度与权利管理信息保护之间的法律关系；⑥著作财产权标识制度与作品登记制度之间的法律关系。

就第一项而言，必须由著作权法对著作财产权标识的法律效力进行规定。首先，应当明确规定，著作财产权标识所载内容应当真实。如果公众受著作财产权标识所载内容误导并侵犯他人著作权——比如误以为自己受让著作权或得到著作权许可——则可以基于著作财产权标识而抗辩侵权，并由著作财产权标识所载权利人承担全部法律责任。为维护著作财产权标识的公信力，这种情况甚至应该推定为故意侵犯著作权，并且情节严重，可依照《著作权法》第54条第1款而适用“惩罚性赔偿”。其次，为鼓励著作权人采用著作权标识，可以借鉴《美国版权法》，规定著作权人可依照著作财产权标识直接主张被诉侵权人故意侵犯相应的著作权，除非被诉侵权人证明其不知道著作财产权标识被他人删除或篡改。

至于第二项、第三项和第四项，则只是法律技术而已，不必由《著作权法》予以规定，但可授权国家版权局通过《著作权法实施条例》进行细节规范。就此，我国可以借鉴《美国版权法》和美国版权局就版权登记的实践总结，[2] 毕竟版权标识制度在美国已经实行多年，我国著作权实务（比如出版

---

1 See 17 USC § 401（d）：“If a notice of copyright in the form and position specified by this section appears on the published copy or copies to which a defendant in a copyright infringement suit had access，then no weight shall be given to such a defendant's interposition of a defense based on innocent infringement in mitigation of actual or statutory damages，except as provided in the last sentence of section 504（c）（2）”.

2 See The Compendium of U. S. Copyright Office Practices，Third Edition，Chapter 2200.

产业和影视产业）之中也多采用。我国出版物的“版权页”常采用美国版权类似的版权标识。此外，我国出版管制要求出版物载明的信息，与著作财产权标识的具体内容有实质重叠。

就第五项而言，应由《著作权法》规定“权利管理信息”的外延，因为涉及权利管理信息完整权的边界。就此，《美国版权法》第1202条c款特别定义“版权管理信息”，其中已经涉及“版权标识”，同时规定版权管理信息包括版权局规定的其他信息。这种立法方式值得借鉴。

就第六项而言，本质上涉及著作权登记的公信力，也应由《著作权法》予以规定。就此，后文“健全著作权登记制度”还将详细论述。

（三）著作财产权标识的法律效力

著作财产权标识应具有宣示著作财产权的法律效力，公众对所载信息的信赖利益应受到法律保护。

著作财产权标识附着于发表之作品的复制件之上，按照法律规定载明著作权的信息，不仅公示了著作权人对作品的权利要求（claim）——如同专利申请人通过权利要求书对发明创造主张权利一样——而且公示了相应的作品内容。对于著作财产权标识所载内容，公众在法律上有权直接信赖，并据此豁免著作权的侵权责任。《美国版权法》第406条第1款就规定，任何人从版权标识所载版权人处获得版权转让或许可，即便版权标识宣示信息错误，其也可以据此豁免侵权责任，而由版权标识宣示之当事人对真正的版权人承担法律责任。可见，附随作品出版或传播而向公众展示的著作财产权标识就是当事人对该作品宣示享有著作权，其公示信息受到法律保护。

或有不同意见认为，著作财产权标识不是著作权宣示，著作权登记才是。这种观点不能成立。在我国作品自愿登记的制度之下，登记机构并不只是橡皮图章。登记机构要对申请登记的内容进行审核。《作品自愿登记管理试行办法》第5条规定，不受著作权法保护的作品和超过著作权保护期的作品都不予登记；第8条要求申请人提交著作权归属的证据。可见，作品登记并非当事人对作品宣示享有著作权而已。此外，著作权登记并构成作品发表，又如何能够宣示著作权和受著作权保护的作品呢？“虽然在进行著作权登记过程中，有关代理机构、版权局等经办人员能够接触到所登记的作品，但这种形式的接触并不当然代表作品被公之于众，因而也不能视为作品的发表。”[1] 著作权登记是

---

1 广东省高级人民法院民事判决书（2007）粤高法民三终字第379号。

著作权归属的初步证据，[1] 不要求提供整个作品。“在我国现行的软件登记制度下，著作权人在登记时仅需要提供软件的部分源程序。”[2] 为此，著作权登记行为本身不能证明当事人决定要将整个作品公之于众，更不能证明作品已经公之于众。[3] 如果未经作者同意而对作品进行著作权登记，除非证明作品具体内容公之于众，否则不构成侵犯发表权。[4] 即便在美国，版权登记也不等于版权公示。未发表作品和发表作品都可以进行登记，只是交存复制件的法律要求有所不同。[5] 版权登记是版权人向联邦法院提起版权侵权之诉的前提条件。[6] 版权登记只是版权有效存在的初步证据，由法院在具体案件自行决定其证明权重。[7]

三、健全著作权登记制度

虽然我国著作权取得不以著作权登记为条件，但著作权登记制度对控制著作权法的运行成本而言仍具有重要作用。公众可以通过统一的渠道查询作品的

---

1 坤联（厦门）照相器材有限公司与深圳市宝安区公明八航五金塑胶厂等侵犯著作权纠纷再审案。最高人民法院民事裁定书（2010）民申字第281号。

2 江苏省高级人民法院民事判决书（2008）苏民三终字第0079号，载入最高人民法院公布2011年中国法院知识产权司法保护50件典型案例。

3 上海掌极企业形象策划有限公司诉上海序堂文化传播有限公司著作权侵权纠纷案，上海市第二中级人民法院民事判决书（2010）沪二中民五（知）初字第47号（“序堂公司实施了将涉案作品在著作权登记机关进行登记的行为，但掌极公司没有证据证明序堂公司已将涉案作品的具体内容公之于众的事实”，故不侵犯发表权）。

4 上海掌极企业形象策划有限公司诉上海序堂文化传播有限公司著作权侵权纠纷案，上海市第二中级人民法院民事判决书（2010）沪二中民五（知）初字第47号。

5 See 17 USC § 408（b）“Deposit for Copyright Registration. —Except as provided by subsection（c），the material deposited for registration shall include—

（1）in the case of an unpublished work，one complete copy or phonorecord;

（2）in the case of a published work，two complete copies or phonorecords of the best edition….”

6 See 17 USC §411（a）“Except for an action brought for a violation of the rights of the author under section 106A（a），and subject to the provisions of subsection（b），no action for infringement of the copyright in any United States work shall be instituted until preregistration or registration of the copyright claim has been made in accordance with this title….”

7 See 17 USC §408（c）“In any judicial proceedings the certificate of a registration made before or within five years after first publication of the work shall constitute prima facie evidence of the validity of the copyright and of the facts stated in the certificate. The evidentiary weight to be accorded the certificate of a registration made thereafter shall be within the discretion of the court.”

著作权状况，凭借其公信力就可以妥善地安排商业活动和社会生活。

著作权登记制度不是要弱化，而是要改革并且加强。2020年修正《著作权法》时，第12条特别增加第2款："作者等著作权人可以向国家著作权主管部门认定的登记机构办理作品登记。"该条第3款又明确，与著作权有关的权利参照适用前款规定。《版权工作"十四五"规划》强调，要推动修订完善著作权法规和部门规章，包括《作品自愿登记试行办法》，[1] 并强调完善著作权登记体制机制。[2]

（一）全国统一受理和登记

著作权登记制度的改革，首要的问题是，应该实行何种体制？鉴于超大规模统一市场是我国社会主义经济建设的重大优势，《著作权法》是全国人民代表大会常务委员会通过的法律，著作权在全国范围之内有效，著作权登记应该实行全国统一受理和审查。2014年6月6日，国家版权局报请国务院审议的《中华人民共和国著作权法（修订草案送审稿）》即希望采用这一体制，其第8条第1款规定："著作权人和相关权人可以向国务院著作权行政管理部门设立的专门登记机构进行著作权或者相关权登记。"

我国著作权登记的旧体制应该予以改革。《作品自愿登记试行办法》第3条将著作权登记的权力基本下放到省级版权机关。[3] 但这种制度安排存在严重问题，既难以统一著作权登记的法律条件，又无法确立著作权登记的公信力。该办法试行近30年，国家版权局也没有就作品登记颁行任何审理指南以明确各类作品登记的规范条件。特别的，该办法第5条规定，不受著作权法保护的作品和超过著作权保护期的作品都不予登记。这意味着，著作权登记机关应该审查申请登记的客体是否具有独创性，是否超过著作权保护期间。在缺乏统一审查标准的情况下，各省、自治区、直辖市版权局完全可以各行其是。而且，著作权登记权下放与著作权出质由国家版权局统一负责登记的体制相左。

2020年修正的《著作权法》，虽然引入新体制，但值得商榷。现行《著作

----

1 《版权工作"十四五"规划》，第7页。

2 《版权工作"十四五"规划》，第15页。

3 《作品自愿登记试行办法》第3条规定："各省、自治区、直辖市版权局负责本辖区的作者或其他著作权人的作品登记工作。国家版权局负责外国以及台湾、香港和澳门地区的作者和其他著作权人的作品登记工作。"

权法》第12条第2款规定："作者等著作权人可以向国家著作权主管部门认定的登记机构办理作品登记。"然而，由国家著作权主管部门"认定"的登记机构办理作品登记，可能使得作品登记的法律标准更加难以统一，进而作品登记的公信力进一步丧失。各个登记机构准予登记也好，拒绝登记也好，都不会作为具体行政行为而受到司法审查，更不用说统一的司法审查了。一旦著作权登记由国家版权局统一受理和审查，作品登记的行为就会成为具体行政行为，便于接受司法审查，由此容易统一作品登记的法律标准，确立作品登记的公信力。的确，国家版权局可能缺乏足够的人力和物力，但可以通过委托授权的方式开展作品登记的审查工作，而不应通过"认定"登记机构的方式。

如果不采用全国统一受理的著作权登记体制，即便采用先进的区块链技术，也无助于提升著作权登记的公信力。事实上，国家层面正在尝试"区块链+版权"，希望借助区块链唯一确定、不可篡改、可溯源等特点，实现著作权的确权。2021年9月24日，中央网信办等17个部委发布《关于组织申报区块链创新应用试点的通知》，在"区块链+版权"特色领域试点中，提出鼓励相关行业主管部门共同制定版权信息接入标准，并以公信力节点接入等形式深度参与版权区块链建设，探索运用技术手段固定权属信息，完成版权认证、登记、转让等流程操作，加快溯源取证流程。《2023年知识产权强国建设纲要和"十四五"规划实施推进计划》也强调："深入推进开展'区块链+版权'创新应用试点工作"。已有学术研究乐观地认为，利用区块链的分布式数据存储、共识机制、加密算法和"时间戳"技术所构建的数据交换信任环境，可以准确、及时、完整地记录数字版权从产生、使用、交易、许可及转让等一系列过程，可以解决数字版权确权难问题，实现作品低成本、实时确权。[1] 基于司法保护和行政保护叠加技术保护，可期形成数字版权确权、用权、维权过程的全链条保护模式。[2] 但是，著作权确权是一个法律问题，而不是一个单纯的事实问题。区块链技术可以解决的问题是证据固定的问题。区块链所存证据并不能直接确权，更不能提供公信力。每一个人——包括真正的和假冒的著作权人——都可以利用区块链固定证据。我国目前法律

---

1 赖利娜、李永明：《区块链技术下数字版权保护的机遇、挑战与发展路径》，载《法治研究》2020年第4期，第127–135页。

2 顾金霞、谢玲玲：《区块链技术视角下全媒体时代数字版权保护模式探析》，载《科技传播》2022年第20期，第85–88页。

并没有作出如下规定：区块链确定的著作权归属关系具有公信力，公众可以信赖，如果因此而发生著作权侵权，由提供区块链的公司或申请登记的行为人承担全部法律责任。公信力必须通过制度建设和法律程序才能赋予。我国现有的著作权登记制度的缺陷不在于不能提供初步证据，而在于不能给予公信力。

（二）著作权登记的公信力

著作权登记的公信力是著作权登记制度的基本问题，只有采用全国统一的受理和审查制度，才可能确立著作权登记的公信力。

现行的作品登记制度无法提供公信力。《作品自愿登记试行办法》第1条只规定作品登记是“为解决著作权纠纷提供初步证据”，并没有规定公众可否信赖作品登记。如果行为人与作品登记所载权利人签订著作权转让或许可合同，嗣后被真正的著作权人起诉侵权，就其可否据此免除著作侵权责任，我国《著作权法》并没有规定。而让问题更为复杂的是，作品登记所载著作权人信息与作品复制件所载权利管理信息可能不同。《北京市高级人民法院知识产权民事诉讼证据规则指引》（2021年4月22日）第3.3条规定：“电影、电视剧上明确标示的权利归属信息可以作为认定权属的初步证据，但有相反证据的除外。”第3.9条规定：“原告主张录音制作者权的，应提供署名其为制作者、录制者或者其名称前加注有版权标识的录音制品出版物、录音制品出版物的封面、封底、歌单，或者提供其取得录音制作者权的合同。”如果发生作品登记信息与作品所载权利管理信息冲突，就公众应该相信何者，我国《著作权法》更没有提供解决方案。

改革我国著作权登记制度，应该规定著作权登记具有公信力，公众可以信赖登记所载信息并据此可以抗辩侵权。如果登记信息发生错误，应该由申请人对真正的权利人承担法律责任，并由国家版权局更正登记信息。如果著作权登记信息与出版物所载著作权信息不一致，公众明知二者不一致，则应该选择信赖前者。出版物所载信息错误，违反出版管理规定，出版商应该依法承担行政责任。毕竟，出版物所载信息是权利人自己对社会的宣称而已。《美国版权法》第406条第1款即规定，行为人如果受版权标识误导而从标识所载权利人处受让版权或取得许可，除非此前已经存在版权登记，否则他对真正的版权人不承担侵权责任（a complete defense），而由版权标识所载权利人就此承担法律责任。[1] 可见，版权登记应该具备更高的公示公信力。

要维护著作权登记的公信力，就得要求申请人提供著作权归属的“最佳证据”。《作品自愿登记试行办法》第8条对各种证据没有进行区分，只是规定“作者或其他著作权人申请作品登记应出示身份证明或提供表明作品权利归属的证明（如：封面及版权页的复印件、部分手稿的复印件及照片、样本等）”。然而，《最高人民法院关于审理著作权民事纠纷案件适用法律若干问题的解释》（法释〔2002〕31号，2020年修订，法释〔2020〕19号）第7条第1款规定：“当事人提供的涉及著作权的底稿、原件、合法出版物、著作权登记证书、认证机构出具的证明、取得权利的合同等，可以作为证据。”依照该条司法解释，各种证据对权利归属证明力度有所不同，底稿、原件、合法出版物要高于“著作权登记证书”。要维护著作权登记的公信力，就应该要求申请人提供著作权归属的“最佳证据”。否则，申请人不仅应该承担著作权登记被撤销的法律后果，还应该就不诚信的作品登记行为承担行政处罚的法律责任。

（三）数字化著作权登记系统

专利申请和商标申请已经实现电子化，著作权登记程序也应该充分利用现代通信技术。美国版权局自2011年就启动版权登记的现代化改造项目，2018年就版权登记现代化的重要法律问题广泛征求意见，[2] 2020年开始施行版权登

---

1 17 USC § 406（a）“Error in Name. —With respect to copies and phonorecords publicly distributed by authority of the copyright owner before the effective date of the Berne Convention Implementation Act of 1988，where the person named in the copyright notice on copies or phonorecords publicly distributed by authority of the copyright owner is not the owner of copyright，the validity and ownership of the copyright are not affected. In such a case，however，any person who innocently begins an undertaking that infringes the copyright has a complete defense to any action for such infringement if such person proves that he or she was misled by the notice and began the undertaking in good faith under a purported transfer or license from the person named therein，unless before the undertaking was begun—

（1）registration for the work had been made in the name of the owner of copyright；or

（2）a document executed by the person named in the notice and showing the ownership of the copyright had been recorded.

The person named in the notice is liable to account to the copyright owner for all receipts from transfers or licenses purportedly made under the copyright by the person named in the notice.”

2 U. S. Copyright Office，Library of Congress，Registration Modernization，available at：https：//www. govinfo. gov/content/pkg/FR-2018-10-17/pdf/2018-22486. pdf.

记现代化行动。[1]

我国应该进行数字化著作权登记系统建设。著作权登记要实行全国统一受理和登记，就需要采用现代技术维护其公信力，同时提高效率并控制成本。著作权登记程序系统一旦实现数字化，可以显著降低成本并且提高效率。第一，数字化著作权登记系统可以有效地实现著作权登记的公示。一旦公众可以借此检索著作权登记信息，就可以视为已经“公告”，而不必再花费人力物力制作“版权公报”。第二，文书制作和流转成本可以极大降低，著作权登记的费用因此也可以显著降低。第三，著作权人可以便捷地申请著作权登记，轻松固定著作权取得的证据。第四，公众可以通过网络随时便捷检索查证著作权登记，以彻底解决著作权登记证书伪造的问题。第五，著作权重复登记、错误登记可以及时查证并撤销。

数字化著作权登记系统并非要彻底废除传统著作权登记程序。当事人还是可以按照传统方式办理著作权登记，但必须负担额外费用。道理很简单，处理传统著作权登记申请会产生额外成本，包括扫描数字化申请文件的额外费用。这样，通过经济手段也可以促进公众使用数字化著作权登记系统。

实际上，数字化智能化的著作权登记系统是进行权利管理的基础设施。著作权登记系统不仅可以设置必须登记的项目，还可以鼓励登记“权利管理”的项目。申请人可以通过著作权登记系统表明权利取得方式（包括继承、受让等）、著作财产权的状态（比如作者是否死亡、著作财产权保护期限）、使用作品的许可条件、联系著作权人的方式等。美国版权登记的现代化项目已经将这些权利管理的内容纳入其中。[2]

四、建构著作财产权转让和许可备案对抗制度

就著作财产权转让和许可建立公示公信制度，虽然不是新话题，但值得重新思考和论证。2014年6月6日，国家版权局报请国务院审议的《中华人民共和国著作权法（修订草案送审稿）》第59条试图建立“备案对抗制”，“与著作权人订立专有许可合同或者转让合同的，使用者可以向国务院著作权行政管理部门设立的专门登记机构登记。未经登记的权利，不得对抗善意第三人”。

---

1 US Copyright Office，Copyright Office Modernization（June 2022），https：//www. copyright. gov/copyright-modernization/Copyright-Office-Modernization-Update. pdf.

2 U. S. Copyright Office，Library of Congress，Registration Modernization，available at：https：//www. govinfo. gov/content/pkg/FR-2018-10-17/pdf/2018-22486. pdf.

但这一“备案对抗制”已经流产，2020年《著作权法》修订并没有将其纳入。

那我国应否建构著作财产权转让和许可的备案对抗制度呢？或有反对意见认为，不少国家根本没有此类制度，比如英国、澳大利亚、法国等。如果著作财产权转让或许可引入备案制度之后，可能严重扰乱既有的商业活动。就此，主要有三大反对理由。以下逐一讨论。

第一个反对理由，我国现行法律不要求著作权人向受让人披露已经许可或转让的著作财产权项。《著作权法》第10条第2款规定：“著作权人可以许可他人行使前款第（5）项至第（17）项规定的权利，并依照约定或者本法有关规定获得报酬。”第3款规定：“著作权人可以全部或者部分转让本条第1款第（5）项至第（17）项规定的权利，并依照约定或者本法有关规定获得报酬。”由此可见，各项著作财产权是相互独立的交易标的。如在广东美辰文化传播有限公司与北京自由高度传媒广告有限公司侵犯著作权纠纷上诉案中，自由高度公司与美辰公司签订涉案电视剧“复制权”许可协议时，没有披露其将涉案电视剧信息网络传播权转让给第三人的事实，法院审理认为，这并不违法。[1]

然而，这一观点不能成立。虽说法律上著作权人不必披露已经转让或许可的著作财产权给潜在的受让人或被许可人，但是这容易导致双方卷入法律纠纷。道理非常简单，各项著作财产权的经济价值并非孤立，而是相互联系。著作权人不披露此前某一项著作财产权的转让或许可的情况，容易误导潜在的受让人或被许可人，使其错误评估拟受让或许可之著作财产权项的价值。而著作财产权转让和许可的备案制度可以增进著作权状态公示，有利于消除著作权交易双方的信息不对称，以降低著作权制度的运行成本。

第二个反对理由，当事人很多时候不是按照《著作权法》规定的权项进行著作财产权的转让和许可，难以按照《著作权法》第10条第（5）到（17）项规定的权项分别进行备案。[2] 著作财产权的经济价值相互关联，一种权利遭受侵害，另外一种权利的商业价值很可能随之降低。例如，在黄河影视社诉临猗

---

1 北京市第一中级人民法院民事判决书（2011）一中民终字第02086号。

2 上海市高级人民法院曾经认为：“不同的著作财产权，其作品的交易对象、传播渠道均有所不同，比如广播权的交易，一般发生在权利人与电视台之间，信息网络传播权的交易，一般发生在权利人与视频网站经营者之间，这就导致涉案作品的传播范围、受众数量、营利模式等都有所区别，广播权的交易市场和信息网络传播权的交易市场，存在着诸多的区别，是两个不同的市场，因而市场所反映出来的交易价格也不相同，不能相互替代。”参见徐卓斌：“著作权侵权损害赔偿中的市场价格——上海高院判决三元公司诉全土豆公司、合一公司侵害著作权纠纷案”，载《人民法院报》2014年7月17日，第6版。

县电视台著作权侵权纠纷上诉案中，山西省高级人民法院指出："县电视台的播放行为，势必会影响影视社发行《西厢记》电视剧录像带的业绩，县电视台应当对影视社发行权受影响后遭受的可得利益损失酌情赔偿。"[1] 又如，在广东杰盛唱片有限公司与广东星文文化传播有限公司著作权侵权纠纷上诉案中，广东省高级人民法院指出："复制权与其他权利有着不可分割的联系，往往与发行权、广播权连在一起使用。"[2] 所以，为交易便利，市场主体往往通过合同创设不同于《著作权法》规定的"权利"。例如，通过电视终端播放节目，既可能涉及广播权，也可能涉及信息网络传播权。由于都涉及电视终端和电视用户，当事人常笼统称为"电视广播权"，以此进行许可交易。[3] 特别是在技术变革时期，作品利用的新方式出现，当事人通过合同约定《著作权法》未规定的"权利"，实属无奈之举。我国法院通常认为，即便著作权许可合同自行定义许可范围，未采用《著作权法》规定的著作财产权项术语，但仍然具有法律效力。如在网乐互联（北京）科技有限公司诉北京暴风网际科技有限公司侵犯著作权纠纷案中，著作权人将"信息网络传播权"置于"发行权"之下进行许可。被告辩称，原告的权利来源于第三方，而第三方提供的授权书将信息网络传播权包含在发行权中，不符合《著作权法》的规定，故而原告不得依据授权书获得涉案电影的信息网络传播权。但是，法院认为，尽管表述不符合《著作权法》中的相关规定，但在被告无相反证据证明该授权书中所称的信息网络传播权与《著作权法》中有关信息网络传播权的规定不同，该瑕疵并不影响第三方获得涉案电影的信息网络传播权。[4]

上述第二个反对理由同样不能成立。当事人偏离《著作权法》第10条规定

---

1 黄河影视社诉临猗县电视台著作权侵权纠纷上诉案，山西省高级人民法院1999年1月21日审结，载《最高人民法院公报》2000年第3期（总65期）【法宝引证码】CLI. C. 66909。

2 广东省高级人民法院民事判决书（2008）粤高法民三终字第371号。

3 参见中影寰亚音像制品有限公司与四川广播电视集团等侵犯著作财产权纠纷上诉案，四川省高级人民法院民事判决书（2011）川民终字第79号；吴江市踏浪网吧与北京妙思文化传播有限公司侵犯著作权纠纷上诉案，江苏省高级人民法院民事判决书（2010）苏知民终字第0177号；江门有线网络股份有限公司等与广州市伯乐雷马影音有限公司侵犯著作财产权纠纷上诉案，广东省高级人民法院民事判决书（2010）粤高法民三终字第419号；东莞市东城海滨网吧与广州市伯乐雷马影音有限公司侵犯著作财产权纠纷上诉案，广东省高级人民法院民事判决书（2009）粤高法民三终字第294号；原国家广播电影电视总局电影卫星频道节目制作中心与山西广播电视总台著作权侵权纠纷案，山西省高级人民法院民事判决书（2008）晋民初字第101号。

4 北京市第一中级人民法院民事判决书（2009）一中民初字第4421号。

的著作财产权项约定著作权转让或许可，只能说明目前《著作权法》的实务水平低下，远非正常状态。当事人就转让或许可之著作财产权项采用不同于《著作权法》规定的表述，这本身就容易引起纠纷。相反，一旦建立著作财产权转让和许可备案对抗制，著作权交易安全就可以通过法律手段得到保证。为取得交易安全，当事人就会基于《著作权法》规定的权项安排著作权转让或许可的具体方式。比如，转让“电视广播权”在法律上不能成立，当事人可以就电视终端磋商广播权和信息网络传播权的许可协议，并同时界定“电视终端”的边界。简而言之，正因为没有著作财产权转让和许可的备案对抗制，才使得我国著作财产权交易混乱。如果因为著作财产权交易混乱而认为不应建立著作财产权转让和许可的备案对抗制，正是本末倒置。

第三个反对理由，我国法院通常认为，著作财产权可以总体转让，即便权利人没有明确具体的著作财产权项。《著作权法》第10条第（17）项规定，“应当由著作权人享有的其他权利”，并不针对特定的行为。本项规定的“权利”的内涵和外延都不明确，并不是“一项”明确的权利，照理是不可以笼统转让或许可的。应当注意到，《著作权法》第29条规定，“许可使用合同和转让合同中著作权人未明确许可、转让的权利，未经著作权人同意，另一方当事人不得行使。”本条规定本意保护自然人作者。但是，在韩某琦与中华书局有限公司侵害著作权纠纷上诉案中，北京市高级人民法院认为：“韩兆琦与三民书局签有《著作财产权让与契约》，约定韩某琦将《新译史记（一）—（八）》的全部著作财产权让与三民书局，据此可以认定韩某琦与三民书局签订的系著作财产权转让合同，且转让的是全部著作财产权。”[1] 尽管该合同并没有列明要转让的著作财产权项，但北京市高级人民法院认为双方约定明确，作者并不应享有额外的法律保护。

这个反对理由也没有根据。与第二个反对理由相反，第三个反对理由也是源于目前我国著作权法实务水平尚有所欠缺。法国也实行著作人格权和著作财产权相分离的二元制，《法国知识产权法典》第L131-3条明确规定，作者权利移转限于书面协议中每一项单独约定（separately mentioned）被转让的权利。禁止笼统转让或许可著作财产权，要求单独列明转让或许可的著作财产权项，倒逼当事人明确意思表示，既可以有效地保护自然人作者，又可以减少著作权交易的法律纠纷。一旦建立著作财产权转让和许可的备案对抗制，明确应该按照《著作权法》规定的著作财产权事项申请备案，就可以引导市场主体按

1 北京市高级人民法院民事判决书（2013）高民终字第3133号。

照法律规定的著作财产权项进行交易，既可以实现公示而保障交易安全，又可以减少交易纠纷，为我国成为文化强国奠定法律基础。

可见，以上三大反对理由都不能成立，反而证明我国应该建立著作财产权转让和许可备案对抗制，以便保障交易安全，降低著作权的交易成本。著作权法实务之中出现如上种种情况，并非正常状态，目前我国著作权法的运行成本处于高位，容易爆发法律纠纷。鉴于我国具有超大规模统一市场的发展优势，对小市场规模而言不重要的制度成本优化可能因为规模效应而对我国产生显著影响。我们切不可割裂法律与经济的固有联系，生硬地借鉴他国法律制度。在国之大者的精神引领之下，我国不应倒退地学习小市场规模国家的法律制度，而应向同等规模市场的国家借鉴，才可以实现弯道超车。美国版权产业发达，这与《美国版权法》实行备案对抗制不无关系。[1]

接下来的问题是，应该如何建构著作财产权转让和许可备案对抗制？首要的问题是，备案的法律效力是什么，与著作权登记是什么关系？备案的目的就是实现公示，保障交易安全。著作权登记也是为实现公示，保障交易安全。故而，要进行著作权交易备案就必须首先就相关的作品进行著作权登记。一旦规定著作权交易备案须以作品进行著作权登记为前提，交易当事人就不得不查证著作权登记信息，从而保证著作权登记与著作财产权转让和许可备案之间的一致性，以维护二者的公信力。由此可见，《中华人民共和国著作权法（修订草案送审稿）》（2014年）第59条规定之“备案对抗制”与第8条规定之著作权登记制度相互脱离，是重大的缺陷。一旦著作财产权转让或许可经过合法备案，公众通过正常途径可以查阅，即应推定公众知晓备案内容，就应具备对抗善意第三人的法律效力。

但是，通过“著作权公报”的传统方式——如同《专利公报》《商标公报》——成本过于高昂。一旦建立数字化的著作权登记系统，则可以依托该系统实现著作财产权转让和许可的备案。要实现“公示”，就要求被转让或被许可之作品已经进行著作权登记，而公众通过作品名称或登记号就可以方便检索得到该作品之著作财产权转让或许可的备案信息。

最后，著作财产权转让合同或许可合同签订之后，需要在多久的时间内进行备案才可视为公示？《美国版权法》第205条第4款规定，如果出现版权重复转移，首先签订协议并及时备案的当事人取得版权：如果协议在美国国内签订，在协议签订之后一个月内进行备案；如果协议在美国之外签订，在协议签

1 See 17 USC § 205.

订之后两个月内完成备案；或者抢先在后协议备案。《美国版权法》之所以如此规定，是考虑到当时的信息技术条件。一旦我国著作权登记实现数字化，就不需要区分国内国外签订协议，也不需要为当事人预留如此长的期限。

五、健全著作权的权利管理信息保护制度

（一）数字时代著作权的高效保护机制

因为我国具有超大规模统一市场的发展优势，由国家建立协同一致的著作财产权标识制度、著作权登记制度和权利管理信息保护制度，并建构数字化著作权登记系统，比由著作权人和网络服务提供商合作建立著作权内容过滤机制，更能高效而低成本地实现数字环境下的著作权保护。

在权利管理信息公示可便捷地核实的情况之下，网络服务提供者负担不高的成本就可以确定服务所涉作品是否由著作权人或其许可人提供，也就可以据此采取必要措施，避免非法网络传播给著作权人造成难以弥补的损害。公众也可以根据著作权登记系统公示的权利管理信息而联系著作权人取得许可。

健全的著作权登记制度是关键。在缺乏健全的著作权登记制度的情况之下，法律上无法要求网络服务提供者核查其服务所涉作品的权利管理状态，其是否由著作权人或其许可人提供。一旦全国统一的著作权登记制度建立，赋予著作权登记以公信力，就可以以此为基础而建成数字化著作权登记系统，具体作品的权利管理信息可以方便核实，各种网络服务提供者（包括搜索服务，如百度等；信息存储服务，如抖音、土豆等）就有条件建立对应的系统，将服务提供所涉作品的权利管理信息与国家著作权登记系统之中的著作权登记进行核实，从而主动筛查侵权作品并采取必要措施，防止其传播而持续损害著作权人利益。

著作财产权标识制度、著作权登记制度和权利管理信息保护制度一旦有效实行、相互协同，就可以在数字环境下基本实现著作权侵权预防。面对没有权利管理信息的作品，网络服务提供者可以要求用户提供相关信息，否则推定为侵权。面对有权利管理信息的作品，网络服务提供者可以比对用户信息，二者如果不同，则可以要求用户提供著作权许可的证据，也可以通过著作权登记系统进行核实，并及时对侵权传播行为采取必要措施。若是著作权人没有进行著作权登记，则要为其疏忽而承担不利的法律后果。

我国现在流行的观点认为，我国应该学习借鉴欧美国家，在版权内容过滤技术进步的情况下，促进著作权人与网络服务提供商达成合作，由后者主动过

滤版权侵权内容，或者促成二者实现收益分配。[1] 但是，这种制度安排的成本过高，不符合中国的国情。网络服务提供商没有主动建设作品库和开发过滤软件的积极性，只因其成本代价很高昂。据悉，Youtube建成内容身份系统花费了6000万美元，[2] 这不是每一个网络服务提供商都可以负担的。并且网络服务商还要一一联系著作权人商谈合作方式，成本代价也不菲。而且，一旦建成，网络服务提供商还将陷入窘境，法院可以据此认定其具有过错，因为可以证明其已经具备相应的技术能力。

更为重要的是，从全国范围来看，让各个网络服务商分别重复建设作品身份库，会造成巨大的社会浪费。理论上，网络服务提供商可以将自己开发的作品著作权过滤系统许可给同行竞争者使用，从而避免重复开发的巨大成本。[3] 但是，这种交易通常难以达成。同行竞争者可能安于现有制度，不愿意采用著作权过滤系统，而是愿意继续采用"通知-删除程序"为著作权人提供权利行使途径，不仅安全，而且可以将成本转嫁给著作权人。开发著作权过滤系统的网络服务提供商因此首先要改变现有制度，才可能借助该系统盈利。所以，有学者慨叹，网络版权内容过滤技术的进步将使版权侵权的预防方式发生革命性变化，但网络安全港规则已经成为充分利用这一技术的法律障碍。[4] 相反，通过著作财产权标识制度、著作权登记制度和权利信息保护制度的建设，鼓励著作权人采用著作财产权标识和权利管理信息，积极进行著作权登记，不仅可以实现规模效应，还可以把建设全国统一的数字化著作权登记系统和作品库的成本分摊到每一个著作权人身上。这显然是比西方国家更高效、更低成本的中国优选解决方案。

（二）"权利管理信息完整权"应作为附属性的著作财产权

我国目前对权利管理信息的保护缺乏法律定位，这并不是偶然现象，而是源于相关制度缺位。只凭《著作权法》第51条并不能构建一个完整的权利管理信息保护制度。一旦明确权利管理信息保护与著作财产权标识制度、著作权登

---

1 崔国斌：《论网络服务商版权内容过滤义务》，载《中国法学》2017年第2期，第215-237页；熊琦：《版权过滤机制的多元属性与本土生成》，载《法学》2023年第7期，第121-133页。

2 Chris Sprigman & Mark Lemley，Why Notice-and-Takedown Is a Bit of Copyright Law Worth Saving，available at：http：///www. latimes. com/opinion/op-ed/la-oe-sprigman-lemley-notice-and-takedown-dmca-20160621-snap-story. html，2023年8月20日访问。

3 崔国斌：《论网络服务商版权内容过滤义务》，载《中国法学》2017年第2期，第225页。

4 崔国斌：《论网络服务商版权内容过滤义务》，载《中国法学》2017年第2期，第225页。

记制度之间的紧密关系，也就不难确定权利管理信息保护的法律性质，并弥补《著作权法》第51条的重大缺陷。

《著作权法》第51条规定之权利管理信息保护是赋予著作权人一项权利，即“权利管理信息完整权”，隶属于《著作权法》第10条第（17）项“应当由著作权人享有的其他权利”。此处所称保护“完整”就是保护权利管理信息真实完整，类似于保护作品完整权之完整（integrity）。《美国版权法》第1202条就是将其命名为“保护版权管理信息完整”（Integrity of copyright management information），其第1款就是“禁止提供虚假版权管理信息”（false copyright management information），其第2款就是禁止删除和篡改版权管理信息。在我国著作权法之下，之所以应该将权利管理信息的法律保护定性为“权利管理信息完整权”，一项由著作权人享有的一项著作财产权，主要有如下几点理由。第一，明确其为著作财产权，避免与署名权混淆，也就可以类推适用于邻接权（包括版式设计专用权，表演者权，录音录像制品制作者权，广播电视节目播放者权）的权利管理信息的法律保护。如前所述，我国法院不时将著作财产标识去除、权利管理信息去除都错误地认定为侵犯署名权。[1] 这种观点的必然后果是，权利管理信息保护只适用于作品。这明显违反《著作权法》第51条。第二，明确权利管理信息的操作必须由著作权人进行，或经其许可进行，从而禁止伪权利人擅自添附虚假权利管理信息，以弥补《著作权法》第51条之不足。第三，明确违反《著作权法》第51条对著作权人造成的损害与侵犯著作财产权相当，故而不只适用停止侵害，同样适用侵权损害赔偿（包括惩罚性赔偿）等法律救济。这也是《美国版权法》第1203条对违反该法第1202条的民事责任所依循制度逻辑。第四，明确权利管理信息的法律保护也具有期限，可以适用《著作权法》第23条就“其他应当由著作权人享有的权利”的期限规定。第五，明确权利管理信息的法律保护具有例外，可以适用《著作权法》第24条的“权利的限制”，不得影响作品的正常使用，也不得不合理地损害著作权人的合法权益。简而言之，将权利管理信息的法律保护定性为“其他应当由著作权人享有的权利”，命名为“权利管理信息完整权”，实

---

1 长沙米拓信息技术有限公司与河南省工程建设协会侵害计算机软件著作权纠纷上诉案，最高人民法院民事判决书（2021）最高法知民终1547号，载入《最高人民法院知识产权法庭裁判要旨摘要（2021）》；北京融信合经济信息咨询有限公司诉北京科文书业信息技术有限公司等侵犯著作权纠纷案，北京市第二中级人民法院民事判决书（2007）二中民初字第3960号；北京融信合经济信息咨询有限公司诉北京搜狐互联网信息服务有限公司侵犯著作权纠纷案，北京市海淀区人民法院民事判决书（2006）海民初字第22874号。

则是建构一个完整的权利信息保护制度。

或有不同意见认为，这一个解决方案存在显著缺陷：《著作权法》第10条第3款规定，“著作权人可以全部或者部分转让本条第1款第（5）项至第（17）项规定的权利”，这意味着权利管理信息完整权可以单独转让。这种观点值得商榷。“著作权人可以全部或部分转让”并不是意味着必然能够转让。可否转让还要考虑权利本身的性质。权利管理信息完整权是著作财产权不错，但是它具有依附性，必然附随每一项著作财产权。比如，发行权转让，意味着受让人可以根据受让之发行权宣示其权利管理状态。在这个意义上，权利管理信息完整权是各项著作财产权的权利延伸，也是版式设计专用权、表演者权、录音录像制品制作者权或者广播、电视播放者权等邻接权的权利延伸。恰是如此，它才属于“其他应当由著作权人享有的权利”——“其他”本身不代表无边无际的权利，而可以表示权利的自然延伸。

第二节 数字时代孤儿作品之利用成本的制度优化

因为历史原因，我国孤儿作品的规模庞大。在数字时代，忽视超大规模统一大市场的发展优势，任孤儿作品持续“抛荒”，会造成巨大的社会浪费。然而，西方国家的孤儿作品制度要么运行成本过高，要么不符合我国国情。我国应该开辟新模式，降低认定孤儿作品的制度成本，促进孤儿作品使用，同时保护著作权人的正当利益。

一、现状与问题

“孤儿作品”（orphan works）是指享有著作权但权利人难以查找到的作品，故而又称“权利人找不到的作品”（unlocatable works）。孤儿作品之所以成为问题，不在于存在孤儿作品，而在于孤儿作品达到相当大的规模，因公众无法寻求许可而处于封存状态，从而得不到可能的利用，造成显著的社会浪费。

我国目前没有发布孤儿作品的专门报告，也没有对孤儿作品的统计。实际上，对孤儿作品难以进行有效统计。这意味着，要首先统计现存所有作品，一一确定其著作权人的状态，而后才可以认定“孤儿作品”并进行计数。由于作品在不断产生，自动取得著作权，这让孤儿作品的统计工作几乎成为不可能的事情。2006年，美国版权局发布了《孤儿作品报告》（Report on Orphan

Works），感慨孤儿作品是一个切实的问题，但难以对其进行全面数量统计。[1] 即便美国传统上实行版权标识制度和版权登记制度，孤儿作品都难以统计，我国更是如此。

尽管难以统计，但仍可以得出如下结论：我国孤儿作品的问题比美国严重，规模更大，而且还在持续增长。原因主要有：第一，我国1991年才实行《著作权法》，1997年才颁行《出版管理条例》，没有完备的著作权登记制度和著作财产权标识制度，孤儿作品更容易产生。第二，对1991年之前完成的作品，我国《著作权法》也给予保护。但在当时的历史条件之下，大众普遍缺乏著作权意识，更容易造成孤儿作品。第三，不同于纸媒的传统出版时代，网络时代作品爆炸性增长，署名不再是确定作品著作权归属的可靠证据，也容易造就孤儿作品。传统上，出版商要对出版物的著作权状态进行审查，否则要承担侵权责任。[2] 这一法律机制使得作品上的署名值得信赖。但网络服务提供商不仅不鼓励对作品的著作权状况进行审查，反而鼓励其不审查。一旦网络服务提供商审查用户上传的作品的著作权状况，就容易被认定为具有过错，不得依照《信息网络传播权保护条例》享受“安全港”保护。[3]

我国孤儿作品的规模浩大，其利用问题已经引起国家重视。2014年6月6日，国家版权局报请国务院审议的《中华人民共和国著作权法（修订草案送审稿）》第51条就试图解决孤儿作品的利用问题，其规定：“著作权保护期未届满的已发表作品，使用者尽力查找其权利人无果，符合下列条件之一的，可以在向国务院著作权行政管理部门指定的机构申请并提存使用费后以数字化形式使用：（一）著作权人身份不明的；（二）著作权人身份确定但无法联系的。”但遗憾的是，2020年的《著作权法》修正时并没有再讨论孤儿作品，这一条规定已经流产。

流产的原因很多。首先，国家层面尚且没有建立孤儿作品规模控制的有效措施，此时谈论孤儿作品的利用问题必然为时过早。国家层面没有全国统一的著作权登记制度和数字化的著作权登记系统，又没有著作财产权标识制度，权利管理制度整体松弛，著作权人难以查找到，或者身份可查但难以联系，这是经常的事情。其次，该第51条赋予国家版权局限制著作权的权力，却排除司法审

---

1 US Copyright Office, Report on Orphan Works, p. 7, available at: https: //www. copyright. gov/orphan/orphan-report. pdf.

2《最高人民法院关于审理著作权民事纠纷案件适用法律若干问题的解释》（法释〔2002〕31号，2020年修订，法释〔2020〕19号）第20条。

3《信息网络传播权保护条例》第21条、第22条和第23条。

查和救济程序。“向国务院著作权行政管理部门指定的机构”提出申请，使得孤儿作品的法律认定和使用费管理都脱离监管和司法审查。再次，孤儿作品的认定条件不合理。该第51条既要求“尽力查找其权利人无果”，又要求“著作权人身份不明”或“著作权人身份确定但无法联系”，存在内部矛盾。最后，“数字化形式使用”的规范含义不清，存在严重歧义。既可以理解为网络环境的复制和传播行为，还可以理解为利用数字技术进行再创作。

但是，孤儿作品的利用问题只会愈演愈烈，亟须一个解决方案。一方面，超大规模统一大市场和不断发展的数字技术，使得大规模孤儿作品“抛荒”的社会成本越来越高。另一方面，国家不断加强著作权保护，导致使用孤儿作品的行为人面临越来越高的法律风险。

二、数字时代孤儿作品利用问题的中国方案

西方国家和地区的孤儿作品制度都不适合我国国情。欧盟、英国和加拿大的尽责查找制，其运行成本过高，美国的延伸性集体管理制，又不符合我国国情。我国需要推行新模式：创建公告认领制以显著降低认定孤儿作品的制度成本，给予孤儿作品注册人专有使用权以作为激励手段，要求孤儿作品注册人承担维护著作权人利益的相应义务以合理保护著作权人的利益。

（一）孤儿作品尽责查找制的运行成本过高

首先，欧盟就孤儿作品的制度安排不值得我国借鉴，成本过于高昂、法律风险过高而适用范围窄。《欧盟孤儿作品指令》第2条和第3条要求提供“尽责查找”（diligent search）证据才可以认定孤儿作品。[1] 为明确“尽责查找”的范围，该指令附件还罗列了必须查找的“出处”（source）范围。比如，对于已经出版的书籍，要查找的出处包括图书馆和其他机构的书目和官方文件、各国自己的出版商协会和作者协会、现存的数据库和作品登记系统、集体管理组织的数据库（特别是复制权的集体管理组织）、整合各种数据库和作品登记系统的数据库。但是，八年之后的评估报告表明，“尽责查找”的法律要求直接导致该欧盟指令失败。[2] 其具体法律标准不清楚，申请人难以按照该指令附

----

1 Directive 2012/28/EU of the European Parliament and of the Council of 25 October 2012 on certain permitted uses of orphan works Text with EEA relevance，ELI：http：//data. europa. eu/eli/dir/2012/28/oj.

2 European Commission，Study on the application of the Orphan Works Directive（Final report），p. 88–89，available at：https：//op. europa. eu/en/publication–detail/–/publication/3c880c5c–7065–11ed–9887–01aa75ed71a1.

件所载“出处”列表来查找著作权人。其数目太多，有些无关，有些又没有办法访问，且很多“出处”无法通过网络进行查找，成本过于高昂。[1] 只有约半数的出处可经免费而自由的途径访问来查找到著作权人，让人不禁感叹，真不知道文教组织（公共图书馆、科教机构和博物馆、档案馆等公益机构）如何才可以完成规定的“尽责查找”的义务！[2]

实际上，《欧盟孤儿作品指令》本身不鼓励孤儿作品利用，而只是为孤儿作品设置一个严格而有限的著作权例外，该例外只适用于文教组织对孤儿作品进行非商业用途的数字复制和网络传播。[3] 该指令实行八年，欧盟孤儿作品数据库中仅18 649件作品；其中，英国知识产权局登记的孤儿作品占主体——2021年1月1日，英国脱欧之后，该数据库所留孤儿作品不过6 886件，包括5 480件主体作品（main work）和1 406件作品组成部分（embedded work）。[4] 这个数据库中的孤儿作品增长速度缓慢。截至2023年8月1日，欧盟孤儿作品数据库之中也只有7 591件孤儿作品登记（包括6 120件主体作品登记和1471件作品组成部分登记）。[5]

欧盟孤儿作品指令的运行成本又高，适用范围又窄，其根源于欧盟的政治经济现实。欧盟并不是一个统一的国家，而只是由德国和法国居于主导地位的多个中小国家的邦联体。各个国家的经济发展水平和政治法律传统不一，欧盟内部存在严重的利益分裂。让各个国家都建立一致的孤儿作品利用制度根本不现实：由欧盟层面建立统一的孤儿作品管理机构等于要让德国和法国负担主要成本，而放宽孤儿作品认定的条件又会直接撼动德国和法国版权产业的利益。所以，各种妥协的结果就只能采用一个运行成本高昂但勉强可以运行

---

1 European Commission, Study on the application of the Orphan Works Directive (Final report), p. 18, available at: https: //op. europa. eu/en/publication-detail/-/publication/3c880c5c-7065-11ed-9887-01aa75ed71a1.

2 See Marcella Favale, Simone Schroff, Aura Bertoni, Requirements for Diligent Search in the United Kingdom, the Netherlands, and Italy." EnDOW Working Paper, no. 1 (February 2016), p. 5 and 34.

3 Directive 2012/28/EU of the European Parliament and of the Council of 25 October 2012 on certain permitted uses of orphan works Text with EEA relevance, Article 1 and Article 6.

4 Directive 2012/28/EU of the European Parliament and of the Council of 25 October 2012 on certain permitted uses of orphan works Text with EEA relevance, Article 1 and Article 6.

5 EUIPO, Orphan Work Database, at: https: //euipo. europa. eu/orphanworks/#search/basic/all.

的制度安排。[1]

英国很早就认识到《欧盟孤儿作品指令》的局限性，于是另起炉灶。英国2014年即颁行《英国孤儿作品许可条例》（The Copyright and Rights in Performances（Licensing of Orphan Works）Regulations 2014），[2] 建立孤儿作品注册许可制。该条例第4条就“尽责查找”（diligent search）进行界定，要求至少查找指定的官方数据库或者按照英国知识产权局颁行的指南进行查找。如果孤儿作品已经认定并登记，则不必另行查找，直接提供孤儿作品登记记录（Orphan Work Register）就满足认定孤儿作品的法律要求了。英国知识产权局已经专门出台《孤儿作品权利人的尽责查找指南》[3]（Orphan Works Diligent Search Guidance）。根据该指南，申请人通过刊登广告方式查找版权人也可以作为履行尽责查找义务的证据。总之，英国试图通过一系列措施降低孤儿作品许可使用的成本，以克服《欧盟孤儿作品指令》的缺陷。2021年1月1日开始，《英欧未来协议》（European Union（Future Relationship）Act 2020[4]）生效，英国将不再适用《欧盟孤儿作品指令》，彻底摆脱其束缚。

即便《英国孤儿作品许可条例》比《欧盟孤儿作品指令》成功，我国也不能照搬。截至2023年8月1日，英国知识产权局孤儿作品登记处可检索的孤儿作品不过1697件，其中文字孤儿作品579件、静态视觉艺术作品979件。[5] 为何运行仍不免惨淡？根本原因在于，该条例只是部分降低了“尽责查找”的负担，并没有根本改变孤儿作品使用申请人的处境，整个制度安排脱胎于《欧盟孤儿作品指令》，实则并不鼓励孤儿作品利用。

---

1 Marcella Favale，Simone Schroff，Aura Bertoni，Requirements for Diligent Search in the United Kingdom，the Netherlands，and Italy.” EnDOW Working Paper，no. 1（February 2016），available at：https：//microsites. bournemouth. ac. uk/cippm/files/2020/06/EnDOW-Report-1. pdf#：~：text=This%20Working%20Paper%20provides%20an%20analysis%20of%20the，project%20is%20funded%29%20and%20of%20the%20European%20Union.

2 https：//www. legislation. gov. uk/uksi/2014/2863/made.

3 UK Intellectual Property Office，Orphan Works Diligent Search Guidance，available at：https：//www. gov. uk/government/publications/orphan-works-diligent-search-guidance-for-applicants/orphan-works-diligent-search-guidance.

4 European Union（Future Relationship）Act 2020，available at：https：//www. legislation. gov. uk/ukpga/2020/29/contents/enacted.

5 UK Orphan Work Register，at：https：//orphanworkslicensing. service. gov. uk/view-register/.

加拿大的情况与英国类似。《加拿大版权法》第77条第1款规定，就享有版权的已发表作品、已固定表演、已出版录音、已固定的传输信号，任何人希望取得使用许可但经合理努力（reasonable effort）却仍然无法找到版权人时，可以向版权委员会提出申请，由版权委员会根据情况给予许可。但是，要证明合理努力的成本高昂。申请人首先要调查集体管理组织、广泛地使用搜索引擎进行检索，甚至征询出版商、图书馆、档案馆、大学、博物馆、教育部。如果版权人已经死亡，申请人还必须查找继承人或遗产管理人。[1]

无论英国还是加拿大，其人口规模、市场规模、孤儿作品规模和潜在市场价值都无法与中国相提并论。如果一种孤儿作品的制度安排所需首期投资过大，相关方就会望而却步，即便这种制度安排既可以有效保护著作权人的利益，又可以促进孤儿作品的充分利用。但是，我国幅员辽阔，具有超大规模统一市场的发展优势，无论人口规模、市场规模、孤儿作品规模和经济价值，都远远超过别国。我国有条件和需求建立一个效率更高的孤儿作品使用制度。即便其造价远远高于别国所设置的孤儿作品使用制度，但是因为规模效应，对我国而言也是值当的。如果每一个使用人都要按照英国和加拿大要求的那样进行“尽责查找”，则社会总体成本会过于高昂，实则阻碍孤儿作品的有效利用，对我国而言并不值当。

（二）孤儿作品延伸性集体管理不适合国情

尽管美国市场规模庞大，其音乐类的孤儿作品许可使用的成本却很低，但我国却无法借鉴其制度。2015年，美国版权局发布《孤儿作品和大规模数字化报告》（Orphan Work and Mass Digitalization），提出推行延伸性集体管理来解决孤儿作品和大规模数字化问题，并提出先小范围内试行。[2]“延伸性集体管理”（Extended Collective Licensing）就是指在法定条件下，将管理组织对其会员的著作权管理规则延伸适用到非会员。2021年1月1日，《美国音乐现代化法案》（Music Modernization Act，MMA）生效，对音乐作品的机械表演建立强制许可制度，同时建立机械表演许可集体管理组织（Mechanical Licensing Collective），由其代表全体权利人，对音乐作品

1 Copyright Board Canada，Unlocatable Works，https：//cb-cda. gc. ca/en/unlocatable-owners/general-information.

2 US Copyright Office，Orphan Works and Mass Digitalization，available at：https：//www.copyright. gov/orphan/reports/orphan-works2015. pdf.

实现延伸性集体管理。[1] 但是，对其他种类的孤儿作品，美国还未能采用延伸性集体管理。

对孤儿作品进行延伸性集体管理，其制度运行成本显著低于英国和加拿大的“尽责查找无果”的认定模式，但是并不适合我国国情。我国著作权集体管理制度不成熟，曾受严重质疑，已经错过引入延伸性集体管理制度的机遇。2014年6月6日，国家版权局报请国务院审议的《中华人民共和国著作权法（修订草案送审稿）》第63条试图就音乐作品和视听作品建立延伸性集体管理制度作出规定，“著作权集体管理组织取得权利人授权并能在全国范围内代表权利人利益的，可以就自助点歌系统向公众传播已经发表的音乐或者视听作品以及其他方式使用作品，代表全体权利人行使著作权或者相关权，权利人书面声明不得集体管理的除外”。[2] 然而，民众对音乐作品的集体管理组织早已丧失信心。截至2013年年底，我国网络音乐企业共计695家，网络音乐市场整体规模达到74.1亿元，比2012年增长63.2%。[3] 但是，音乐作者的境地并没有因为市场繁荣而得到改善，收入依然微薄。因著作权集体管理组织的行政色彩重、透明度低、监督缺乏、管理费占比过高，而受到严厉批评。所以，著作权法第三次修订送审稿遭到音乐人的强烈反对。[4] 中国音乐著作权协会随后艰难地推进改革，直到2020年4月才在2020年第1期“分配通知”中公布具体可分配的许可费收入和管理费占比。[5] 同年11月11日通过2020年修正的《著作权法》，其第8条第3款规定：“著作权集体管理组织应当将使用费的收取和转付、管理费的提取和使用、使用费的未分配部分等总体情况定期向社会公布。”可见，只有当著作权集体管理制度成熟，著作权集体管理组织赢得民

1 US Copyright Office，Orphan Works and Mass Digitalization，p. 105–106，available at：https：//www. copyright. gov/orphan/reports/orphan–works2015. pdf.

2 此前国家版权局公布的修订草案也包括类似条款。

3 文化部：2013 中国网络音乐市场规模同比增长 63. 2%，载中国政府网，http：//www. gov. cn/xinwen/2014–04/11 /content_2657475. htm。

4 参见张斗：《我的权益不需要吸血鬼来代理》，载微信公众号“张斗音乐工作室”，http：//t. qq. com/p/t/100726126786206；张黎姣：《音乐人：著作权法草案一旦通过，我们就完了》，《中国青年报》2012年4月10日第9版，载中国青年报网，http：//zqb. cyol. com/html/2012–04/10/nw. D110000zgqnb_20120410_1–09. htm；《刘欢：〈著作权法〉修改草案若通过是灭顶之灾》（2012年4月12日），载中国新闻网，https：//www. chinanews. com/cul/2012/04–12/3812890. shtml。

5 中国音乐著作权协会：《分配通知》（2020年第1期），载中国青年著作权协会网，https：//www. mcsc. com. cn/publicity/notice_36. html。

心之后，才有可能重提延伸性集体管理制度。

（三）创建孤儿作品公告认领制度

当下，我国要解决孤儿作品的利用问题，就得开辟新路——既要减少孤儿作品的规模，又要降低孤儿作品使用的法律成本，还要合理保护著作权人利益。拟使用孤儿作品的申请人所遇到的核心问题是，请求许可的要约邀请无法送达著作权人。就此，可以借鉴法律文书的公告送达制，建构孤儿作品公告认领制度。如果申请人可以提供初步证据证明作品的著作财产权人难以找到，国家版权局经过初步审查确认之后，经由全国统一渠道公告的合理期限（比如12个月），如果仍然没有人认领孤儿作品，则由国家版权局认定为孤儿作品。

此处所述“初步证据”包括两部分：一是著作权人身份的检索报告；二是著作权人无法联系找到的证据。就前者而言，应由国家指定的机构在全国统一建设的数据库中检索查证著作权人并出具官方检索报告。这种制度安排的成本低而效率高。如果按照欧盟的做法，由国家版权局设定必须查找的范围，由每一位申请人自行到全国各类数据库、各地图书馆、各地档案馆等检索查证著作权人身份，看似简单易行，但每一个孤儿作品的利用成本都高昂，效率又低下。更糟糕的是，每一个孤儿作品的情况都不同，要查找的范围因此而不同，国家版权局将难以逐一确定是否已充分履行查找的义务。嗣后，著作权人或利害关系人可能认为不构成“尽责查找”而请求撤销孤儿作品认定，由此徒增孤儿作品使用的法律风险。欧盟的做法看似简单易行，但从总体上看，成本高、效率低而法律风险大，实则扼杀孤儿作品的有效利用。如果由国家统一建立查证作品的著作权人的数据库，其官方检索结果作为完成尽责查找的证据，则可以极大地提升效率并控制总体社会成本。而且，国家版权局不需要从头做起，而只需要整合著作权登记系统、国家图书馆、中国国家版本馆、各地图书馆、各著作权集体管理组织数据库、国家档案馆、中国电影资料馆等。

就著作权人无法联系到的证据，同样不应推脱给申请人。根据上述检索报告，即便查得作品原来的著作权人的身份，但并不等于能够联系上并找到作品当下的著作权人。除非花费高昂的代价，否则申请人在法律上往往难以证明已经尽责联系作品当下的著作权人。对于自然人作者，申请人甚至难以调查户籍信息，更不用说联系上作者或其继承人。如果由国家版权局出面，则这个问题要容易解决很多。一旦查到自然人作者的身份信息，如果本人在世，则可以由国家版权局调取户籍住所信息和个人手机号等信息，统一送达官方联系函件，并同时在官方网站统一公告；必要时，还可以请求户籍管理部门帮助联系。若是联系函件无人签收，公告期届满之后，则可由国家版权局认定无法联系著作权人。若是户籍信息显示作者已经死亡，则可由国家版权局按照如上方式联系其近亲属（配偶和子女）；若是无果，则可以认定无法联系著作权人。如果法人或非法人组织是作者，则由国家版权局按照相关登记信息所载通信地址发送联系函件，并在官方网站上进行统一公告。若是联系函件无人签收，公告期届满之后，则可由国家版权局认定无法联系著作权人。

如果初步证据表明，作品的著作权人身份不明，抑或查找到作品的著作权人但无法联系，国家版权局可以据此认定该作品为孤儿作品，并进行合理期限的公告（比如12个月）。查找著作权人时已经公告过，为何还要公告呢？前者的公告是为查找著作权人，而后者公告是孤儿作品初步审定的公告。任何人认为该作品认定为孤儿作品可能损害其利益，都可以提出异议。最有可能提起异议的人包括：著作财产权的继承人和被许可人，以及对作品著作权归属持异议的人。经由统一的渠道对孤儿作品进行初步审定公告，社会公众就可以方便地查询，并及时提出异议，认领自己享有著作权的作品。公告期间之内没有认领，就此可以推定经过合理努力尽责查找而没有能够查找到著作权人，已经具备认定孤儿作品的事实基础和法律基础。

异议期间之内，如果有人提出异议，则应由国家版权局受理，并以孤儿作品注册申请人和异议申请人为当事人进行审查。如果异议不成立，则审定并注册孤儿作品，授予申请人“孤儿作品专有使用权”（如下文所述）；如果异议成立，则驳回孤儿作品申请。当事人不服国家版权局裁定，可以赋予其向北京知识产权法院提起行政诉讼的权利。

如上所述的孤儿作品公告认领制度，其初期投入比较高，似乎不便实行。但是，其制度优势显著。首先，其法律确定性高，可以实质性降低孤儿作品使用的法律风险。其次，申请使用孤儿作品的成本低，可以鼓励使用孤儿作品。最后，我国具有超大规模统一大市场，人口规模、市场规模、孤儿作品的规模和价值也大，具有强大的规模效应，孤儿作品公告认领制的总体运行成本反而低。此外，孤儿作品公告认领制度的运行成本还可以分摊给申请人而不损害其积极性。就此，下文还将详细讨论。

（四）设立注册孤儿作品的专有使用权

一旦孤儿作品经如上公示认领程序而无人认领，国家版权局就可以认定其为孤儿作品，申请人对孤儿作品可以合法地取得一定期限的专有使用权或普通使用权，并可以基于此项权利而对抗著作权人的侵权主张。

为何孤儿作品认定后应该授予申请人以专有使用权？无论欧盟、英国还是加拿大，都只是给予普通许可使用权。但是，这种制度安排根本不合理。申请人付出时间、精力和金钱成本履行尽责查找义务，成功说服国家机关认定特定作品为孤儿作品之后，他如果只能获得普通许可，他人就可以搭便车，无须经过前述程序也无须付出相应代价，只需援引之前的尽责查找证据就可以获得普通许可。预期到其他人也可以合法使用孤儿作品，申请人也就不会愿意积极投资而充分利用孤儿作品——市场进入门槛过低。可见，法律上承认前述搭便车的行为合法，等于打击首先申请认定孤儿作品的人，不利于公告认领制度的运行，不利于孤儿作品的市场利用。

较为合理的制度安排是，在孤儿作品认定并注册之后，准许注册人选择取得孤儿作品的普通使用权，缴纳较低的许可使用费，或者选择取得合理期限（比如5年以下）的孤儿作品专有使用权，并承担较高的许可使用费。如果是后者，孤儿作品专有使用权到期之后，原注册人和第三人都可以再次申请注册孤儿作品，并援引此前的检索结果和认定结果，但都只能取得孤儿作品普通使用权，使用期限按照所缴纳许可费计算。这种制度安排不仅可以激励公众自负成本、积极申请注册孤儿作品，充分利用孤儿作品的公告认领程序来消化孤儿作品的历史问题，还有利于激励公众为充分利用孤儿作品进行投资。

在孤儿作品注册成功之后，即便著作权人出现，孤儿作品专有使用权也继续有效直到专有权期限届满。也就是说，著作权人与第三人签订许可协议或转让协议都不得对抗孤儿作品注册人的专用权。道理在于，孤儿作品初步审定公告，法律上可以推定社会公众知晓其法律状态。如果著作权人和著作财产权受让人或被许可人在签订著作权人转让或许可合同之时，没有进行基本的法律调查，不检索孤儿作品数据库，或虽然检索得知，但违背诚实信用原则继续签订协议，合理的结果应是认定所签协议无效。特别是，著作权交易当事人不在孤儿作品公告认领程序的异议期间之内提出异议而直接签订著作权交易合同，有违诚实信用的基本原则，其利益不值得法律保护。

孤儿作品专有使用权并不会损害著作权人的正当利益。首先，公告认领程序之下，著作权人通常知晓其作品可能被认定为孤儿作品，并有充足的时间提出异议。其次，孤儿作品审定公告之后，著作权人不仅可以取得合理的许可费，还可以自行使用作品。再次，孤儿作品专有使用权的保护期不长（比如5年），著作权人在其到期之后就可以完全行使著作权。作品在此保护期间之内取得的市场声誉都将归属于著作权人。最后，孤儿作品初步审定公告之前，著作权人签订的许可协议和转让协议并不受影响，孤儿作品注册人要为此承担法律风险和市场风险。庆幸的是，这种法律风险不大。在孤儿作品初步审定公告之前就作为著作权交易对象的作品，具有市场价值，通常不是孤儿作品。鉴于此前讨论的著作权许可和转让备案对抗制，为保障交易安全，著作权交易的当事人又很可能会进行备案，足以否定孤儿作品的注册申请。

（五）设立孤儿作品注册人的法律义务

孤儿作品注册人享有孤儿作品使用权，也要履行相应的法律义务，才可能实现著作权的合理保护。就此，主要包括以下几项义务。

第一，孤儿作品实际使用时，应当采用特别规定的著作权标识，表明作品的著作权状态是注册孤儿作品，自己享有的使用权类型以及起止时间。之所以产生孤儿作品，就在于著作权之权利信息管理制度缺位。故而，在孤儿作品合法使用过程之中，应该在作品复制件或传播过程之中公示其权利状态，便于公众识别孤儿作品，也可帮助著作权人及时认领孤儿作品。就此，国家版权局应该出台孤儿作品专门标识管理办法。

第二，孤儿作品注册人必须向指定机构缴纳许可使用费之后方有权使用孤儿作品。为有效保护孤儿作品的著作权人的利益，孤儿作品使用权应以缴纳许可使用费为前提条件。如果没有缴纳，则孤儿作品使用权到期即告终止。如果之后权利人继续使用孤儿作品，则应认定故意侵犯孤儿作品的著作权，可由国家版权局采取著作权行政保护措施，科以罚款，甚至移送公安机关追究刑事责任。

第三，孤儿作品注册人应缴纳的许可使用费，既应反映商事惯例以鼓励孤儿作品的利用，又要合理保护著作权人利益。其一，孤儿作品的许可使用费不应等同于法定许可的使用费。二者的法律性质截然不同。法定许可本身就是对著作权的限制，而孤儿作品注册的初衷是促成著作权许可协议达成，并非要限制孤儿作品的著作权。为此，孤儿作品许可费的水平应该显著高于同类作品法定许可的使用费水平。其二，孤儿作品许可费的具体标准应当区分注册孤儿作品专有使用权和普通使用权两种不同的情况，并包括“基本费用”和“获益比例使用费”——即孤儿作品注册人使用孤儿作品所获利益的一定比例。其中，基本费用反映同类作品的通常许可费，而收益百分比则反映特定孤儿作品的市场价值。如果孤儿作品注册人选择取得注册孤儿作品专有使用权，则相较于注册孤儿作品普通使用权，需要承担较高的基本费用水平和较高的比例使用费（比如，实际收益的10%）。

第四，孤儿作品注册人仅对孤儿作品享有使用权，不得转让、许可或出质其享有的孤儿作品使用权。否则，不良商人会将孤儿作品作为投机工具，妨碍促进孤儿作品使用的制度目的。

第三节 人工智能生成物之使用成本的制度优化

人工智能生成物在感官上几近自然人创作之作品，已经能够混入作品之列，它们可以海量而且极其低廉地制造出来，直接冲击著作权法的正常运行。一律给予著作权法保护，容易扭曲著作权法的激励机制，同时给创作活动增加巨大成本；一律不给予著作权法保护，又妨碍公众利用人工智能作为创作辅助工具。解决这个问题的关键在于，对所有人工智能生成物都强制要求进行标识，而后要求当事人证明人工智能仅用于辅助创作才给予其著作权保护。

一、现状与问题

人工智能（特别是ChatGPT为代表的生成式人工智能）的广泛使用，预示着我们日常生活看到的文字、图片、视频都越来越多的是人工智能生成物。现在计算力和存储力强大而廉价，人工智能的技术壁垒显著降低，这些数字产品能够进行大规模且极低成本的工业化生产。每秒十亿次浮点运算（GFLOPS）的成本平均约5年就降低90%，2017年已经降到0.03美元；[1] 存储成本降得更快，2019年每兆成本只需0.0037美元。[2] 凭借强大而低廉的计算力和存储力，以“贪婪逐层预训练”为标志，人工神经网络技术2006年已进入第三次浪潮，人工智能不再依赖昂贵的算法驱动，转为大数据驱动。目前在复杂任务中达到人类水平的学习算法与20世纪80年代解决玩具问题的算法几乎一样。[3] 算法难以开发而数据相对易得，算法驱动转为数据驱动，意味着“深度学习”为代表的人工智能没有很高的技术壁垒。“AI作者”的技术发明不断出现。2003年，美国谷歌公司就自主生成诗歌的计算机程序曾申请并取得多项美国专利。[4] 我

---

1 See Wikipedia history of GFLOPS costs，available at：https：//aiimpacts. org/wikipedia-history-of-gflops-costs/，2023年8月24日访问。

2 See Memory Prices（1957-2019），available at：https：//jcmit. net/memoryprice. htm，2023年8月24日访问。

3 美伊恩·古德费洛、加约书亚·本吉奥、加亚伦·库维尔：《深度学习》，赵申剑等译，人民邮电出版社2017年版，第8-15页。

4 主要如下几项美国专利：“诗歌生成基本方法”（Basic Poetry generation，美国专利号：7836069）；一种诗人人格的生成方法（Poet Personality，美国专利号：7836069）。

国公司申请并取得不少中文诗歌和新闻稿生成的方法专利。[1]“AI作品”已经进入超大规模的工业化生成时代。新闻稿机器人每年能写30多万篇文稿；[2]音乐智能实验系统一天能谱5000首巴赫风格的赞美诗；[3]自然语言生成引擎每秒能生成2000篇新闻稿。[4]AI甚至可能穷尽特定表达形式，生成全部“作品”。俄国一公司利用进化算法在2014年已生成400个英文单词以内的海量文本，超过这类文本总量的97%。[5]其还以每秒100万张的速度生产图案，2020年就已制成全部1000×800像素的图片。[6]

我国在人工智能的商业应用方面已经居于世界领先地位，[7]人工智能生成物的著作权法问题日益突出。就人工智能生成之文字、图片或视频应否享有著作权法保护，我国学术观点杂陈。代表性的观点主张，独创性评判的对象是表达本身，思想、精神、人格等抽象范畴只能用于正当性的修辞说明，不具有规范意义。[8]只要人工智能生成物“表象”层面上具备最低程度的创造性，就应

---

1 中文诗歌生成的方法专利，比如北京百度网讯科技有限公司申请并取得有“一种自动生成诗歌的方法和装置”（专利申请号：201610421291.0）；清华大学申请有“中文诗歌自动生成方法及装置”（申请号：201810549683.4）；腾讯科技（深圳）有限公司和北京大学共同申请有“诗歌生成方法、装置、计算机设备和介质”（申请号：201811284565.1）。新闻稿生成的方法专利，比如中国发明专利“基于大数据的金融事件发现方法”（专利号CN201910873995.5）；一种基于新闻报道的突发事件线索提取方法（专利号CN201910983942.9）；“结合NBA赛事知识图谱的NBA篮球新闻自动生成方法”（CN201910574961.6）；“一种体育新闻自动生成方法”（专利号CN201710969649.8）。

2 《人工智能写作领域第一案落槌法院首次确认AI作品受著作权法保护》，载搜狐网，http://www.sohu.com/a/365415749_351130，2023年8月24日访问。

3 《人工智能模仿巴赫作曲！你能听出来差别吗？》，载搜狐网，http://www.sohu.com/a/155516370_657499，2023年8月3日访问。

4 See Laura Pressman, The Automated Future of Journalism, available at: https://automatedinsights.com/blog/the-automated-future-of-journalism/，2023年8月24日访问。

5 Copyright Apocalypse: Trolls Attack the Net, From the Future, available at: https://torrentfreak.com/copyright-apocalypse-trolls-attack-the-net-from-the-future-140928/，2023年8月24日访问。

6 Copyright Apocalypse: Trolls Attack the Net, From the Future, available at: https://torrentfreak.com/copyright-apocalypse-trolls-attack-the-net-from-the-future-140928/，2023年8月24日访问。

7 Boston Consulting Group, ‘Mind the (AI) Gap Leadership Makes the Difference’, http://image-src.bcg.com/Images/Mind_the%28AI%29Gap-Focus_tcm108-208965.pdf，2023年8月24日访问。

8 孙山：《人工智能生成内容的著作权法规制——基于对核心概念分析的证成》，载《浙江学刊》2018年第2期，第115页。

作为作品予以著作权保护（以下简称“表观独创性说”）。[1] 更激进的观点则认为，我国应肯定“额头淌汗”法则，据此承认人工智能生成物满足表观独创性的法律要求，以便激励人工智能投资、促进产业发展。[2] 另有学者绕开“独创性”，主张应对“AI作品”采用邻接权保护。[3]

虽然我国法院仍坚持“人创作作品”的基本原则，但已有案例认为人工智能生成物应该受到法律保护。比如，就机读答题卡是否构成图形作品，法院强调，对光标阅读机软件进行不同的参数设置能得到不同的答题卡样式，用户根据软件给定的框架自定义参数是为考试统计需要进行的机械选择过程，不是图形作品的创作过程。[4] 就计算机自动生成的图表，北京互联网法院审理认为，人创作是作品构成的必要条件，就涉案图表的生成过程来看，软件设计者没有输入关键词检索，而使用者虽输入关键词检索但图表是“可视化”功能自动生成的，均未表达二者的思想情感，故该图表不构成作品。[5] 尽管如此，该法院认为软件使用人对该图表应享有“相关权益”[6]。就腾讯机器人Dream-Writer生成的新闻稿是否构成文字作品，法院没有根据文稿直接认定构成文字作品，但认为腾讯主创团队需要在数据输入、触发条件设定、模板与语料风格等方面进行取舍，其选择与安排依法构成创作，直接产生涉案文章，由此构成

1 熊琦：《人工智能生成内容的著作权认定》，载《知识产权》2017年第3期，第7页；谢琳、陈薇：《拟制作者规则下人工智能生成物的著作权困境解决》，载《法律适用》2019年第9期，第40页；刘影：《人工智能生成物的著作权法保护初探》，载《知识产权》2017年第9期，第48-49页。

2 易继明：《人工智能创作物是作品吗？》，载《法律科学（西北政法大学学报）》2017年第5期，第141-142、146页。

3 陶乾：《论著作权法对人工智能生成成果的保护——作为邻接权的数据处理者权之证立》，载《法学》2018年第4期，第11-15页；向波：《论人工智能生成成果的邻接权保护》，载《科技与出版》2020年第1期，第73-75页；许辉猛：《人工智能生成内容保护模式选择研究——兼论我国人工智能生成内容的邻接权保护》，载《西南民族大学学报（人文社科版）》2019年第3期，第104-105页；许明月、谭玲：《论人工智能创作物的邻接权保护——理论证成与制度安排》，载《比较法研究》2018年第6期，第46页；罗祥、张国安：《著作权法视角下人工智能创作物保护》，载《河南财经政法大学学报》2017年第6期，第148-149页。

4 四川省高级人民法院民事判决书（2010）川民终字第334号，最高人民法院公布2010年中国法院知识产权司法保护50件典型案例之二十八。

5 北京互联网法院民事判决书（2018）京0491民初239号。

6 参见北京菲林律师事务所诉北京百度网讯科技有限公司著作权侵权纠纷案，北京互联网法院民事判决书（2018）京0491民初239号。

“创作”，故该机器人撰写的新闻稿是“法人作品”，应享有著作权保护。[1]

综上，就人工智能生成物，最严重的著作权法争议在于，其来自“人工智能辅助创作”，还是来自“人工智能自动制作”？如果是后者，其是否应享有“相关权益”，特别是邻接权？

二、人工智能生成物的强制标识义务

人工智能生成物，无论在法律上是人工智能辅助创作而构成作品，应依法享有著作权，还是人工智能自动制作而不构成作品，都应当予以标识。由于人工智能生成物高度近似我们日常所见的各种文稿、图片、视频等，公众和法官在事实层面都难以确定其是否为人所创作，也就无法进行法律评判。人工智能生成物应一律要求采用专门标识，标识信息应当唯一且不可篡改，让公众据此就可以查询到其具体生成档案，从而防控人工智能生成物混入作品行列，冲击现行著作权法，造成法律混乱而抬升制度运行成本。

之所以强调“人创作”，是因为文稿、图形、视频等在表观上独特并不是具有“独创性”。“人创作作品”是著作权法的根本原则。无论是《伯尔尼公约》，抑或作者权或版权传统代表性国家的法律，还是我国著作权法立法和司法，都支持如下结论：“人创作作品”不只涉及著作权归属，更是著作权法的根本规则，统辖作品著作权的产生；投资者虽然可能是著作权的原始权利人，但其权利源头还是自然人创作完成的作品。[2] 即便如《美国版权法》那般强调版权只是财产权，也不承认“独特”的事物就是“独创性”的作品。比如猴子拿起相机，采取特定的姿势、选取特定的对象并且于特定的时刻拍摄形成的照片即使堪比摄影大师的作品，但它不是人的智力创作成果也就不享有美国版权。[3] 园艺表观上独特，不乏独到之处，但由植物组成，主要受制于自然力而非源自“作者的创作”，则不构成视觉艺术作品。[4] 将油漆桶悬挂房梁，打翻后任由油漆溅落可形成无数独特的“画”。但打翻油漆桶的动作不是“创作”，偶然形成的图案主要依靠自然力，因此不构成作品。选取油漆溅落形成

---

1 参见深圳市腾讯计算机系统有限公司诉上海盈讯科技有限公司著作权侵权纠纷和不正当竞争纠纷案，深圳市南山区人民法院民事判决书（2019）粤0305民初14010号。

2 何怀文：《我国著作权法下的“计算机生成之作品”》，载《浙江大学学报（人文社会科学版）》2020年第3期，第47页。

3 See Naruto v. Slater，888 F. 3d 418（2018）；Jane Ginsburg & Luke Budiardjo，Authors and Machines，34 Berkeley Tech. L. J. 343，364–365（2019）.

4 See Kelley v. Chicago Park District，635 F. 3d 290（7th Cir. 2011）.

的图案"当作"艺术品，虽是有意识地选择行为，但"当作"作品并不是创作作品。[1] 实际上，美国版权局在《版权登记实施细则》中明确规定，对自然、动物、植物生成的产物，对没有人智力创作而由机械自动或随机生成的产物，均不予版权登记。[2] 诸如大象所画之图、动物毛皮花纹、水流冲刷形成的奇石、各种医疗影像照片、纺织物上机械随机生成的不规则花纹等，均禁止作为作品进行版权登记。计算机生成之"作品"也不例外，自1965年开始收到这类版权登记申请以来，[3] 美国版权局都拒绝予以注册。[4] 2023年，美国版权局依照"人创作作品"的基本原则，拒绝承认AI制作的Zarya of the Dawn图画可享受版权保护，[5] 并得到法院支持。[6] 这些客体不能取得版权登记，依照美国法也就无法通过司法寻求版权保护。[7] 它们不受版权保护，不是因为表观上不独特、不具备"表观独创性"，而是因为其形成过程不包含人的智力创作活动，予以保护不能促进知识和科技进步。

可见，并不能仅仅因为貌似作品就构成著作权法的"作品"。为实现区别，法律上应当要求人工智能服务提供商和使用者对使用人工智能生成物进行标识。就此，我国已经走在世界前列。国家互联网信息办公室、工业和信息化部和公安部颁布的《互联网信息服务深度合成管理规定》（2023年1月10日实行）第16条规定："深度合成服务提供者对使用其服务生成或者编辑的信息内容，应当采取技术措施添加不影响用户使用的标识，并依照法律、行政法规

1 See Alan Durham，The Random Muse：Authorship and Indeterminacy，44 Wm. & Mary L. Rev. 569，623-641（2002）；Jane Ginsburg & Luke Budiardjo，Authors and Machines，34 Berkeley Tech. L. J. 343，368-372（2019）.

2 U. S. Copyright Office，Compendium of U. S. Copyright Office Practices § 313. 2（3d Ed. 2017）.

3 Copyright Office，Sixty Eighth Annual Report of Register of Copyrights 5（1966），available at：https：//www. copyright. gov/reports/annual/archive/ar-1965. pdf，2023年8月24日访问。

4 U. S. Copyright Office，Compendium of U. S. Copyright Office Practices § 306（3d Ed. 2017）.

5 See US Copyright Office，Zarya of the Dawn（Registration # VAu001480196），available at：https：//copyright. gov/docs/zarya-of-the-dawn. pdf，2023年8月24日访问；See also Copyright Registration Guidance：Works Containing Material Generated by Artificial Intelligence，available at：https：//www. copyright. gov/ai/ai_policy_guidance. pdf，2023年8月24日访问。

6 No Human，No Way：D. C. Federal Court Denies Copyright Protection for AI-Generated Art，available at：https：//www. jdsupra. com/legalnews/no-human-no-way-d-c-federal-court-3831962/，2023年8月24日访问。

7 See 17 U. S. C. § 411.

和国家有关规定保存日志信息。”该规定第17条还规定，如果所提供的深度合成服务可能导致公众混淆或者误认，则深度合成服务提供者应当在生成或者编辑的信息内容的合理位置、区域进行显著标识，以向公众提示深度合成情况。任何人都不得采用技术手段删除、篡改、隐匿深度合成标识。最近，国家互联网信息办公室、国家发展和改革委员会、教育部、科学技术部、工业和信息化部、公安部、国家广播电视总局联合颁行并于2023年8月15日开始实行的《生成式人工智能服务管理暂行办法》第12条规定：“提供者应当按照《互联网信息服务深度合成管理规定》对图片、视频等生成内容进行标识。”实际上，我国管理人工智能生成物的步伐已经超过美国。2023年7月21日，美国人工智能七大巨头在美国白宫发布自愿性承诺，实现人工智能技术的安全、可靠和透明的发展，开发强大水印系统，以便于公众识别人工智能生成物。[1]

人工智能生成物的标识应该包括什么内容呢？人工智能生成物不仅关系到著作权保护的问题，还关系防控虚假信息和谣言传播的问题。为此，人工智能生成物至少应该包括：①人工智能服务提供者信息；②人工智能服务使用者信息；③人工智能生成物的形成时间；④人工智能生成物标记码。这些标识信息应该是唯一且不可篡改的。公众根据人工智能生成物的标识就应该可以查询到其具体生成的档案。

就此，我国已经建立基本的制度框架。《互联网信息服务深度合成管理规定》第9条强调，深度合成服务提供者应当依法对深度合成服务使用者进行真实身份信息认证，不得向未进行真实身份信息认证的深度合成服务使用者提供信息发布服务。该规定第16条进一步规定，深度合成服务提供者对使用其服务生成或者编辑的信息内容，应当采取技术措施添加标识，并依照法律法规保存日志信息。按照此规定的思路，人工智能生成物的来源应当可查。

不同于著作财产权标识，人工智能生成物标识是国家行政管理性质的强制标识。作品之上是否添加著作财产权标识只关涉私人权益，但人工智能生成物标识关系公共利益。除开谣言和假新闻对社会秩序的破坏，人工智能生成物还可能破坏一国历史。因为人工智能足以模仿任何时代的人类创作物，甚至真假难辨。“灭人之国，必先去其史”。如果不强制要求予以标识，就可能导致公众广泛混淆或误认，甚至导致国家民族的历史虚无，危及文化安全。

---

1 《美国七大AI巨头承诺：强化安全测试，为AI生成内容打水印》，载搜狐网2023年7月25日，https：//www. sohu. com/a/706162395_161795，2023年8月24日访问。

三、人工智能自动制作物不应享有法律保护

凡人工智能自动制造物，都不应享有著作权或邻接权。因为，其产生不需要激励，而其存在会徒增自然人创作的法律成本，扭曲著作权法的激励机制，徒增著作权法的运行成本。

人工智能自动制作物不具有独创性，当然不得享有著作权，但我国不少学者转而主张，对人工智能生成物应采用邻接权保护，以便鼓励投资人和促进人工智能技术发展。[1] 这种观点看似借鉴他国法律。的确，外国已有立法例，对相仿作品的非智力创作成果予以邻接权保护。比如文献研究的科学版本貌似文字作品，照片近似摄影作品，录像制品（活动画面）相似于电影作品，录音类似于音乐作品，《德国著作权法》都对其予以邻接权保护。[2] 特别是，《英国版权法》对"计算机生成之作品"予以版权保护，尽管不承认其是人的创作成果，[3] 也不承认其上存在署名权、保护作品完整权等精神权利。[4] 但计算机生成之作品的版权归属于"作品创作所必需安排之承担人"，[5] 近似于录音和电影版权归属于"录音或电影制作所必需安排之承担人"。[6] 这种保护接近大陆法系的邻接权保护（以下简称"英国邻接权范式"），被不少中国学者认为是人工智能生成物制定法保护的典范。

果真如此？实际上，英国邻接权范式受到时代限制。"计算机生成之作品"作为一类新版权客体是20世纪80年代设立的。当时计算力和存储力薄弱，

---

1 参见易继明：《人工智能创作物是作品吗？》，载《法律科学（西北政法大学学报）》2017年第5期，第137-147页；刘影：《人工智能生成物的著作权法保护初探》，载《知识产权》2017年第9期，第48页；陶乾：《论著作权法对人工智能生成成果的保护——作为邻接权的数据处理者权之证立》，载《法学》2018年第4期，第11-12页；许辉猛：《人工智能生成内容保护模式选择研究——兼论我国人工智能生成内容的邻接权保护》，载《西南民族大学学报（人文社科版）》2019年第3期，第100页；许明月、谭玲：《论人工智能创作物的邻接权保护——理论证成与制度安排》，载《比较法研究》2018年第6期，第47页；罗翔、张国安：《著作权法视角下人工智能创作物保护》，载《河南财经政法大学学报》2017 年第 6 期，第146页。同时参见北京菲林律师事务所诉北京百度网讯科技有限公司著作权侵权纠纷案，北京互联网法院民事判决书（2018）京0491民初239号。

2 参见《德国著作权法》第70条、第72条、第85条和第95条。

3 See Section 178 CDPA 1988.

4 See Section 79（2）（c）and Section 81（2）CDPA 1988.

5 See Section 9（3）CDPA 1988.

6 See Section 178 CDPA 1988.

难以支持人工神经网络进行有效的“深度学习”，同时还很稀缺，价格昂贵。以2013年美元价值为基准，1984年每秒十亿次浮点运算（GFLOPS）的成本约4278万美元，[1] 每兆存储约1400美元。[2] 并且需要通过编写复杂的计算机程序来生成“作品”，其成本花费不亚于拍电影。实际上，“计算机生成之作品”的版权归属规则就是借鉴电影版权的制度安排。[3] 但是受限于技术条件，设置再强的财产权利保护也无济于事，不能发挥激励作用。过去30多年里，涉及“计算机生成之作品”版权保护的英国判例屈指可数，[4] 足以说明这段时期英国邻接权保护范式并不必要。而且，英国人工智能产业并没有因此而腾飞。虽然美国和中国对“计算机生成之作品”从来不予版权保护，但人工智能产业却远远领先于英国。[5]

进入人工智能时代后，英国邻接权范式没有焕发青春，反而更脱离时代。人工智能生成物如果视作“计算机生成之作品”，其权利人——“作品创作所必需安排之承担人”——难觅踪迹。*Nova Productions Ltd v. Mazooma Games Ltd & Ors Rev*案（以下简称“Nova案”），是英国至今唯一涉及“计算机生成之作品”的判例。[6] 该案涉及计算机软件游戏的活动画面，法院特别考察涉案电子游戏连续画面的形成过程。鉴于游戏画面组成元素和相应计算机程序的设计过程，法院认定程序设计员是计算机生成之游戏画面“创作所必需安排之承担人”。[7] 同时，法院还认为，玩家对游戏画面形成没有艺术性的创造性贡献，只是操控游戏，没有介入“作品创作所必需安排”，故而不是

1 See Wikipedia history of GFLOPS costs, available at: https: //aiimpacts. org/wikipedia-history-of-gflops-costs/，2023年8月24日访问。

2 See Memory Prices（1957-2019）, available at: https: //jcmit. net/memoryprice. htm，2023年8月24日访问。

3 See Section 178 CDPA. See also Ryan Abbott, Artificial Intelligence, Big Data and Intellectual Property: Protecting Computer-Generated Works in the United Kingdom, p. 6（November 2, 2017）, available at SSRN: https: //ssrn. com/abstract=3064213，2023年8月24日访问。

4 Ryan Abbott, Artificial Intelligence, Big Data and Intellectual Property: Protecting Computer-Generated Works in the United Kingdom, p. 6（November 2, 2017）, available at SSRN: https: //ssrn. com/abstract=3064213，2023年8月24日访问。

5 See Artificial Intelligence in United Kingdom: Prospect and Challenges, available at: https: //www. mckinsey. com/featured-insights/artificial-intelligence/artificial-intelligence-in-the-united-kingdom-prospects-and-challenges，2023年8月24日访问。

6 1 [2006] EWHC 24 (Ch) (20 January 2006).

7 See 1 [2006] EWHC 24, para. 105.

作者。[1] Nova案表明"作品创作所必需安排之承担人"认定时，要重点考察作品形成过程中的艺术创作性质的贡献。据此，人工智能生成物纯粹由AI生成，使用人不过是按动启动按钮，并不属于"创作所必需安排"——按键启动AI的技能和劳动很容易找到替代。设计人或训练人对于AI开发的确必需，但其付出对于AI生成特定"作品"却未必是"创作所必需"，除非AI开发所采用的算法是技术秘密或享有专利，训练所采用的大数据处于保密状态或受财产权保护。然而人工智能技术越是进步，数据越是开放可得，人工智能生成物的生成过程就越接近普通商品的流水线制造过程，不需要特别的技能和劳动，不需要特别的"必需安排"。如此，"作品创作所必需安排之承担人"也就无从寻觅。然而，每个人工智能生成物的法律纠纷中，法院都不得不花费九牛二虎之力，以确定其版权主体，消耗大量司法资源。"作品创作所必需安排之承担人"在事前无法确定，法院审理时至少需要考虑五方面的证据：生成"作品"的意图、所为安排与"作品"生成的时空距离、与"作品"表现形式之间的关系和与"作品"形成之间的关系，以及投资。[2] 事后挖掘这些事实耗时耗力，而何谓"创作所必需安排"又缺乏明确的法律评判标准，使得纠纷难以解决。

最后，英国邻接权范式制造市场壁垒，徒增著作权法的运行成本，妨碍著作权法激励机制的正常运行。其自人工智能生成物完成即给予复制权、发行权和传播权等法律保护，即便称为"邻接权"，同普通作品享有的著作权保护并无实质差别。这本身就是市场壁垒，足以困扰无数作者。如果他们创作完成的作品碰巧相似于在先公开的"AI作品"，就不得不自证清白；如碰巧与之基本相同，不花费九牛二虎之力就不能证明自己是独立创作。"只要版权作品发表在先，侵权作品出现在后，作品之间存在惊人相似就足以让人确认二者之间存在抄袭"，这早已成为司法共识。[3] 要避免卷入法律纠纷，他们创作过程中将不得不检索浩如烟海的"AI作品"数据库，规避它们永久享有的署名权、修改

---

1 See 1 [2006] EWHC 24，para. 106.

2 See Jani McCutcheon，Curing the Authorless Void：Protecting Computer-generated Works Following IceTV and Phone Directories，37 Melbourne U. L. Rev. 46，55-56（2013）.

3 崔国斌：《著作权法：原理与案例》，北京大学出版社2014年版，第656页；何怀文：《中国著作权法：判例综述与规范解释》，北京大学出版社2016年版，第637页。同时参见顺德市乐从镇蓝鹰玩具有限公司与佛山市城区东图玩具厂著作权纠纷上诉案，广东省高级人民法院民事判决书（2002）粤高法民三终字第29号；北京龙安华诚建筑设计有限公司诉北京国科天创建筑设计院成都分院等著作权纠纷上诉案，四川省高级人民法院民事判决书（2014）川民终字第226号。

权和保护作品完整权，长期（至少50年）保有的复制权、改编权、汇编权等。但是，我国《著作权法》设立邻接权保护是为了促进作品传播。作品创作完成后要加工成产品（如图书、录音录像制品）经流通渠道“配送”给公众，或需转化为服务（如表演、广播电视节目）提供给公众。这些传播作品的中间商要为作品的传播进行特异性的投资。“AI作品”依照这个逻辑显然不应予以邻接权保护。[1]

有学者提出，“AI作品”是人工智能软件的“演绎”，如同表演是对作品的演绎一般，故应享有类似“表演者权”的邻接权。[2] 这是对法律的误解。著作权法所称“表演”是艺术表演，不是创作新作品；所称“演绎”是基于现有作品创作新作品。“AI作品”的表现形式中并不出现人工智能软件的程序代码，谈不上“演绎”，更谈不上“表演”。事实上，对于计算机的技术产物，我国从没采用新设邻接权的保护范式。比如，对于数据库，我国《著作权法》根据汇编作品予以著作权保护；[3] 对于图形用户界面，我国按照产品外观设计予以专利权保护。[4]

在英国邻接权范式之外，也有观点建议给予AI合法使用者对AI生成之“作品”以相关权益保护，[5] 或类似录音录像制品的邻接权保护，[6] 用以促进AI使用和“AI作品”传播。这种邻接权也是从“AI作品”完成即自动产生，包括复制、发行、传播等权利，同样背离我国邻接权制度的传统，同样扭曲著作权制度和专利制度。除此之外，它越俎代庖，希望鼓励技术应用——这本属于专利制度的本职使命。这种邻接权归属于“使用人”，貌似权利归属清晰，实则扰乱AI市场。AI使用人对于AI的关系，本质上区别于摄影师之于照相机、录音制作者之于录音设备、广播电视台之于广播电视设备等的关系。AI作为计算机程序，本来享有著作权保护，这对AI使用和“AI作品”传播具有决

---

1 陈虎：《论人工智能生成内容的邻接权保护——从立论质疑出发的证伪》，载《电子知识产权》2019年第9期，第15–24页。

2 易继明：《人工智能创作物是作品吗？》，载《法律科学（西北政法大学学报）》2017年第5期，第142页。

3 王迁：《论汇编作品的著作权保护》，载《法学》2015年第2期，第35–49页。

4《专利审查指南》（2023）第1部分第3章第4.5节。

5 北京菲林律师事务所诉北京百度网讯科技有限公司著作权侵权纠纷案，北京互联网法院民事判决书（2018）京0491民初239号。

6 陶乾：《论著作权法对人工智能生成成果的保护——作为邻接权的数据处理者权之证立》，载《法学》2018年第4期，第14–15页。

定性影响。AI计算机程序的著作权人基于自身利益考虑，既可能放弃“AI作品”的全部权益，比如微软宣布“放弃”小冰生成的诗歌的著作权，[1] 也可能主张全部权益，比如游戏软件的著作权人对游戏活动画面主张享有“类电影作品”的著作权。[2] 为此，法律上赋予AI使用人对“AI作品”享有邻接权，无视各种AI的具体用途和交易惯例，无视AI计算机程序著作权人的利益，必将扰乱市场预期，徒增交易成本。

综上，人工智能自动制作物不应享有邻接权或类似法律保护。

四、人工智能辅助创作作品的著作权登记

如果当事人提交标识为人工智能生成物的“作品”要求进行著作权登记，国家版权局应该就此进行初步审查。审查的关键不在于“作品”如何看似自然人创作，而是其形成是“人工智能辅助创作”，还是“人工智能自动制作”？

人工智能辅助创作不同于人工智能自动制作，人工智能只是作为创作的工具而已，人的创作活动仍居于主导地位。关键的问题在于，如何认定“人工智能辅助创作”？然而，就“创作”内涵，我国《著作权法》并没有规定，也没有司法解释，只有《著作权法实施条例》（2013年修订）第3条第1款规定“著作权法所称创作，是指直接产生文学、艺术和科学作品的智力活动”。于是问题在于，如何将该条规范适用于人工智能生成物？

就此，追溯著作权法处理人与机器之间的关系，不难发现可资利用的基本原理和法律原则。《英国版权法》采用“额头淌汗法则”评判独创性，但并不承认耗费额头淌汗的劳动成果就足以取得版权保护，而是以独特的判例规范来解决人与机器之间的关系。尽管2009年欧盟法院指出，版权保护对象是“作者的智力创作成果”（author's own intellectual creations），[3] 尽管英文单

1 《会写诗的微软小冰放弃版权：人工智能门槛还很多》，载搜狐网2017年8月9日，http://www.sohu.com/a/163443754_115735，2023年8月24日访问。

2 参见苏州蜗牛数字科技股份有限公司诉成都天象互动科技有限公司、北京爱奇艺科技有限公司著作权侵害纠纷上诉案，苏州中级人民法院（2015）苏中知民初字第201号；暴雪娱乐有限公司等诉上海游易网络科技有限公司侵害著作权纠纷案，上海市第一中级人民法院民事判决书（2014）沪一中民五（知）初字第23号；广州硕星信息科技有限公司、广州维动网络科技有限公司与上海壮游信息科技有限公司、上海哈网信息技术有限公司著作权侵权及不正当竞争纠纷上诉案，上海知识产权法院（2016）沪73民终190号；广州网易计算机系统有限公司诉广州华多网络科技有限公司侵害著作权及不正当竞争纠纷案，广州知识产权法院民事判决书（2015）粤知法著民初字第16号。

3 See C-5/08 Infopaq International A/S v. Danske Dagblades Forening［2009］ECDR 16，papa. 37.

词“original”本就有“独创性”的含义，但是英国法院仍然坚持其判例法，认为“original”用于“文学、戏剧、音乐或艺术作品”只要求“源自作者”（originated with the author），[1] 即源自作者本人的技能（skill）、劳动（labor）和判断（judgement）。[2]《英国版权法》承认额头淌汗法则，但不承认任何劳动流汗都满足“源自作者”的法律要求。“要取得版权保护，花费的劳动、技能和资本必须足以使得产品具备原材料没有的性质或特征，让产品区别于原材料，”[3]“须具备不可忽视的技能和劳动”。[4] 客体所需技能和劳动是否微不足道，与科技进步密切相关。100多年前，速记他人发言需要惊人的技能和劳动，为此英国判例承认速记员就是作者，对其固定形成的文本享有版权。[5] 但是，到20世纪90年代，录音机广泛使用，需要以文本方式呈现发言内容就可以根据录音机慢慢“听写”而形成文本，所需要技能和劳动已经微不足道，也不足以作为版权保护的事实基础。[6] 现在，语音转文字识别软件可以自动将发言转录为文字，所需技能和劳动更加微不足道，更不足以作为版权保护的事实基础。由此可见，《英国版权法》认为，机器取代人的技能和劳动，但不能代替人享有版权。

尽管我国不是版权传统的国家，但可以肯定的是，人如果只是贡献了微不足道的技能和劳动并不足以支持人工智能生成物取得著作权保护。以ChatGPT为例，人工智能使用者输入关键词，ChatGPT根据给出的关键词信息，寻找语料库中的对应领域，并根据问题涵摄的领域中的关键词，通过自然语言生成技术，以“给出上一个关键词强关联对应词”的方式，生成文本或其他类型内容。就关键词之选择和输入而言，这不过是极为普通的技能和劳动而已，普通

----

1 See Newspaper Licensing Agency Ltd & Ors v. Meltwater Holding BV & Ors [2011] EWCA Civ 890, para. 19–20 (27 July 2011). See also Ladbroke (Football) Ltd v. William Hill (Football) Ltd [1964] 1 WLR 273.

2 See University of London Press v. University Tutorial Press [1916] 2 Ch 601, at 609–610, per Peterson J; Ladbroke (Football) v. William Hill (Football) [1964] 1 WLR 273; Independent Television Publications Ltd. v. Time Out Ltd. [1984] FSR 64.

3 See Macmillan v. Cooper (1924) 40 TLR 186, 188.

4 See Ladbroke (Football) Ltd v. William Hill (Football) Ltd [1964] 1 WLR 273.

5 See Walter v. Lane [1900] AC 539.

6 See Jane Ginsburg, The Concept of Authorship in Comparative Copyright Law. Columbia Law School, Pub. Law Research Paper No. 03–51, p. 22 (January 10, 2003), available at SSRN: https://ssrn.com/abstract=368481 or http://dx.doi.org/10.2139/ssrn.368481.

公众都可以胜任，并不足以就此认定“创作”。

仅仅强调“创作”是“直接产生作品的智力活动”并不能区分人工智能辅助创作与人工智能自动制作。即便是在人工智能自动制作的过程之中，人也将被卷入其中，也有智力劳动投入。但是，可以假设人工智能是一个虚拟人，与当事人共同形成文字、图片等对象。如果在此过程之中，当事人只是从事组织工作、提供咨询意见、物质条件或其他辅助工作，则依照《著作权法实施条例》（2013年修订）第3条第2款，不能认定其从事创作工作。美国版权局2023年发布的《版权登记指南之作品包含人工智能生成材料》[1]就建议采用这种检验方法，认为当事人给委托人提供指示但并不能就此成为作者，那么也不能因为给人工智能提供提示词就对得到的客体要求版权。

遗憾的是，我国法院并没有认识到这一点。比如，就腾讯机器人Dream-Writer生成的新闻稿是否构成文字作品，法院曾认为，腾讯主创团队利用人工智能创作完成涉案文字作品。法院强调，腾讯主创团队需要在数据输入、触发条件设定、模板与语料风格等方面进行取舍，这些选择与安排直接产生涉案文章，因此构成创作。[2] 然而，本案人工智能生成的文稿是《午评：沪指小幅上涨0.11%报2671.93点通信运营、石油开采等板块领涨》[3]，内容就是股市行情和数据等简单事实的程式化播报。法院居然没有严谨地考察本案中的数据输入、触发条件设定、模板与语料风格的选择取舍所需要的技能、劳动和判断。采用自然语言引擎技术开发新闻报道机器人，就是为取代传统新闻报道程式化的数据播报。[4] 显然，腾讯主创团队的行为不及“提供咨询意见”，而“为他人创作……提供咨询意见……均不视为创作”。[5]

接下来的问题是，何时能认定人工智能生成物源于“创作”而非“自动制作”？就此，《美国版权法》处理人与照相机协同创作摄影作品的判例值得研究。1884年Sarony案中，美国联邦最高法院判决认为，美国宪法的版权条款

---

1 See Copyright Registration Guidance：Works Containing Material Generated by Artificial Intelligence，available at：https：//www. copyright. gov/ai/ai_policy_guidance. pdf，2023年8月24日访问。

2 深圳市南山区人民法院民事判决书（2019）粤0305民初14010号。

3 Dreamwriter：《午评：沪指小幅上涨0. 11%报2671. 93点 通信运营、石油开采等板块领涨》，载腾讯网，https：//stock. qq. com/a/20180820/029962. htm。

4 Laura Pressman，‘The Automated Future of Journalism’，https：//automatedinsights. com/blog/the-automated-future-of-journalism/，2023年8月24日访问。

5《著作权法实施条例》（2013年修订）第3条。

所称“著作”（writings）是作者创作的文化成果，包括写作、印刻、雕刻、蚀刻等各种方式表达出来的作者精神思想，[1] 版权保护限于“作者原创之智力构思”（original intellectual conception of the author）；[2] 如果要起诉他人侵犯版权，就必须证明客体具有独创性，是智力劳动成果，证明作者的思考和构思。[3] 对涉案照片是否构成作品，Sarony案认为，既不因为相机的机械属性而简单否定，也不因为照片表观而简单肯定，而应考察拍照者选取对象、布置场景和灯光、安排人物服装、调动人物表情等系列行为属于创作活动，由此判定涉案照片属于作品。[4]

面对人工智能生成物，相同的法律问题在于，其是否表达了作者的精神思想、作者的思考和构思。实际上，最高人民法院已有判决认为，“作品的独创性是指作品由作者独立完成并表现了作者独特的个性和思想”。[5] 如果当事人是辅助虚拟人从事“创作”，就不可能表现其个性和思想。

综上所述，当事人要将明确标识为人工智能生成物的“作品”申请著作权登记时，法律上应该要求其提供人工智能生成物的形成过程，以证明是利用人工智能辅助自己创作，表现其个性和思想，申请人在人工智能生成物形成过程之中不只是从事无需技能和判断的“辅助工作”。

----

1 See Burrow–Giles Lithographic Co. v. Sarony，111 U. S. 53，56–57（1884）.

2 See Burrow–Giles Lithographic Co. v. Sarony，111 U. S. 53，58（1884）.

3 See Burrow–Giles Lithographic Co. v. Sarony，111 U. S. 53，59–60（1884）.

4 See Burrow–Giles Lithographic Co. v. Sarony，111 U. S. 53，60（1884）.

5 乐高公司与广东小白龙动漫玩具实业有限公司等侵害著作权纠纷再审申请案，最高人民法院民事裁定书（2013）民申字第1356号。

第六章

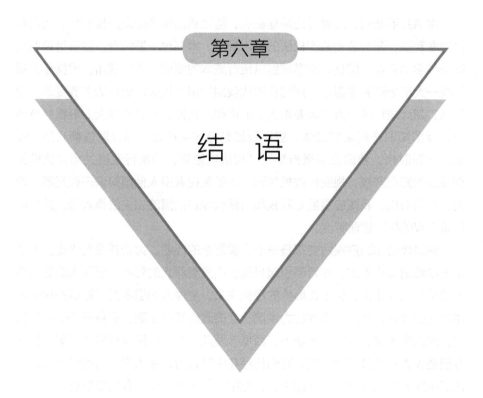

结 语

本书并不全面，没有讨论地理标志、植物新品种等知识产权制度，也没有讨论专利法、商标法和著作权法的全部规范。本书也不够综合，没有讨论相关的各种学术观点。但是，本书试图以运行成本的制度优化为视角，根据超大规模统一大市场的制度需求，探讨新时代我国知识产权法应进行的主要变革。特别是，超大规模统一大市场要求更高的法律确定性，又具有强大的规模经济效应，我国知识产权保护总体上应该更加充分地保护公众的合理信赖利益。就此，在新时代，我国应该坚持知识产权法定原则，节制行政机关和司法机关创设新型知识产权，规制行政机关和司法机关径直引入他国知识产权规范。就此，在新时代，我国应重整专利权和商标权保护范围的相关法律规范，并且重视著作权的权利管理制度。

新时代的知识产权法变革是一个常说常新的话题，讨论并没有终点。本书虽无法给出最终答案，却希望引起兴趣、引发更深入的思考。更深入的思考不是简单的法律移植，也不是廉价的经验主义。更深入的思考是将知识产权制度中国化时代化，使之融入并助力中国社会的政治经济生活，服务于中国式现代化。这就像番茄、洋芋、胡萝卜、西瓜等蔬菜水果，虽然来自其他国家，但如今已经无人在意其原始产地，它们已经在中国繁衍，融入中国人的日常菜谱，依照中国人的做法而成为中国菜，大饱中国人民的口福。我们需要更加深切地理解和把握知识产权制度，而运行成本是一个非常重要的路径。